i

i

ii

HET

CONCENTRATIE - KAMP

VAN IRÉNE

DOOR

JOHANNA BRANDT-

VAN WARMELO

Original Book Cover of 1905 edition.

HET CONCENTRATIE – KAMP VAN IRENE : Edition 2

: Translated into Afrikaans and English.

DIE KONSENTRASIE - KAMP VAN IRENE : Edition 2

: Translated into Afrikaans and English.

THE CONCENTRATION – CAMP OF IRENE : Edtion 2

: Translated into Afrikaans and English.

JOHANNA BRANDT – VAN WARMELO.

Cover page.

HET CONCENTRATIE-KAMP ·
VAN IRENE : Editon 2
Translated into Afrikaans and English.

DOOR

JOHANNA BRANDT–
VAN WARMELO.

AMSTERDAM—KAAPSTAD.
Hollandsch-Afrikaansche Uitgevers-Maatschappij,
v/h. JACQUES DUSSEAU & CO.
1 9 0 5.
Republished by PeterPJD Publishing.
2015.

Opgedraag aan (Dedication)

Aan de liefderijke nagedachtenis van mijn Vader,

Ds. N. J. VAN WARMELO.

Draag ik dit boekje op voor zijn selfopofferende liefde voor ons Volk,
dat hij dertig jaren lang trouw gediend heeft tot den dood toe.

Afikaans

Aan die liefdereike nagedagtenis van my Vader,

Ds. N. J.VAN WARMELO.

Ek dra die boekie op vir sy selfopofferende liefde vir ons volk,wie
Hy dertig jaar trou gedien het tot met sy dood.

English

To the loving memory of my father,

Ds N. J. VAN WARMELO

I dedicate this book to commemorate his self-sacrificing love for our
nation that he served for thirty years up to his death.

VOORWOORD.

Door allerlei omstandigheden ben ik verhinderd geweest, dit boekje eerder uit te geven, maar naar aanleiding van de laatste rapporten van Mejuffrouw EMILY HOBHOUSE, die in aller geheugen teruggeroepen hebben de eerste berichten over de Concentratie-Kampen en wat daar door vrouwen kinderen geleden werd, ben ik tot het besluit gekomen, mijn ondervindingen van de twee maanden, die ik als Vrijwillige Verpleegster in het kamp te Iréne doorgebracht heb, in ruimer kring bekend te maken.

Er zijn wel van het begin van den oorlog af vele boeken uitgekomen, waarin krijgsbedrijven beschreven worden, maar slechts enkele, die over de Concentratie-Kampen handelen.

Daarom heb ik gemeend, dat de publicatie van mijn dagboek, in het kamp zelf geschreven, met belangstelling zou ontvangen worden door hen die nog meeleven met de lotgevallen van ons land en volk en van eenige waarde zou zijn voor de geschiedenis van Zuid-Afrika.

Toen ik mijn dagboek schreef, heb ik nooit gedacht aan de mogelijkheid van het uit te geven; maar nu zal ik zeer dankbaar zijn, indien ik door deze publicatie in staat gesteld word, mijn lijdenden landgenooten eenigen geldelijke steun te bieden.

DE SCHRIJFSTER.

"PASTORIE", Niezijl (Gron.), 1903.

Voorwoord.

Deur allerlei omstandighede was ek verhinder gewees, om hierdie boekie eerder uit te gee, maar na aanleiding van die nuutste rapporte van Mejuffrouw Emily Hobhouse, wie in almal se geheue teruggeroep was, het die eerste berigte van die Konsentrasie-Kampe en wat deur die vrouens en kinders ondervind was, het ek tot die besluit gekom om my ondervinding van die twee maande, wat ek as Vrywillige Verpleegster in die kamp te Iréne deugebring het, in 'n groter kring bekend te maak.

Daar was wel van die begin van die oorlog vele boeke gepubliseer, waarin krygsbedrywing beskryf word, maar slegs enkele, het oor die Konsentrasie-Kampe gehandel.

Daarom het ek gemeen, dat die publikasie van my dagboek, wat ek in die kamp self geskryf het, met belangstelling ontvang sou word en mense daardeur sou kon meeleef met die lotgevalle van ons land en volk en dat dit van waarde sou wees vir die geskiedenis van Suid-Afrika.

Toe ek my dagboek geskryf het, het ek nooit gedink aan die moontlikheid om dit uit te gee nie, maar nou sal ek baie dankbaar wees, indien ek deur hierdie publikasie in staat getel word, om aan my lydende landgenote enige geldelike steun te bied.

Die skryfster,.

"PASTORIE", Niezijl (Gron.), 1903.

Foreword.

I was impeded by various circumstances to publish this booklet earlier, but due to the latest reports of Miss Emily Hobhouse, who was recalled in everyone's memory, the first articles about the concentration camps and what was experienced by the women and children, that I came to the decision to make known the experience I went through in the two months that I spent as voluntarily nurse, in a wider circle.

Many books has been published from the beginning of the war, in which military practises were described, but only in single instances were the concentration camps covered.

Therefore I thought that the publication of my diary that I wrote myself in the camp, would be received with interest and people would be able to recap the receiving end of our country and nation and that it will be of value to the history of South Africa.

When I wrote my diary, I never thought of the possibility to publish it, but now I will be very thankful if I would be enabled by this publication to offer financial support to my suffering compatriots.

The writer,.

"PASTORIE", Niezijl (Gron.), 1903.

About this edition by the translator and editor.

This book has been scanned from the original publication on expiration of copyright as pdf and saved as an OCR word file.

OCR editing has been done by Peter Boshoff to resemble the original book (and translated into Afrikaans and English, page by page, keeping to a literal translation as much as possible, with contents on the same page number.)

No apologies are made for political correctness, as the work reflects the original book by Johanna Brandt van Warmeloo, written in the Dutch language as used in South Africa at the time (1903) and it is not official Dutch, neither is it Afrikaans.

The contents of the book are an example of what the "Boer" population went through and their perception of the wrong doings of the English at that time. It is part of the history of the old South Africa before the whole South African history had been rewritten, pushing the white population's history into oblivion. All original school history books have been replaced by "modern" versions and not available in public libraries.

The book also illustrates the development of Afrikaans as language derived from Dutch and was written completely subjectively, championing the cause of the Afrikaner nation at the time.

The decision to republish the book was to enable historians to investigate and recap the Anglo-Boer war from a different angle and to let ordinary people of today understand why there has been such a deep-seated difference between Afrikaans and English people inside and outside of South Africa.

You only have to go through the genealogy records to see how widespread the death cases of the people in the camps were. All Afrikaans-speaking South African's have family, going back 3 or 4 generations, who died in the Concentration camps. You cannot wish away what has happened, it still happened. The condemnation by the English on the morals of the "Boers" was mainly due to multiple cousin marriages and the presence of large families.

Medical perspective :

From a modern medical perspective I have to mention that in 1900 there had **not been any antibiotics** and very little could be done to treat any complications.(*Nobody's fault*)

Diphteria vaccine was available and was used towards the end of the Anglo-Boer war. Typhoid vaccine was available from 1897, but was never used.

The **hungering out** of people (Half rations) definitely decreased people's resistance to illnesses and also tolerance of cold environments. In most instances the cold itself, aggravated by lack of bedding and warm clothes, casued people to suffer from exposure.(*Fault of the English* entirely and pro-English administrators. People were forced out of their homes with no opportunity to collect warm bedding and clothes.)

Further factors definitely have been poor quality **drinking water** and not having any excess of fire materials to cook their water first. Lack of soap played a role as the illnesses were mainly infectious diseases. (Water quality as supplied and lack of soap= *Fault of the English*)

Bad meat definitely contributed to gastro-intestinal diseases. (*Fault of the English* - Livestock were actively killed and the ones remaining behind had no grazing or were driven for miles to collection points.)

The **sisters themselves** by being so insistent on "helping" the poor people were themselves *helping to spread measles* and whooping cough. (It was only later on that measles patients were isolated in special isolation tent units (*Ignorance of the sisters or due to the system under which they worked.*)

The Boer families or the Boer sisters had the notion **that fevers must be starved out** and that contributed to earlier deaths – Children with fever or diarrhoea need extra fluid by any means and fluids should not be withheld as they wrongly believed- Small doses of fluid continuously, **unless** they were afraid to give fluids due to the contaminated water.*(Fault of the Boers, with mitigation)*

   Lack of vegetables and vitamins.(*Fault of the English*) Scurvy was found in the camps.

The British Empire in 1900.
England in 1900 was under the reign of Queen Victoria, under whom by this time the pre-existing Colonies and dominions were:
Nigeria; Sierra Leone; Zambia; Gold Coast(Ivory coast); Sudan 1898; Somalia; Rhodesia; India1850; Ceylon; Honduras British Guiana; West Indian Islands; Borneo; Australia; Malaysia; Canada;. Kuwait Oman, Aden.
Later the abandonment of the colonies would cost and affect more lives than when acquiring it, especially India. (Slavery and child labour was abolished 1833)

The English Concentration camps were to serve as a model for the German concentration camps, except that the Germans actively killed "undesirable" people.

Diamonds and Gold.
Diamonds and gold industry were the jewels in the crown of the British empire.
The first diamonds were discovered 1869
First Anglo boer war Dec 1880 to Mar 1881 gave independence to Transvaal – Boer victory.
Pretex for the war was to guard the interests of the immigrants against the
 Boers.
The scope of the war was that it was the biggest thus far on South African territory and one of the greatest thus far waged by Britain in Southern Africa.
The Boer forces had a potential of 54,000 men but never were more than 40,000 employed at once, whilst the British forces grew to 450,000 at the height of hostilities.
Casualties were as follows:
British soldiers: 7,792 (killed in action) 13,250 (deaths from disease)
Boers: 6,000
Women and children in Concentration Camps:26,370
Blacks in Concentration Camps: 20,000+ (Official British figure: 14,154)
(Anglo Boer War Centenary Page 1 of 2)
The first Gold was discovered 1886

12 Years later the second Anglo-Boer war started on 11/10/1899, which lasted until 30 May 1902

Scorched earth began in 1900

South african Journal of science article 242 : Mitigation of figures. High child mortalities present in UK as well. Diphteria vaccine was used towards the end. Cholera vaccine was not used but had been available.There were hurtful attitudes at the time. Scale of influx into camps. There was lack of planning – (locking the stable after the horse had bolted.)

An unknown fact : Almost just as many blacks died in the Concentration camps as whites - figures : names involved.

Strength	
Britain 450,000–500,000 (347,000 British, remainder were colonial troops)[3]	Boers 88,000 (25,000 Transvaal and 15,000 Free State Boers at the start of the war) (inclusive Foreign Volunteers and Cape Boers)[3]
Casualties and losses	
Military casualties	**Military casualties**

7,894 killed 13,250 died of disease 934 missing 22,828 wounded[4][5]	9,098 died (4,000 in combat) (24,000 Boer prisoners sent overseas)[3] **Civilian casualties**: 27,927 Boer civilians died in concentration camps , plus an unknown number of black Africans (107,000 were interned).[6]

The first sizeable batch of Boer prisoners of war taken by the British consisted of those captured at the Battle of Elandslaagte on 21 October 1899. At first, many were put on ships, but as numbers grew, the British decided they did not want them kept locally. The capture of 400 POWs in February 1900 was a key event, which made the British realise they could not accommodate all POWs in South Africa.[The first overseas (off African mainland) camps were opened in Saint Helena, which ultimately received about 5,000 POWs. About 5,000 POWs were sent to Ceylon.[39] Other POWs were sent to Bermuda and India. No evidence exists of Boer POWs being sent to the Dominions of the British Empire such as Australia, Canada or New Zealand.[38]
In all, about 26,000 POWs were sent overseas.[40]

The concentration camps came into being towards the end of 1900, primarily as a result of the burning of Boer farms by the British troops, first initiated by Lord Roberts.
Concentration camps started: At its worst 7/6/1900
Diary start 12/05 1901
POW camps overseas started 1900.
Events:
Emily HobHouse 1st visit January 1901
It was to protect England's gold interests that gave rise to the Anglo-Boer war England wanted full control and to benefit from gain in taxes.
(The question is who owned the Gold mines and who has initiated the mine labour systems (It wasn't the Boers) – the birth of apartheid had nothing to do with the Anglo Boer war and was initiated by foreign powers. Primeminister Verwoerd much later only tried to justify and legalised it.)

As the main reason for the war was the British desire to gain control of the gold mines in the Witwatersrand.There was a need to build a labour force with which to reopen the mines as soon as the state of hostilities allowed it. Forced labour camps were introduced and Black labourers were concentrated therein.This was the birth of "Apartheid" (Not instigated by the Boers.)

(From mainly "Wikipaedia" and other sites on the internet.)

Other Concentration Camps.(Peter Boshoff.)

List of concentration camps.

"B. Barnard" on Concentration Camp Day: the 21 May 1995 at Balmoral Concentration Camp Cemetery.
Aliwal North North Cape : very cold in winter.
Balmoral :
Barberton Eastern Transvaal : Malaria area.
Belfast very cold in winter
Bethulie   :
Bloemfontein : OFS Very cold in winter
Brandfort   :
Heidelberg Western Transvaal : Very cold in winter.
Heilbron   :
Howick Natal : not as cold
Irene Transvaal close to Pretoria
Kimberley   OFS Cold in winter
Klerksdorp Western Transvaal Cold in winter warm in summer
Kroonstad   OFS Cold in winter

Krugersdorp OFS Cold in winter.
Merebank Warmer in winter Hot and wet in summer
Middelburg Eastern Transvaal Not as cold in winter.
Norvalspont :
Nylstroom Eastern Transvaal : Warm = Malaria area
Pietermaritzburg Natal:
 Pietersburg   North Transvaal
Pinetown   Natal   Warm and wet in summer
Port Elizabeth Eastern Cape : Windy.
Potchefstroom Western Transvaal
Springfontein :
Standerton Transvaal Cold in winter   :
Turffontein South Transvaal
Vereeniging OFS Cold in winter
Volksrust OFS   Cold in winter
Vredefort OFS   Cold in winter
Vryburg OFS   Cold in winter
None of the camps in South Africa were suitable for all year round

habitation in tents.

My own great-grandmother (Pretorius) and one of my grandmother's
sisters died in Merebank concentration camp, and that is only my
Pretorius line (Also deaths in my direct Joubert and Boshoff lines as in
the genealogy records.) This book helps to explain why and how they
died. My grandmother herself was also a nurse, but in the Merebank
concentration camp. I knew her from when I was a child. (I was 11
when she died)

My grandmother is on the far right.

A little known fact is that there were Black Concentration Camps as well. In the Black camps the official British death figure was just over 14 000, but recent research proves that a figure in excess of 20,000 deaths among the 120 000 inmates of these camps are acceptable for that time period.

Both sides used Black people as scouts, labourers and even, at times armed them and thus using them in a fighting capacity,

Example of a concentration camp.(From Wikipaedia.)

Famine.

For further reading for every South African and historians, Read Emily Hobhouse's "The Brunt of the War and Where it Fell" Available to download from Google -search. (Photo from Emily Hobhouse's book.)

Table of Contents.

Het Concentratie kamp van Iréne

Nederlands

HOOFDSTUK I.

Het concentratie-kamp van Iréne lag ongeveer 20 Kilometer ten Zuidwesten van Pretoria en werd gevormd in het begin van het jaar 1901.

Vroeger was Irene alleen bekend als het eerste spoorweg station van Pretoria naar Johannesburg en als een van de mooiste plantages in de buurt van onze hoofdstad; maar nu moesten wij het van een anderen en treuriger kant leeren kennen. Vroeger gingen wij er dikwijls heen met wagens en tenten en in rijtuigen om dagen lang door te brengen tusschen de heerlijke bosschen en was Iréne bekend als de verrukkelijkste "picnic"-plaats, die er te vinden was; maar nu moesten wij, onder geheel andere omstandigheden, onzen tijd daar doorbrengen in tenten en wagens, niet alleen dagen en nachten, maar maanden en jaren ook. Het woord, "Iréne", dat "vrede" beteekend en ons vroeger alleen deed denken aan genot en vreugde, gaat nu met een schok door ons heen en ons hart krimpt ineen bij de gedachte aan de verschrikkelijke tragedies, die op deze schoone plaats zijn doorleefd. "Iréne" was de naam der dochter van den rijken eigenaar, den heer Nelmapius, die groote tuinen aanlegde en boomen en bloemen plantte, totdat de plaats beroemd was om hare heerlijke vruchten en groenten en prachtige bosschen en bloemen. Na den dood van den heer Nelmapius werd het landgoed verkocht en kwam eindelijk in bezit van den heer Van Der Bijl, die nu het groote werk van den heer Nelmapius ijverig voortzet.

Toen de Engelschen het barbaarsche werk begonnen om de families van onze burgers in kampen te zetten, kozen zij zooveel mogelijk plaatsen, die langs den spoorweg lagen en die goed voorzien waren van water en hout, en, daar Iréne al deze goede eigenschappen had, was het te voorzien dat er een enorm kamp zou gevormd worden.

Van de eerste dagen van het Iréne-kamp weten wij niet veel en het eerste officiëele bericht zegt niets meer, dan dat er in Februari 1901 891 inwoners waren (186 mannen, 315 vrouwen en 390 kinderen) (Reports etc. on the working of the Refugee-Camps etc. Cd. 819, Nov. 1901, blz. 23) die in tenten woonden en veel leden aan diarrhee en mazelen.

Toen was het kamp onder bestuur van een Engelsch officier, Kapitein Rime -Haycock, die veel belang stelde in het welzijn van zijn prisoniers (of beschermelingen), maar daarna werd de heer N. J. Scholtz aangesteld als Superintendent van het kamp, en onder zijn ijzeren hand moesten de menschen vijf maanden lang smachten. Tegenover zijn eigen volk is er niets wreeder en onbarmhartiger dan een Engelschgezinde Afrikaner en dat wisten de Engelschen heel goed, toen zij in de meeste moordkampen zulke menschen, als Scholtz en later Esselen op Iréne, macht gaven over de ongelukige inwoners. Hoe dikwijls hebben wij de hoofdambtenaren gesmeekt om Engelschen in hun plaats te zetten! Tevergeefs : de beker van beproeving moest tot aan den bodem toe geledigd worden en meer dan 20,000 vrouwen en kinderen moesten in de grootste ellende sterven, voordat er redding kwam. Zoo snel ging het werk van verwoesten en gevankelijk wegvoeren, dat binnen drie weken het getal gevangenen te

Iréne bijna verdubbeld was en er, in plaats van 891 inwoners, 1324 waren, waaronder niet minder dan 154 zieken. (Reports etc. on the working of the Refugee Camps etc. Cd. 819 Nov. 1901, blz. 28). Van 6 Februari tot 3 Maart zijn er 14 kinderen en 2 volwassenen gestorven, hetgeen een sterftecijfer geeft van 15 percent jaarlijks (zie t.a.p. blz. 28); maar het moest nog veel erger worden, zooals mijn geachte lezers zullen merken bij het verder lezen van dit boek. Het moest nog worden van 10 tot 15 sterfgevallen dagelijks, toen het kamp vergroot werd en de menschen uitgeput waren door het langdurig gebrek aan goed voedsel en niet langer in staat, weerstand te bieden aan ziekte en ellende. Langzamerhand kregen wij in Pretoria berichten van de ontzettende ontberingen onzer zusters in het kamp en begonnen er een paar energieke vrouwen zich te bemoeien met de zaak, o. a. mevrouw Bosman, vrouw van Ds. Bosman van Pretoria, mevrouw Joubert, weduwe van onzen ouden Commandant-Generaal, en haar dochter Mevrouw Abraham Malan, mevr. Armstrong, die de Boeren vurig liefheeft, al is haar man Britsch onderdaan, mevr. Brugman, mevr. Liebenberg en mevr. Celliers, mej. Eloff, du Toit en Malherbe en al de andere dames, die in mijn dagboek voorkomen. Het werk begon eerst tegen einde Maart met een commissie bestaande uit de drie dames, Mevr. Armstrong, Malan en Malherbe, die toestemming van de Engelsche regeering gekregen hadden, eens in de week naar Iréne te gaan om voor de menschen die geld hadden, orders te krijgen voor hetgeen zij noodig hadden. Dat was al een groot gerief voor de vrouwen, want de meesten hadden ten minste eenig geld kunnen redden van do vlammen en waren toch niet in de gelegenheid, iets er mee te koopen. Deze dames dan kwamen wekelijks terug van het kamp met lange lijsten van de artikelen die noodig waren: kleeren, schoenen, zeep, kaarsen enz., en het was geen kleinigheid, van alles boek te houden en later precies te weten, waar de verschillende dingen thuis hoorden. Wij noemden ze onder ons het, "kleeren-comité," en aan hen hebben wij het eigenlijk te danken, dat wij bekend werden met den waren toestand van zaken in het kamp.

Mevrouw Armstrong zag al heel spoedig, dat, indien zij iets nuttigs en belangrijks voor de menschen wilde doen, zij in het kamp zelf te werk moest gaan, en besloot een brief te schrijven aan den Superintendent-generaal der kampen, verlof vragende om met een tweede dame in het kamp met de menschen te wonen en ze te verplegen. Haar aanbod werd met veel betuigingen van dank aangenomen, en 6 April 1901 vertrok zij met mej. Malherbe: naar het kamp.

Dikwijls hebben wij van deze dames gehoord, hoe moeilijk het begin van hun leven daar was. Het regende bijna iederen dag gedurende de eerste week, alles was drijfnat in de dunne tenten en de menschen konden soms dagen lang geen vuurtje maken om hun rantsoen, vleesch en meel, klaar te maken. Iedereen ging gebukt onder het juk van Superintendent Scholtz, die o. a. de Britsche regeering aangeraden had, geen goede koffie te geven in de rantsoenen der menschen, omdat ze gewend waren aan "mais en erwten koffie." Dat was onwaar, want de Boeren gebruiken goede koffie en kunnen haast niet leven zonder hun geliefden drank, ten minste het maakt hen erg ongelukkig, als ze hun koffie missen moeten, en nu moesten ze iets vreeselijks gebruiken. Wij wisten niet precies wat het was, maar sommigen dachten, dat het gemalen eikels waren of iets dergelijks, waarvan bijna iedereen diarrhee of dysenterie kreeg. Mevr. Armstrong gaf den Engelschen geen rust, totdat de menschen de koffie-boonen kregen om zelf klaar te maken, maar alles was van de gemeenste en goedkoopste qualiteit : suiker, meel – alles.

Mej. Du Toit bleef in Pretoria als Secretaresse, maar later nam mevrouw Bosman haar plaats in, en die is het gebleven, totdat de Engelschen zes maanden later de vrijwillige verpleegsters uit het kamp zetten.

Toen mevrouw Armstrong zag, dat het onmogelijk was, dat twee vrouwen al het werk alleen deden, schreef zij aan mevrouw Bosman om hulp, en werden mej. Findlay en mej. Dürr 3 Mei naar Iréne gezonden en 12 Mei mej. Celliers en ik.

Voor ieder van ons moest een permit verkregen worden, hetgeen steeds moeilijker ging. Waarom begrijpen wij niet; want de Engelschen hadden dankbaar moeten zijn voor die vrijwillige hulp van belangstellenden en er was werk genoeg in het kamp voor zestig verpleegsters in plaats van zes. Maar neen, wij moesten het als een groote gunst beschouwen van onzen vijand, dat er iemand toegelaten werd om de ellende te verzachten, en toen mevrouw Bosman de laatste twee permitten kreeg, werd haar duidelijk te verstaan gegeven, dat zij voortaan niet meer dergelijke gunsten kon verwachten. Wel is waar, konden wij zes verpleegsters om de beurt zenden, maar niet meer dan zes tegelijk.

Toen maakte onze geëerde secretaresse de volgende regels voor de Iréne Vrijwillige Verpleegsters.

REGULATIEN VOOR DE "IRéNE-KAMP ZUSTERS".

1. Niemand blijft langer dan een maand zonder toestemming van de Secretaresse.

2. Niemand verlaat haren post uitgenomen in geval van

emstige ziekte en dan met kennisgeving aan de Secretaresse.

3. Er mag over geen politiek worden gesproken; indien het van iemand gerapporteerd wordt, zal de overtreedster dadelijk verwijderd worden.

4. Geen onderscheid mag worden gemaakt of partijdigheid worden betoond in het werk.

5. Een der zusters zal als matrone gekozen worden.

6. Geen kwakzalver-medicijn mag worden aangewend door de zusters zonder toestemming van de dokters.

7. Als de tijd eener zuster om is, zal de andere, die haar plaats inneemt, met den morgentrein van hier vertrekken; terwijl de terugkeerende van daar met den middag trein vertrekt..

w. g. A. H. Bosman, Secretaresse, Pretoria.·

Van artt. 3 en 4 kan ik alleen zeggen, dat er geregeld "politiek" gesproken werd onder ons in de afwezigheid van de Engelsche doktoren en verpleegsters en dat wij bijna zonder uitzondering vreeselijk partijdig waren in ons werk; ten minste, als het eenigszins kon, kregen de vrouwen en kinderen van onze vechtende burgers de vriendelijkste glimlachjes, de warmste dekens en het beste van alles wat wij te geven hadden; niet alleen, omdat hun mannen op commando waren, maar hoofdzakelijk, omdat hun lot het zwaarste en ondragelijkste was. Niemand anders zorgde voor hen. Hun rantsoen was altijd zoo weinig en slecht mogelijk, ze werden door iedereen afgesnauwd, en zelfs door hun eigen volk, de "handsuppers"[1] en hun vrouwen, werden ze op allerlei mogelijke manieren getergd en vervolgd.

---

[1] Die naam, dien de boere geven aan de burghers, die voor het einde van den oorlog de wapens neerleggen.

Het is een feit, niet algemeen bekend, dat in de eerste maanden der concentratie-kampen de families van vechtende burgers, volgens order der autoriteiten, op half rantsoen gesteld waren. Zoo werd de edele plichtsvervulling der burgers gewroken op hun onschuldige vrouwen en kinderen. Geen wonder, dat wij, "partijdig" werden en ons best deden hun lot te verzachten; geen wonder, dat het zien van een handsupper ons bloed deed koken. Maar de vrouwen en kinderen van de handsuppers werden ook ziek en stierven ook bij honderden en werden even trouw door ons verpleegd, ja de handsuppers zelf kwamen dikwijls onder onze zorg en moesten gunsten van onze handen ontvangen, ofschoon ze wisten hoe wij over hen dachten. Op deze manier heb ik verscheidenen dezer mannen goed leeren kennen, en later, toen wij op een vertrouwelijker voet met elkander waren, was het mij een groote vreugde te ontdekken, dat ze bitter berouw hadden over hun gedrag en dat ze alles zouden gegeven hebben, als ze hun wapens niet hadden neergelegd. Sommigen vertelden mij, hoe het eigenlijk gekomen was en toen was het mij geen wonder meer; want er zijn niet vele mannen, die hun vaderland meer liefhebben dan vrouw en kinderen.

De burgers hoorden op commando zulke ontzettende verhalen van het lijden in de concentratie-kampen, verhalen die eigenlijk ook in het geheel niet overdreven waren, dat ze dachten dat zij, als zij doorvochten, den dood van hun eigen vrouwen en kinderen op hun geweten zouden hebben. Zulke mannen hebben het goed gemeend en zijn ook niet verbitterd geworden tegen de onschuldige vrouwen en kinderen van burgers die doorvochten tot het laatste toe, en zulke mannen hebben ook ontzettend geleden en een zwaren strijd met hun geweten doorgemaakt bij elk oorlogsbericht, dat ons uit het veld bereikte. Soms, als er een gebulder van kanonnen tot ons kwam over de bergen, heb ik van deze mannen gezien met het hoofd gebogen en met neergeslagen oogen, en dan was mijn hart vervuld met innig medelijden, en toch boos, dat ze zoo zwak en onverstandig gehandeld hadden.

Er waren drie soorten van handsuppers: ten eerste, de goede, ten tweede, de onverschillige, en ten derde, de kwade.

De goede dachten, dat ze hun plicht deden door de wapens neer te leggen, hadden berouw over hun daad en bleven getrouw aan land en volk onder alle omstandigheden.

De onverschillige hadden gedurende de lange maanden hun belangstelling in de zaak verloren, werden moeg van het commando- leven met al zijn ontberingen en vermoeinissen, en verlangden alleen naar vrede, onverschillig of de Boeren of de Engelschen overwinnaars waren.

De kwade zijn zeker nooit goed geweest, want een ware patriot wordt gesterkt in zijn vaderlandsliefde, als hij er voor heeft moeten lijden en strijden, en deze mannen zijn van het begin af met onedele motieven op commando gegaan om te plunderen en te rooven, of om te zoeken naar avonturen, en, toen het leven hen begon te vervelen en ze niets meer te winnen hadden door bij de Boeren te blijven, hebben zij hun wapens overgegeven en den eed van neutraliteit afgelegd. O, die eed van neutraliteit. Wat heeft die in dezen oorlog niet een verschrikkelijke rol gespeeld.

Een Engelsche eed van neutraliteit betekent dit: -geen communicatie houden met de Boeren-commando's; geen spionnen herbergen of helpen met voedsel of kleeren; geen woord spreken tegen de Engel- schen en zelfs geen oorlogs geruchten verspreiden, behalve Engelsche overwinningen;

9

elken persoon aangeven, die zulks doet; de plannen van de Boeren verraden, indien bekend; heen en weer reizen met gepantserde en proviand-treinen om ze te beschermen; de Engelschen begeleiden naar de plaatsen, waar ammunitie en wapens of vee en schapen verborgen waren; het vee van de Engelschen tegen de Boeren-commando's beschermen met wapenen; zelf de wapenen opnemen tegen de Boeren om een einde te maken aan een "nutteloozen en hopenloozen oorlog" ; in een woord, actief optreden met de Engelschen tegen de Boeren. Ziet daar, mijne lezers, een Engelschen eed van neutraliteit.

Het ging heel geleidelijk.

Een Nationale Verkenner was gewoonlijk eerst een hands-upper en een "Cattle Ranger",[2] voordat hij er toe kwam verkenningsdienst te doen voor de vijanden van zijn eigen volk maar dan was hij ook voor altijd verloren, veracht door de Engelschen, die hem gebruikten voor hun eigen doel, gehaat door de Boeren ; zijn goeden naam, zijn eer en zelf-respect kwijt.

Onder de vrouwen was er ook veel verdeeldheid; Ja, zelfs de kinderen wisten heel goed of hun ouders bij de Boeren of bij de Engelsche partij hoorden.

Er waren ook verschillende soorten van handsupper vrouwen.

Sommige schaamden zich over hun mannen en namen geen deel aan de algemeene twisterij; andere vervolgden de vrouwen van vechtende burgers en verweten hun, dat zij hun mannen niet overgehaald hadden om hun wapens neer te leggen en zoo een eind te maken aan den oorlog; en sommige waren er, helaas, die als spionnen tusschen de menschen liepen, hun gesprekken afluisterden en

---

[2] Veehoeder.

verraderlijk elk ongunstig woord aan de Engelsche ambtenaren overbrachten, met het gevolg, dat vrouwen en kinderen weggezonden werden naar kampen in Natal, ver van hun eigen land en volk. Een ander strafmiddel was het verminderen van hun rantsoen, dat toch al te weinig was om van te leven ; maar de meest vernederende straf was het opsluiten in een kraal, door prikkeldraad omgeven.

De kraal of strafplaats was een van de gruwelijkste dingen van het kamp, een barbaarsche instelling om de vrouwen te vernederen tot in de diepste diepte. Het was een omheining van prikkeldraad op droog veld en kale rotsen, waar de vrouwen soms een dag lang zonder voedsel of water werden opgesloten en waar ze als een voorbeeld voor andere "oproermaaksters" moesten dienen. Het is eens gebeurd, in den tijd van den dapperen Superintendent Esslen, dat een zekere Mejuffrouw Lotter, een vrouw uit de wijk van mevrouw Armstrong, schadelijke gevolgen van zulk een opsluiting ondervonden heeft. Een van de Burger-Politie zag haar een kleinen tafeldoek uitwasschen en het water om haar tent heen sprenkelen. Zij werd terstond gerapporteerd en door twee Burger Politie agenten naar de strafplaats gebracht, waar zij met een kaffer en twee koelies den ganschen dag opgesloten werd. Het had den vorigen dag veel geregend, en, nadat de arme vrouw haar straftijd zonder voedsel op den doorweekten grond had uitgezeten, bracht zij dien avond, in haar tent teruggekeerd, een dood kindje ter wereld. Dit gebeurde, nadat de vrijwillige verpleegsters het kamp uitgezet waren, en, toen mevrouw Armstrong het hoorde, ging zij met mevr. Joubert naar Generaal Maxwell om te protesteeren tegen zulke schandelijke daden, maar kreeg slechts ten antwoord, dat het noodig was om de vrouw tot een waarschuwend voorbeeld te stellen. Wat het voor een vrouw, een fatsoenlijke dochter van Transvaal, geweest moet zijn, met kleurlingen opgesloten te worden, tot spot van alle voorbijgangers – dat kan niemand zich voorstellen, en Engeland kan het ons niet kwalijk nemen, als deze gruwelen voor eeuwig in ons hart en geheugen gebrand zijn.

In zijn rapport in het Engelsche Blauw-Boek van Januari 1902 heeft Esselen de onbeschaamdheid, aan zijn regeering kennis te geven, dat hij verscheidene malen gebruik gemaakt had van zijn prikkeldraad-omheining, in de buurt van de latrines[3], met veel succes!

0, die Blauwboeken van Engeland! Ik zou een dik boek erover kunnen schrijven. Strakjes komen ze aan de beurt, maar dan slechts een paar woorden, want de tijd is nu voorbij en het helpt toch niet meer, al die oude dingen op te graven.

Het was een akelig leven in het kamp. Wij waren omringd door vijanden en verraders; spionnen vingen gretig elk gesprek op ; niemand was veilig of rustig; niemand kon een ander vertrouwen, en overal waren bloedende harten van moeders, die hun kinderen moesten zien sterven, van vrouwen in angst en spanning over hun vechtende mannen en zoons, en toch waren wij, die dagelijks met hen leefden, hoe langer hoe meer doordrongen van eerbied en respect voor hun heldenmoed, hun geloof en geduld en vast vertrouwen op den God hunner vaderen. Hun geest zal nimmer verbroken worden.

Het dagboek dat nu volgt spreekt, meer dan ik zou wenschen, over mijzelf; dit is in hoofdzaak, omdat ik behoefte had, mijn hart uit te storten en, niemand in het kamp als confidente hebbende, mijn toevlucht nam tot pen en inkt.

---

[3] Gemakhuisjes.

Had ik in die dagen gedacht, mijn dagboek later uit te geven, dan had ik meer uitvoerig geschreven en mijn aanteekeningen nauwkeuriger gemaakt; maar nu heb ik mijn dagboek alleen voor mijn eigen gebruik gehouden, en heb ik ook veel meer over mijn eigen zaken, mijn eigen vermoeienissen en mijn verdriet geschreven, dan ik anders zou gedaan hebben. Dientengevolge kan ik hier niet meer geven dan uittreksels, die tezamen ongeveer de helft vormen van mijn oorspronklijk dagboek.

HOOFDSTUK II.

Uittreksel uit mijn Dagboek.

IRENE-KAMP, **12 Mei 1901**.

Lieve Dagboek,

Ik begin mijn nieuwe leven met honderd goede voornemens; een daarvan is, elken avond mijn dagboek in te vullen, maar, aangezien ik schrijf op het warmste plekje dat ik vinden kan, nl. in mijn bed, en het vale kaarslicht flikkert en schaduwen werpt op de witte wanden van de tent, vrees ik, dat mijn schrift dikwijls bijna onleesbaar zijn zal.

Gisteren avond was ik nog thuis, omringd door weelde, en nu?

Ik ben wel vrij goed ingericht, maar het is toch niet thuis, en alles is nieuw en vreemd. De meisjes zien er goed uit en zijn verbrand, en zij zeggen, dat ik spoedig zal gewennen aan dit leven, als ik de ontberingen kan verdragen.

Er was niemand aan het station om mij te ontvangen, omdat ik verwacht werd met den trein, die gisteren zonder mij vertrock; doch een van de dokters zag mij en bood aan, mij naar het kamp te geleiden. Op weg wees hij mij

verschillende dingen aan, en vertelde mij wat ongeveer mijn werk hier
zou zijn. Het kamp is enorm. Er zijn zouwat 5,000 menschen en naar ik
geloof, meer dan 500 gevallen van ziekte. Gemiddeld zijn er drie
sterfgevallen per dag. Dr. Hamilton zeide ons van avond, dat er sedert 2
Mei, 29 personen gestorven zijn.

Wij wandelden langs de "Hoofdstraat" door het kamp tot boven aan de
hoogte, waar het hospitaal is. Iemand vroeg mij, of ik de nieuwe
verpleegster was, en, toen ik daar bevestigend op antwoordde, bracht
zij mij bij Mejuffrouw Dürr, die mij aan de andere zusters voorstelde.

Wij zijn met ons zessen, allen Afrikaansche vrijwillige verpleegsters, en
wij hebben niets te maken met het hospitaal, dat onder de zorgen van
een Engelsche "matrone" staat. Ons werk ligt in het kamp, waar wij
elken morgen van tent tot tent gaan om te zien, waar er ziekte is en
deze aan den dokter te melden. Alleen de emstige gevallen komen in het
hospitaal; de andere worden in hunne tenten behandeld, waar hunne
verwanten hen helpen verplegen. Wij hebben geen nachtdienst, want
wij zijn den geheelen dag aan het werk. Mejuffrouw Celliers en ik zullen
samen een ronde tent hebben, die morgen opgezet wordt en intusschen
zijn wij in een van de hospitaal-barakken, een enorme veldtent, die
lekker warm en gezellig is. Deze weelde is, helaas, slechts tijdelijk en
morgenavond zullen wij het bitter koud hebben. Nu reeds begin ik rilling
te gevoelen en ik moet mij haasten dit af te maken.

Wij krijgen allen rantsoenen, die in een kleine keuken van
gegalvaniseerd ijzer hier vlak bij worden gereed gemaakt en wij
Afrikaanders hebben onze maaltijden in een groote veldtent, zooals
deze, met de Engelsche dokters en zusters. Ons supper bestond van
avond uit koud rundvleesch, brood en stormjagers (een soort van olie-

bollen), jam, thee en koffie; ik genoot van al dat nieuws. Morgen begint mijn werk.

Er zijn twee dokters, Green en Hamilton. De eerste is degene, die met mij van het station wandelde en onder wien ik moet werken. Nu ga ik slapen – mijne handen zijn bevroren.

13 MEI. De avontuurlijke eerste dag is voorbij en is nog al voorspoedig geweest; maar, helaas, de toestanden in het kamp zijn honderd maal erger dan ik verwachtte, en er is oneindig veel meer te doen dan ik mij met eenige mogelijkheid kon voorstellen. Laat ik trachten, lieve dagboek, u te vertellen wat mijn werk is.

Het kamp is verdeeld in afdeelingen en de afdeelingen in rijen tenten; de tenten in de rijen zijn genummerd. Nu heb ik rij 25, 26, 27 en 28 en wat er gereed is van rij 29. Elke rij bevat ongeveer 30 tenten, zoodat ik dagelijks zoowat 140 tenten te inspecteeren heb, en, daar op zijn minst om de andere tent een of meer zieken zijn, kunt gij begrijpen, hoeveel ik te doen heb. Ik vraag in elke tent of er iemand ziek is, en waar patiënten zijn, schrijf ik het nummer van rij en tent in mijn zakboekje, naam en leeftijd van den patient, aard van kwaal, enz. De ernstige gevallen meld ik aan den dokter, maar voor kleine ongesteldheden moet ik op mijn eigen verantwoording voorschrijven en mijn zakboekje vertoont van avond een lijst van ziekten, vreeselijk en wonderlijk om te zien.

Er is in het kamp een kleine apotheek, waar de menschen melk, sago, maizena, arrowroot, castorolie, zalf, hoest-middelen, enz. kunnen krijgen, op vertoon van een geschreven order, onderteekend door een van de zusters; maar de meisjes zeggen, dat heel dikwijls het eenige artikel in voorraad "Nietz", is. Dit is zeer weinig bemoedigend, en ik heb een verbazend groot aantal orders geschreven, - misschien te vergeefs. Morgen zal ik wel hooren, of de menschen iets ontvangen hebben.

Arme menschen! zij moeten zoolang wachten – somtijds uren, voordat zij geholpen kunnen worden, en dan is het verschrikkelijk, ledig weggezonden te worden.

Er zijn twee prikkelbare, overwerkte Hollanders in de apotheek. De tenten zijn dun en tochtig en heel weinig menschen hebben kooien, sommigen hebben zelfs geen matrassen en slapen op den kalen grond. Bij gevolg lijden zij van de koude meer dan van iets anders, en in iedere tent is er dan ook kroep of influenza of kinkhoest. Zij zouden de koude beter verdragen, als zij voedzaam eten kregen; maar er is vreeselijk veel dysenterie en diarrhee, ten gevolge van de afschuwelijke dingen die zij moeten eten en drinken in den vorm van verrot meel, taai, dikwijls ziek vleesch, zwarte suiker en het goed dat men hier koffie noemt – niemand weet wat het werkelijk is en er is heel wat verschil van meening op dit punt. Dit menu draagt den grootschen naam van "rantsoen" en is hetgeen iedereen ontvangt, van kleine kinderen tot tandelooze oude menschen, die het eenvoudig niet kunnen eten, en als een kind ongesteld is, streft het van honger. Honderden zijn dien weg gegaan en honderden zullen nog volgen in dit gure weder, tenzij er iets voor hen gedaan wordt. Het is van avond bitter koud en ik zou gaarne weten, hoe sommige mijner patiënten met verscheurenden hoest het maken.

Zoodra ik meer tijd heb, zal ik er aanteekeningen van houden, als ik iets bijzonders hoor. Vandaag b.v. hoorde ik, dat een vrouw tien van haar twaalf kinderen verloren heeft. - Ik moet haar naam zien te krijgen om te weten of het verhaal waar is.

0! onze kleintjes lijden onuitsprekelijk, en toch zijn zij zoo geduldig en zien mij soms aan met oogen vol smart, als stomme dieren die pijn lijden. Het breekt mijn hart, en wij zijn zoo hulpeloos. Ik ben nog niet gewend aan mijn werk. De[4] dokter was boos op mij, omdat ik hem bij patienten bracht, die[5] heel ziek schenen, en hij zeide, dat iedereen, die maar eenigszins loopen kon, naar de apotheek moest komen op zijn spreekuren, daar hij geen tijd had om het kamp rond te gaan. Het is waar, dat de dokters meer te doen hebben dan zij af kunnen; maar waarom zijn er dan ook slechts twee? - Fout No.2 was, dat ik, niet tevreden met mijn eigen werk, een deel van Mej. Celliers werk deed, die verwonderd vroeg naar haren Barmhartigen Samaritaan. Nadat ik rij 25 had gedaan, deed ik de geheele rij 24, denkende, dat het 26 was, en stelde mij zelf overal voor als de nieuwe zuster. Toen ik mijn fout ontdekte, moest ik al mijn eigen werk doen en kwam ik daarmede niet klaar tot laat in den middag.

In sommige afdeelingen zijn de tenten niet eens genummerd en is er een algemeene verwarring.

Dr. Hamilton gaat naar Volksrust en er komt een nieuwe dokter in zijn plaats. Mej. Celliers en ik zijn nog in de veldtent, waarvoor ik zeer dankbaar ben. Vandaag zijn de wind en het stof iets verschrikkelijks geweest, alles is zanderig. Men wordt hier zoo vuil - wij gevoelen, alsof wij nooit weer schoon zullen worden, omdat het water ijskoud en warm water een ongehoorde weelde is. Wij stalen een weinig uit de keuken van avond – zoo'n heerlijke keuken, ongeveer zoo groot als een vuurhout doosje, maar zoo gezellig met de twee stoven (kachels). Onze maaltijden zijn goed en ik schaam mij te eten,

---

[4] "de" = "die" in teenswoordige Afrikaans.
[5] "die" gebruik in i.p.v. "wie" in teenswoordige Afrikaans.

terwijl zoovelen gebrek hebben; maar de meisjes zeggen, dat ik wel over dat gevoel zal heenkomen. Wij moeten voedzamen kost hehben, zullen wij sterk genoeg blijven voor ons werk.

Nu weigeren mijn bevroren handen de pen langer vast te houden en moet ik zoo vlug mogelijk onder de dekens kruipen.

14 Mei. Vroeg klaar met mijn werk om toezicht te houden op het overbrengen van ons goed. Ik heb nu een ronde tent heel alleen, bij den ingang waarvan ik nu zit op een houten kastje, mijn "waschtafel", onderste boven gekeerd.

Ik wilde, dat ik het landschap voor mij kon beschrijven. Ik ben hoven op de hoogte en onze tenten zijn de aller laatste aan den buitenkant van het hospitaal. In de laagte voor mij is het kamp met zijn rijen op rijen van witte tenten, in de verte het spoorwegstation, rechts van mij het Iréneplantsoen en heuvels en laagten zacht golvend, zoover het oog reikt. Achter onze tenten is veld en niets dan veld. Ik hoop, dat het veilig is voor jonge meisjes om alleen te slapen, zoover van iedereen. Het eenige, waarvoor ik bang ben, is Kaffers; want slangen en spinnen zijn er gelukkig 's winters niet. Mej. Celliers heeft een tent aan mijn rechterhand en Mej. Findlay aan mijn linker en voor ons zijn de tenten van de andere drie zusters. Het is geen zware dag voor mij geweest en ik heb tijd gehad om te denken, en de ellende van alles is te veel om te dragen. Ik ga dood van verlangen naar een woord van huis. Terwijl ik schrijf, is er een droevig optochtje, langzaam op weg naar de begraafplaats - de dagelijksche begrafenis.

Ik kan het alles duidelijk zien: een twintigtal mannen, twee of drie kleine doodkisten op een open baar, en een paar weenende vrouwen. En dit gaat zoo door elken dag, Soms wel vier of vijf - nooit minder dan twee.

De kinderen kunnen dit leven gewoon niet verdragen en zij sterven bij duizenden het geheele land door. Als ik er aan denk, dat Iréne het Model Kamp genoemd wordt, dat er andere zijn in koude districten, Potchefstroom, Vereeniging, Volksrust, Middelburg enz., waar niemand ooit heengaat om de ellende te verzachten, waar geen vrijwillige verpleegsters zijn en de menschen moeten leven van hun rantsoenen en niets meer, is het genoeg om mij gek te maken. Van morgen zag ik monsters van de rantzoenen, die in dit kamp verstrekt worden. Het vleesch was vrij goed, maar in het meel waren groote klonten en dit krioelde van levende wormen. Ik zag, hoe de kleine kinderen er mee speelden, ze vingen, en ze tusschen hun vingertjes fijn knepen! Maar dan moet ik wel zeggen, dat het meel deze week bijzonder slecht geweest is en de dokter eene klacht zal opzenden en een verschen voorraad zal aanvragen. Aanvragen is een, en ontvangen is een tweede, en, als het geweigerd wordt, zullen de menschen deze week moeten omkomen van honger, want zij hebben het meel gezeefd en meer dan de helft is oneetbaar.

Wat de suiker en de koffie aangaat - wel, die zijn iets schandaligs en ik denk, dat zij de oorzaak zijn van het vreeselijk aantal diarrhee-gevallen in't kamp. In een van mijn tenten zijn zes kinderen ziek aan dysenterie, en de arme moeder zit den geheelen nacht op zonder een stukje kaars en zij heeft geen brokje zeep om hun kleeren mee te wasschen. De Engelschen verstrekken aan de menschen geen zeep of kaarsen - twee allernoodigste zaken in geval van ziekte - en, wat zij nog ontvangen hebben, was door onze vrijwilligers. Wij mogen hun orders geven voor zulke dingen in gevallen van uitersten nood, maar deze artikelen zijn juist altijd "niet voorhanden". Ik heb juist aan mevr. Domela Niewenhuis[6] geschreven, haar smeekende alles te zenden wat zij kan : zeep, kaarsen, balen flanel, wollen dekens en matrassen. Zij heeft een fonds van Holland, waaruit zij trekken kan, en vroeg mij, haar te laten weten, wat wij het meest behoeven. Ik weet nauwelijks waar te beginnen: er zijn zooveel dingen, die wij "het meest behoeven"; maar wij zullen dankbaar zijn, indien zij zend, hetgeen ik gevraagd heb.

Dinsdagavond. Mijn goed uitgepakt en mijn niewe kwartier gezellig gemaakt. Bed, geliefd bed is het gezelligste van alles en wat ben ik dankbaar, dat ik al mijn eigen lakens en dekens en kussens meege-bracht heb. Alles zoo heerlijk schoon na het stof en het vuil van den dag, en het is verrukkelijk, zijn vermoeide leden neer te leggen, na van den vroegen morgen tot den laten avond rond gedraafd te hebben in de zon, over rotsen en gras. Maar voor den vermoeiden geest is er geen rust. Ik zal òf er aan gewennen en verhard worden, òf bezwijken. Niemand kan zulk een spanning lang volhouden. Ik klaag niet over de lichamelijke vermoeidheid - dat is niets - maar deze knagende pijn aan mijn hart! De gedachte aan de toekomst drukt mij. Wat moet er worden van al deze menschen, wanneer zij naar hunne verwoeste plaatsen gezonden worden? Slechts enkelen zullen een dak over hun hoofd hebben, geen stuk huisraad, geen geld, geen kleeren. In mijn afdeling zijn het bijna allen Zoutpanbergers en het is vreeselijk te hooren, hoe sommigen moesten vluchten naar de steden om bescherming tegen de Kaffers, die heel vreedzaam geweest waren, totdat de Engelschen naderden.

---

[6] Echtgenoote van den Consul Gen. Van Nederland te Pretoria.

Een oude man, genaamd Herbst, over de 60 jaar oud, was met "knobkieries"[7] geslagen, totdat er nauwelijks een been meer heel was in zijn lichaam, en toen lieten de Kaffers hem voor dood liggen.

Te koud en te moe en te droevig om te schrijven van avond

15 Mei Nog een dag hard werk is voorspoedig voorbij gegaan. Er zijn een paar zeer ernstige gevallen in mijn afdeeling, maar over het geheel ben ik gelukkig geweest : Nog geen sterfgevallen, terwijl de andere meisjes er elken avond een of twee hehben te melden. Ik heb een lief klein meisje, Poppie van Tonder, met een erg gebrand been: zij is zoo zoet en zij laat mij haar wonden verbinden zonder een geluidje te geven. Van morgen was ik versteld, toen ik bij een tent kwam, waar zij juist bezig waren met hun middagmaal; ik vond er niet minder dan vijf getrouwde vrouwen en veertien kinderen negentien zielen in één ronde tent. En toch zeggen de voorschriften dat er niet meer dan zes mogen toegelaten worden! Natuurlijk heb ik dit aan den dokter gemeld en hij heeft mij beloofd, den Superintendent te vragen, mij twee extra tenten te geven. Sommige gevallen zijn verschrikkelijk. Er is een klein meisje, vel over been. Ik heb van mijn leven nog nooit zoo iets gezien behalve op photo's van den hongersnood in Indie. Zij had drie maanden geleden mazelen en nu teert zij zoo maar weg. Van morgen kwam er een kindje met twaalf fingers ter wereld[8] - één extra, zoo groot als een erwt, die er bij hing aan een stukje vel naast den pink van elke hand; een wonderlijk gezicht. De dokter zal ze afbinden. Van morgen waren wij zeer opge-wonden, toen wij in die verte kanongebulder hoorden. Tegenover de deur van

---

[7] Kierie met groot knop aan een ent.
[8] Kenteken van Pretorius familie. Vertaler het self "12 vingers" gehad.

mijn tent is ver weg een heuvel, van waar veel geseind wordt. Soms kijken wij 's avonds naar het seinlicht en verlangen de teekens te lezen. Dikwijls gaan de zoeklichten over het geheele land, de duistemis van den nacht plotseling tot helderen dag makend.

Het is bitter koud, zelfs in bed. Ik kan nauwelijks mijn pen vasthouden en kruip nu en dan onder de dekens om een beetje warmer te worden; er dan weer uit te komen is een arbeid, die al mijn geestkracht vergt. Hoe de menschen in het kamp deze koude doorstaan, is meer dan ik kan begrijpen. Mijn eerste nacht in deze dunne tent was verschrikkelijk, na de warme veldtent. Ik ben den heelen nacht niet warm geworden en had een soort van rhumatiek in mijn knieën; als zij recht uit waren, kon ik ze haast niet buigen, en, als ik ze eindelijk gebogen had, kon ik ze niet weer strekken. Ik schiet beter op met Dr. Green, nu dat ik mijn werk begrijp. Hij is heel goed voor de patienten en is zeer conscientieus, maar hij heeft veel meer werk dan hij af kan, en is daardoor steeds achter.

De menschen bemerken langzamerhand, dat ik de dochter ben van hun beminden "leeraar" en zij volgen mij van rij tot rij om mijn hand te drukken en vragen naar mijn familie en vertellen mij, wat zij zich herinneren van hun vereerden predikant.

Wat hebben zij zijn naam lief en wat houden zij hem in eere, en wat ontvangen zij mij warm om zijn ontwil!

De tranen komen in mij n oogen en ik verlang met hen te blijven praten, als zij beginnen over die mij heilige herinneringen te spreken; maar meestal heb ik geen tijd over en moet ik van de eene tent naar de andere spoeden. Hoe dankbaar zijn zij allen, dat het gezicht hem gespaard is van de ellende van dit volk, dat hij meer lief had dan zijn leven. Ik moet anders opschrijven: - aanteekening maken van de dingen, die het meest noodig zijn, en van de gevallen, die aan den dokter moeten gemeld worden, en in den namiddag, na een haastig maal, moet ik terug naar het kamp met mijn mandje, gevuld met een eigenaardige verzameling van dingen - quinine-pillen, hoestmiddelen, soeptabletjes, witte suiker, beschuit, castorolie, zeep, kaarsen, enz.

De ernstige gevallen bezoek ik een tweede maal en ga dan rond met den dokter, als ik hem krijgen kan; maar wij hebben allen zijne diensten noodig en hij moet zijn tijd verdeelen tusschen ons zessen. Men moet zeer nauwkeurig en stelselmatig zijn met zijn aanteekeningen. Eerst vergat ik de helft en kon ik de tenten niet vinden en deed veel onnoodig geloop: Ik heb slechts een mazelpatient, maar zij heeft nu de ziekte aan haar twee kleine kinderen gegeven en daar liggen nu alle drie op den· grond in een zeer kleine en dunne tent.

16 Mei. Een ongewoon vermoeienden en drukke dag. Aan het ontbijt vertelde de dokter ons dat hij al onze rapporten van de week van avond hebben moest. Wij werkten dus hard den heelen morgen en vanmiddag moest ik bij een operatie helpen - gezwel op de lever – omdat ik de eenige was van de meisjes, die eenige ondervinding van een hospitaal had. Het was een leelijk gezwel: de patient, een jonge man, in een erg uitgeteerden toestand; en naderhand moest ik bij hem blijven, zoodat mijn arme afdeeling den geheelen middag verwaarloosd werd.

De rapporten, die wij wekelijks opmaken, worden naar het hoofdkwartier, Pretoria gezonden en wij moeten het aantal patienten in onze afdeelingen opgeven, hun leeftijd en geslacht en den aard van hun ziekte. Ik vind het zeer moeielijk te bepalen, wie ziek genoeg is, om als patient beschouwd te worden; want bijna iedereen heeft de een of andere kwaal en er zijn geheele familien met diarrhee of iets anders, dat niet als gevaarlijk wordt aangemerkt en dat toch onder deze vreeselijke omstandigheden binnen een paar dagen of weken den dood kan veroorzaken.

Mej. Malherbe is van daag ziek - een van onze beste werksters. Wij denken, dat zij influenza of mazelen heeft. Geen wonder na zes weken van zulk een leven en dat in haar tegenwoordigen uitgeputten toestand. God geve ons allen gezondheid en kracht voor ons moeielijk werk! Vanmiddag werden er vier doodkistjes voorbij gedragen. Ik kon de mannen een van onze indrukwekkende gezangen hooren zingen, terwijl zij hun weg naar de begraafplaats namen. Geluiden en gezichten als deze gaan door merg en been. Mijn magere meisje zal dien weg ook wel spoedig volgen, vrees ik, of liever, hoop ik. Zij heeft nu dysenterie en influenza en kwijnt weg. Zij is geheel idioot geworden en weet niet wat zij doet. Den geheelen dag zit zij aan haar vel te plukken, aan haar neus en oogen en nagels en tanden. Gisteren avond heeft zij een tand uitgewerkt en nu is zij met de andere bezig; zij heeft geen nagels meer, geen oogharen, alles bloedt, en het geheele lichaampje is vol wonden. En dan de blik in haar oogen! Het vervolgt mij dag en nacht en ik bid voortdurend tot den Kindervriend, dat Hij haar tot zich nemen wil. De moeder heeft reeds twee kinderen moeten afstaan en strijdt nu om het leven van dit arme kleintje, maar wij weten dat het tevergeefsch is. Er zijn veel kinderen in het kamp in een soortgelijken toestand. De winter is in aantocht en, zoo God ons niet helpt, zal de sterfte in deze kampen ontzaglijk worden.

Van morgen vond ik nog een overvolle tent in mijn afdeeling, drie vrouwen en zeventien kinderen: twintig menschen in een enkele tent! Ik merk, dat het niets geeft, deze gevallen aan den Superintendent te melden; hij slaat er geen acht op - Scholtz wordt door allen gehaat en gevreesd.

Somtijds is er een grappige zijde aan dit leven. Mej. Findlay vertelde mij, dat zij een paar dagen geleden een schaartje verloor in het kamp, en nu kwam er een oud vrouwtje achter haar aanloopen, die zeide: Ik hoor, jij het jou skerkie verloor. Nou ja, ik kan zien, ik het die waarzeggende geest -luister nou vir mij – "jij zal jou skerkie nooit meer zien nie". Zij moest wel bijster knap zijn om dat te kunnen zien.

Als wij samenkomen, hebben wij allen onze verschillende niettegenstaande de bitterheid van ons dagelijksch leven in het kamp.

Morgen is het weer Vrijdag en dan komen de dames uit Pretoria hun wekelijksch bezoek aan het kamp brengen. Hun komst wordt altijd met vreugde begroet door de zusters en Vrijdag is ons een feestdag. Morgen komt Mej. Eloff. Ik hoop maar, dat zij nieuws meebrengt van thuis. Het schijnt mij jaren sedert ik ons lieve "Harmony" verliet.

Sommige der mannen zijn gisterenavond weggeloopen en nu wordt een groot aantal gevangen naar Bombay gezonden. Hoe juichen wij, als de mannen de Boeren commando's weer opzoeken!

17 MEI. Voel niet wel vanmorgen - brandende keel, overal huiverig - influenza, vrees ik. Wij moeten blijkbaar allen, "gezouten" worden en dan zal het wel gaan. Mej. Malherbe is wat beter, maar nog in bed. Ds. Bosman is hier met de dames van het "kleerencomité". Het is etenstijd en ik zwerf om onze eigen tenten rond. in de hoop onze gasten te zien.

Liet van morgen mijn gebrande meisje van het kamp naar de kinder-afdeeling dragen om haar wonden te laten onderzoeken door Dr. Green. Zij heeft zich erg gebrand en schijnt erger in plaats van beter te worden.

Ds. Bosman zeide mij, dat Generaal Maxwell weigert, ons meer dan zes verpleeg-sters tegelijk te laten hebben. "Wij mogen elkander elke maand afiossen, maar er worden niet meer dan zes tegelijk toegelaten". Er is genoeg werk voor zestig, en het is erg hard voor ons, vooral wanneer een van ons ziek wordt en haar afdeeling onder de rest verdeeld moet worden; maar wij mogen dankbaar zijn, dat wij hier nog blijven mogen. Dr. Green zegt, dat hij onze hulp niet missen kan.

Ik heb zoo medelijden met een oude vrouw hier. Haar zoon is gisteren in het kamp gestorven en zij wist niet eens, dat hij hier was. Eerst toen zij hoorde, dat er een Coetzee dood was, en inlichtingen vroeg, bemerkte zij dat het haar zoon was.

's Avonds. Brieven van huis en een kist met eieren, tomaten, loquats en lemmetjes en bovendien een thermometer, dien ik erg noodig had. Onze nieuwe dokter is gekomen. Zijn naam is Neethling, hij is een Afrikaander en een groot Boerenvriend, en hij is jong en ziet er goed uit. Hij is een van de medische studenten, die van Edinburg, kwamen met een veldambulance, toen de oorlog verklaard werd, en hij heeft al verscheidene interessante ondervindingen gehad.

Mijn arme kleine Susara gaat hard achteruit en ik hoop, dat haar einde vandaag zal komen. De moeder schijnt nog te denken, dat er alle hoop op herstel is. Arme ziel ! Op het oogenblik is dit mijn eenig emstige geval en, als ik morgen tijd heb, zal ik een telling houden in mijn afdeeling om te weten hoeveel mannen, vrouwen en kinderen ik onder mijne zorg heb. Eenigen van ons gingen van middag naar het station om onze gasten uit Pretoria weg te brengen. De wandeling deed ons goed en wij hebben elke kleine ontspanning leeren waardeeren.

18 MEI. Van morgen aan mijn telling geweest, maar ik kan niet meer dan twee en een halve rij afdoen, omdat er zooveel zieken zijn in Rij 25. Er is een onrustbarend aantal dysenterie- en influenza-patienten - het is iets vreeselijks. Men hoort aan alle kanten niets dan hoesten en stikken, en soms kan ik mijn eigen stem niet hooren, als er in een tent zes of zeven arme schepseltjes tegelijk hoesten.

Het meest ontmoedigende van alles is, dat er geen kans op beterschap bestaat, zoolang zij 's nachts zooveel lijden van de koude - de beste verpleging in de wereld kan hen niet genezen, als zij op den grond moeten slapen, terwijl de bitter koude wind door elk reetje van de miserable tenten giert, en het einde wordt zoo zeker als iets longont steking, en longontstekening beteekent in hun tegenwoordigen half- verhongerden toestand den dood. Dit is mijn zesde dag en ik heb nog geen enkel sterfgeval gehad, maar de zieken worden heel wat erger dan toen ik kwam, en ik gevoel wel, dat mijn goede tijd voorbij is. De koude is nu in emst begonnen en is van nacht intens, en ik mag morgen wel op veel zieken rekenen. Ik heb opgemerkt, dat mijn patienten altijd erger zijn van zulk een bitter kouden nacht. Het vriest nu hard en, als ik opsta, zal mijn tent geheel wit zijn en zelfs mijn haar zal bevroren wezen en het is, o, zoo zwaar, met bevroren vingers de stijve touwen der tent los te trekken. Iréne werd altijd beschouwd als een warme plaats, maar niet door iemand, die het ongeluk gehad heeft, hier een winter onder zeildoek door te brengen. De kleine Susara leefde van morgen nog, als dat leven mag genoemd worden. Ik word voortdurend vervolgd door de oogen van dat kind en haar klagelijke zuchten om "water, water,[9]" elk oogenblik van den dag. O, God, waarom moeten kleine kinderen zoo lijden? Ik kan het niet begrijpen. Het is erg genoeg, groote menschen in ellende te zien, maar zij hebben verstand en leeren dikwijls geduld onder hun lijden, maar kinderen kunnen niet begrijpen, waarom zij zooveel moeten doorstaan. Het is wreed en mijn hart breekt, als ik zoo weinig kan doen om hen te helpen. Mej. Malherbe is nog in bed, zeer ongeduldig over haar gedwongen ledigheid.

Een dankbare patient schonk mij van morgen twee vierkleur-kopjes. Sommigen van de menschen klagen altijd en het is ook heel natuurlijk onder de gegeven omstandigheden, maar ik ben altijd blij, de vroolijken te zien die hun ongeluk met moed en dapperheid aandurven. Een vrouw, die mijn kousen gestopt heeft en verstelwerk voor mij deed, zeide dat zij hare rekening zou zenden, als ik de mijne zond voor het verplegen - geen van mijne argumenten kon haar er toe bewegen eenige betaling aan te nemen en ik was zeer getroffen door haar fijn gevoel en dankbaarheid; want het is geen kleinigheid voor deze arme vrouwen om de kans te ontgaan eenig geld te verdienen, waarvan zij kleine benoudigdheden voor hunne kinderen kunnen koopen.

19 MEI. Daar zijn van avond droeve harten in "Klip Laer" (de naam dien Mevr. Armstrong aan dit deel van het kamp heeft gegeven, om de vele rotsen rondom onze tenten); want wij zijn bijna allen ziek en er is zooveel ellende in het kamp. Ik stond op met een miserabel gevoel

---

[9] Water onthouding a.g.v. bygeloof.

en het eerste, wat ik hoorde, was dat Mej. Malherbe zóó ziek was, dat Mevr. Armstrong haar naar huis moest brengen en morgen een andere verpleegster van Pretoria meenemen. Mej. Durr is ook niet wel. Den geheelen nacht hoorde ik haar hoesten, een korten drogen hoest. Dit leven is erg genoeg om eenig gestel te ruïneeren. Ik ben zeer ongerust over het groot aantal gevallen van dysenterie in mijne afdeeling en ik heb een lijst er van gemaakt voor den dokter, omdat de verantwoordelijkheid voor mij te groot is. Mevr. Armstrong zegt, dat vele kinderen hier sterven aan dysenterie, vooral wanneer zij in den eersten tijd verwaarloosd worden. Maar wat helpt het, ze aan den dokter te melden? Hij heeft geen tijd ze allen te bezoeken en, als hij ze nog kan zien, is het eenige, dat hij hun zegt, geen vleesch te eten en niet van die slechte koffie te drinken, maar dat geneest ze niet. Als er geen gort in voorraad is, kunnen zij geen gortwater maken om te drinken, en zijn zij gedwongen hun rantsoenen te eten. Medicijn alleen kan hen niet genezen - zij moeten voedzaam eten hebben. De ellende en het lijden sneden mij door de ziel van morgen. Het was van nacht vreeselijk koud en de menschen hebben ontzettend geleden. Een familie Snijman, van het Boschveld, bestaat hoofdzakelijk uit oude, oude menschen, die den heelen nacht niet warm werden. Zij zeggen, dat zij in den nacht uit hunne huizen gehaald werden en op een muilenwagen gezet en voortgejaagd, totdat zij bij Eerste Fabrieken kwamen, waar zij in een trein werden geplaatst en naar Pretoria gebracht. De weinige dingen, die zij op den wagen hadden meegenomen, werden er 's nachts uitgeschokt en men liet hun niet toe op te houden om iets op te rapen. Zij weten de reden niet van dien wanhopigen haast, maar de arme muilen waren geheel uitgeput, toen zij hun bestemming bereikten. En dan worden die oude menschen in een dunne tent gestopt, zonder voldoende dek voor den nacht, koud tot in het merg van hun oude botten. Tenzij ik meer kan doen om deze menschen te helpen, geloof ik niet, dat ik dit leven veel langer zal uithouden. Wat baat het rond te gaan om sympathie te betuigen? Ik wil hun matrassen en dekens en warme kleeding kunnen geven en het voedsel dat zij krijgen moet veranderd worden. Soms is het vleesch zóó slecht, dat zij er zelfs geen soep van kunnen maken, en gewoonlijk hebben zij geen rijst of gort om soep van te koken, zelfs al was het vleesch goed. Ik weet niet, hoe deze menschen den winter moeten doorworstelen, vooral zij die versch van het Boschveld komen. Ik voorzie een ontzettende sterfte gedurende de eerste paar maanden. Er wordt van gesproken, een kamp, zooals dit, in Zoutpansberg op te richten, zoodat zij kunnen teruggaan naar het klimaat, waaraan zij gewend zijn, Ik hoop, dat het waar is; het zou een prachtige inrichting zijn; maar ik zou al mijn menschen verliezen, want mijn afdeeling bestaat hoofdzakelijk uit Zoutpansbergers, die alles zouden geven, wat zij bezitten (doch zij bezitten niets om te geven) om terug gezonden te worden naar hun eigen district. De Engelschen hadden al de menschen moeten laten in de districten waartoe zij behooren, en hen niet aan zulke groote verschillen van klimaat blootstellen.

Gisterenmiddag werd een groote kudde vee het kamp ingedreven op de hoogte tegenover mijn tent. Ons werd van morgen gezegd, dat de Engelschen ze juist van de Boeren hadden afgenomen en men vreesde blijkbaar voor een terugneming, want de seinen en zoeklichten werkten den geheelen nacht.

Ik wilde, dat wij meer dokters hadden; wij weten nooit

wanneer onze patienten naar de apotheek te sturen om Dr. Green te spreken, omdat wij nooit zeker kunnen zijn, dat hij daar zal wezen gedurende de spreekuren. Het is onmogelijk voor een dokter om het opzicht te hebben over het hospitaal, de apotheek en een deel van het werk in het kamp, en Dr. Neethling heeft zijn handen vol in het kamp, zoodat wij werkelijk een derden dokter moesten hebben.

20 MEI Voor het eerst sedert ik hier ben, heb ik laat gisteren middag tijd kunnen vinden om de begraafplaats te bezoeken met mej. Celliers. Het is ongeveer twintig minuten loopen van het kamp en zij is met draad ingesloten. Er moeten wel honderd graven zijn. In elk graf worden twee of drie menschen begraven. Laat gisteren avond vroeg laten Dr. Green mij, in het kamp vrouw Venter te gaan halen om in het hospitaal bij hare zuster te waken, daar een van de proef-zusters ziek is. Het was donker en zeer koud, maar ik nam een lantaarn en verheugde mij nogal in het vooruitzicht van mijn eerste expeditie naar het kamp na duister. Ik vond Rij en Nummer zonder veel moeite, maar de menschen sliepen en, zeer verschrikt door mijn laat bezoek, dachten zij, dat hun zuster stervende was, en dat zij geroepen werden om teeder afscheid te nemen. Zij is erg ziek en wij verwachten geen beterschap.

's Nachts is het kamp nogal stil. De meeste tenten zijn in volslagen donker en alleen het geluid van hoesten wordt overal gehoord. In enkele tenten brandde licht en waren de menschen aan het psalmen zingen en bidden of werd een jeugdige stem gehoord, die uit den Bijbel las, meestal een jongen of meisje in de familie, die een beetje "geleerd" is. Het is wonderlijk te zien, hoe geduldig de arme menschen zijn. Soms, als ik bij het aanbreken van den dag ontwaak, hoor ik in het kamp zingen, en 's avonds laat zingen en bidden zij in de koude en duistemis. 's Zondags is er geen einde aan de muziek en daar zij in verschillende tenten samenkomen en een half dozijn verschillende psalmen tegelijk zingen, zijn de geluiden, die van het kamp komen aandrijven, onbeschrijfelijk. Een oude vrouw van over de 60 noemde mij gisteren "mij ou moedertje". Sommige andere namen, die ik krijg zijn: nurse, zuster, tante, dokter, nichie, mij ou sussie, en meer dan eens heb ik de kinderen hooren zeggen: "Daar loop die Rooi Kruis," of "de dokter se meisie", en eens heb ik zelfs iemand hooren zeggen: "Daar gaat de middercijne."

LATER. Ik ben juist weggeroepen om mijn tweeden nachtelijken tocht naar het kamp te maken. Een jongen van 12, dien ik van morgen naar het hospitaal liet dragen, is juist gestorven, en ik moest aan zijn familie het treurige nieuws gaan mededeelen. Het was vreeselijk om in de koude donkere tent te kruipen en de menschen te wekken om hun zulk nieuws te zeggen; maar zij waren heel stil en schenen niet te beseffen, wat er gebeurd was. Naderhand kwamen zij allen naar het hospitaal en droegen wij het lijk naar de Kraam-afdeeling, die nu juist ledig is. Hij ziet er lief en rustig uit; elk spoor van pijn is weg. Het spijt mij, dat wij hem hier gebracht hebben, want ieder sterfgeval geeft het hospitaal weer een slechten naam en vermeerdert de vrees, die de menschen hebben voor het hospitaal. Wij doen, wat wij kunnen om de emstige gevallen hierheen te laten brengen; maar de bloedverwanten weigeren hardnekkig en wachten meestal, totdat er geen hoop op herstel meer is, en bij gevolg komen velen hier alleen om te sterven. Dit is mijn eerste sterfgeval, sedert ik een week geleden hier kwam. Vandaag is het alles dood en graf geweest; de meisjes hadden allen droevige verhalen, en men moet wel sterke zenuwen hebben om zoo alleen te slapen in zulk een treurigen nacht. Het is van avond niet zoo koud als gewoonlijk, maar zoo akelig treurig en de wind is erg genoeg om iemand gek te maken. Ik moet bekennen, dat ik van avond zenuwachtig ben - ik, die vroeger nooit geweten heb, wat zenuwen waren. - Als het maar eens stormen wilde, zou het mij niet kunnen schelen; doch die lange doodelijke stilte, met plotselinge, opschrikkende vlagen, maakt mij bang. Ik wilde, dat ik gezelschap had. Overal om ons heen zijn groote grasbranden, en ik weet zeker, dat, als de wind de vonken hierheen blies en ons gras aanstak, de tenten ook zouden gaan. De meisjes lachen om mijn vrees; maar ik weet maar al te goed, wat veldbranden zijn in een winderigen nacht.

Wel, wij zijn allen in Gods hand en wij moeten vertrouwen, dat Hij ons veilig zal bewaren, maar ik heb gedurende de laatste acht dagen genoeg ellende gezien om het sterkste zenuwgestel te schokken.

22 MEI. Gisteren niets ingeschreven, maar geen wonder! Zoo'n tijd, als ik doorgemaakt heb sedert eergisteren! Geen enkel oogenblik rust en nog mijn werk slechts half gedaan; dat maakt het zoo onbevredigend. Terwijl wij gisteren aan het ontbijt waren, kwam Mevr. Armstrong terug van Pretoria en vertelde mij, dat mijne moeder in mijne tent was. Ik vloog naar "Klip Laer" in mijn moeders armen, en toen ik ophield met haar te kussen, vond ik achter mij tante Clara wachtende op een omhelzing. Welk een verheuging en wat is het heerlijk, gezichten van thuis te zien op eenzame plaatsen! Ik nam hen mee naar mijn wijk en liet ze bij eenige oude vriendinnen, terwijl ik mijn morgenwerk deed. Toen wij tegen het middagmaal in mijn tent samenkwamen, hadden wij zooveel te vertellen, dat wij allen tegelijk trachtten te spreken en niemand iets kon verstaan. Zij hadden wonderbare verhalen te vertellen en schenen in een morgen meer van het kamp gezien te hebben dan ik in ruim een week. Mama had monsters suiker, meel en koffie om mee naar huis te nemen als "curiositeit". In de suiker was een geheele kop van een hagedis! Zij waren te veel onder den indruk van al de ellende in het kamp om de uitnoodiging, naar de veldtent te komen, aan te nemen en gebruikten in mijn tent, waar Dr. Neethling naderhand bij ons kwam, het maal. Na wat mij een eindelooze ballingschap geleek, was het verrukkelijk, nieuws van huis en van den oorlog te hooren (hier hooren wij nooit iets over den oorlog) en wij praatten, totdat ik terug moest naar mijn werk. Wij maakten plannen om op de een of andere wijze het lijden te verzachten en het is een troost te weten, dat vrienden met geld en met invloed voor ons aan het werk zijn in Pretoria. Mama bracht mij een enormen koffer met allerlei: flanel, kleeding, voedsel, medicijn, zoetlemoenen, honig, en vele andere benoodigdheden voor mijne patienten.

Mijn arme kleine Susara was dood, toen ik daar gisteren morgen kwam - zij had haar laatste adempje uitgehoest om 8 uur den vorigen avond. Ik bracht Mama er heen om het arme wezentje met haar geknepen gezichtje te zien, en zij ontstelde, toen ik vertelde, dat het kind er het zoo had uitgezien gedurende haar leven. De arme moeder had dat schepseltje drie maanden lang in haar armen gedragen, en gevoelt zich nu zoo verloren en zoo eenzaam. Overal zie ik haar in de tenten; waar ziekte is, is zij te vinden, met haar lieve, moederlijke, geduldige gelaat. Zij zegt dat dit het derde kind is, dat zij op dezelfde wijze heeft moeten afstaan, sedert zij in het kamp kwam. De volle naam van dit kind, evenals van bijna alle gevallen waarover ik schrijf in mijn dagboek, zijn mij bekend, maar heb ik hier niet genoemd, omdat zij voor de meesten mijner lezers en lezeressen niets zeggen.

Mijn lieve bloedverwanten brachten een bezoek aan de begraafplaats en laat op den middag begeleidden Mej. Celliers en ik haar naar het station. Op onzen terugweg snelde eene vrouw naar mij toe om te zeggen, dat haar zoon zeer veel pijn leed en dat zij naar mij gezocht had. Ik vond in een zeer overbevolkte tent een jongen van ongeveer 10 jaar die er zeer slecht uitzag - geheel blauw op zijne lippen en kreunend van de pijn. Ik snelde naar het hospitaal en was zoo gelukkig Dr. Green te vinden, die terstond met mij terugging naar het kamp. Nadat hij den jongen onderzocht had, zeide nij, dat het een hevige longontsteking was en dat de patient naar het hospitaal moest vervoerd worden; maar de moeder wilde er niet van hooren en al mijn overredingskracht was zonder gevolg. De dokter was zeer boos en wilde niets met de vrouw te doen hebben; maar zeide mij terstond mosterdpleisters aan te leggen en die gedurende den nacht te vemieuwen. Ik was erg ongelukkig over den armen jongen, en omdat de moeder hem niet naar het hospitaal wilde zenden, besloot ik hem te redden, als ik kon, in zijn eigen tent. Ik kreeg alle voorschriften van de lieve Mevr. Armstrong, die nooit te vermoeid of te uitgeput is om ons te helpen, hoewel zij den geheelen dag hard werkt en zeer veel lijdt aan indigestie. Het was heel laat, toen ik gereed was met mijn pleister en terugkwam van het kamp, na mijn patient gemakkelijk gemaakt te hebben voor den nacht. Zij hadden zelfs geen kaars en ik moest hun de mijne geven, en dat was een van de redenen, waarom ik gisteren avond niets inschreef. Ik kon slechts een heel klein stukje kaars machtig worden, waarbij ik mij kon uitkleeden - het is hier een zeer spaarzaam artikel. Van morgen was de jongen veel beter, tot mijn groote vreugde en tot grenzelooze dankbaarheid zijner moeder. Ik was zóó opgewonden en zenuwachtig na de avonturen, van den dag, dat ik den halven nacht wakker lag en, zeker was, dat er een Kaffer onder mijn bed lag; daarom besloot ik Mej. Celliers te vragen, heden in mijn tent te komen en daar ligt zij nu tegenover mij, rustig te slapen. Het is mij een groote troost haar te hebben, en wij zijn heel blij, haar tent te kunnen gebruiken als. een soort van provisie-kamer voor de dingen, die wijt ontvangen uit Pretoria. Van nacht hoop ik vast rust te krijgen - ik zou spoedig bezweken zijn, als ik alleen had moeten slapen, en geen wonder. Men ziet zulke vreeselijke dingen in het kamp. Een van mijn kleine meisjes had een groot gezwel aan het achterhoofd en ik moest haar van. morgen naar het hospitaal brengen om het te laten doorsteken. Vandaag was het werk in het kamp eindeloos. Er zijn nieuwe orders voor melk uitgegeven (blauwe kaarten) en wij moesten van tent tot tent gaan om de oude terug te nemen en de nieuwe uit te reiken. Daarna moesten wij een lijst maken van de verschillende ziektegevallen voor het wekelijksch rapport voor morgen, en eindelijk vroeg Dr. Green ons eens precies uit te vinden hoeveel mannen, vrouwen en kinderen wij hadden in onze afdeelingen; dit alles boven ons gewone werk van temperatuur-opnemen, medicijnen-voorschrijven, orders-schrijven voor sago, melk, rijst, gort, arrowroot etc. etc. Mijn onvoltooide telling was mij een groote hulp. Ik vond een van mijne patienten met een splinternieuwen zoon, die bij "hoendergekraai" gearriveerd was. Er worden heel wat nieuwe wereld burgers verwacht, en helaas, in de meeste gevallen is er geen enkel stukje goed gereed en moet ik de moeders voorzien uit onzen schamelen voorraad.

Ik kon van morgen niet meer dan twee rijen afdoen, en tegen donker was mijn stem geheel weg en was ik haast te moe om naar het hospitaal op te kruipen. Mej. Celliers is zwaar verkouden, feitelijk zijn wij allen ziek en moeten wij ons met blauwgom-olie enz. dokteren. Stel u voor, lieve dagboek, wat die parmantige Boeren van morgen op klaarlichten dag gedaan hebben! Zij reden naar een van de "kopjes" dicht bij het kamp en dreven 500 stuks vee en eenige ezels weg. Er zijn overal kleine commando's om ons heen.

HOOFDSTUK III..

23 MEI. Een nog al bevredigende dag.

Ik heb verbazend veel werk afgedaan: mijn wekelijksch rapport gereed voor den dokter, mijn telling voltooid, al de melkkaartjes uitgegeven, bovendien dozijnen zieke menchen behandeld, en het grootste gedeelte van den dag doorgebracht bij een stervend kindje. Het arme schepseltje was juist heengaande, toen ik het kamp verliet; maar ik kon er niet bij blijven, omdat ik te ziek was. Mijne stem was geheel verdwenen en ik kon den geheelen dag niet luider dan fluisterend spreken.

De Boeren zijn soms zeer eigenaardig met nieuwe geneesmiddelen. Toen ik de eerste maal de stervende baby ging bezoeken, waren hare ouders juist bezig haar een eetlepel hondenbloed te geven en de arme hond zat buiten met een gewond oor, waaruit het bloed nog droop. Ik zeide hun, dat het geen kwaad kon, maar ook geen goed zou doen, en dat zij het kind liever niet moesten plagen, en toch, toen ik er een uur later weer kwam, waren zij, op het punt, het een warm mosterd-voetbad te geven. Ik beletten hun dit en vertelde hun dat er niets aan te doen was. Zij waren ontroostbaar want dit is hun eenig meisje.

Er zijn meer van mijne kinderen, die er heel slecht uitzien. Van morgen was er weer een kindje geboren.

Het kwam in een tent, waar er reeds elf zijn en waar armoede, ziekte en ellende heerschen.

0! Ik wiide wel, dat er geen kinderen meer geboren werden in deze kampen!

Mevr. Stiemens van Pretoria is gekomen in de plaats van mej. Malherbe. Wij zijn zoo dankbaar dat zij gekomen is, er is zoo heel veel te doen, en zij ziet er sterk en gezond uit. Goed nieuws van het veld. De Boeren hebben weder verscheidene treinen genomen. Het vee, dat zij gisteren namen, behoorde aan een zekeren Erasmus, een van de ellendige "handsuppers" in het kamp, die nooit gevochten hebben voor hun vaderiand, maar siechts getracht hebben zooveel mogeiijk te behalen door te plunderen waar zij maar konden. Mevr. Armstrong wilde een van zijne koeien koopen voor een vriendin in Pretoria, maar hij vroeg haar £ 20.-.-, waarop zij hem zeide, dat het te veel was, en dat hij niet zoo onafhankelijk met zijn vee behoefde te zijn, want dat de Boeren op een goeden dag alles zouden weghaien. De Boeren hebben het nu werkelijk gedaan en onze vreugde daarover is groot. Zij hebben vandaag eenige schapen genomen om een verandering te maken in hun kostlijst.

Een groot aantal gevangenen uit Kaapstad Zijn hier gebracht bij hunne families.

Arme Mej. Findlay is nu ziek. Wij denken, dat zij de mazelen krijgt! Een zekere juffrouw Nel in mijne wijk heeft haar man verloren vlak voor den oorlog, en vier van haar zoons zijn gevangen; zij weet niet waar ze zijn en zij is hier met drie kleintjes, erg teer en vreeselijk arm.

In mijn weekverslag waren er niet minder dan negen en twintig met influenza en meer dan dertig met diarrhee. Slechts drie mazelen. Als ik mijn telling nauwkeurig opgenomen heb, moeten er ongeveer 710 menschen in mijn wijk zijn, waaronder gelukkig niet meer dan 100 mannen. De andere meisjes hebben veel "handsuppers" in hunne wijken.

24 MEI Het kindje Pietersen stierf gisteren avond, kort nadat ik het kamp verlaten had. Vele anderen gaan spoedig - longontsteking, bronchitis, pleuris enz. richten onder onze kleintjes groote verwoesting aan. Het is een zware dag geweest en ik ben van avond te moe en te treurig om te schrijven.

25 MEI Lieve dagboek, er is heden groote ontevredenheid geweest in "Klip Laa'r." Het eerste, wat ik van morgen zag, was dat de mannen bezig waren, twee rijen tenten bij mijne wijk te voegen, en ik vleide mijzelf reeds, dat mijne klachten uitwerking hadden gehad en dat deze nieuwe tenten opgezet werden voor mijn reeds overbevolkte wijk; maar, helaas, het was niet zoo.

Op mijne vraag vernam ik, dat er een menigte menschen binnen-kwamen van het district Rustenburg en deze nieuwe tenten waren opgezet om hen te ontvangen, zoodat mijne tenten met 16, 17 en 19 menschen zullen moeten blijven zooals zij zijn. Ik vrees, dat het mij niet mogelijk zal zijn, de nieuwe rijen te nemen bij hetgeen ik reeds heb. Ik ben nu reeds overwerkt en ik had vandaag in het kamp twee vreeselijke hoestbuien, die mij zeer uitputten. Mej. Celliers is bereid rij 25 over te nemen, maar mijne patienten willen niet veranderen, nu dat zij aan mij gewend zijn, en misschien is het maar beter te wachten, totdat ik merk dat het werk heusch te veel voor mij wordt.

Er gaan vreemde geruchten in het kamp.

41

Men zegt, dat Generaal Pretorius vlak bij ons ligt met-een groot commando en dat hij een brief heeft gezonden naar een van de beambten
hier om te zeggen dat, indien hij eenige wagens wilde uitzenden, de
Boeren hem een goede hoeveelheid droog hout zouden sturen voor de
vrouwen en nog een flinken voorraad van het beste vleesch; omdat, wat
zij van Erasmus genomen hadden, meer was dan zij gebruiken konden.
Wij zijn allen heel boos op Scholtz, den Superintendent, den grootsten
jingo, die ooit geleefd heeft.

Hij maakt het leven voor onze arme menschen een last en hij heeft
reeds eenigen tijd getracht, ons uit het kamp te werken. De vrouwen en
kinderen hebben te veel kleine gemaaken, sedert wij ons werk
begonnen en wij redden te veel levens, en dat mishaagt hem. Daarom
ontving de dokter van morgen een brief van hem, inhoudende dat in het
vervolg de verpleegsters geen kaarten voor melk en medicijnen enz.
mogen uitgeven en dat geen order uitgevoerd zal worden, tenzij door
een van de doktoren onderteekend. Natuurlijk weet hij wel, dat het
onmogelijk is voor de doktoren, het geheele kamp door te gaan om te
zien, waar kleinigheden noodig zijn, zooals een dosis castorolie, een
paar hoest-balletjes of quininepillen.

Zij hebben de handen vol met de ernstige gevallen na te gaan, en wij,
verpleegsters, kunnen even goed teruggaan naar Pretoria, als wij niet
van eenig praktisch nut mogen zijn in het kamp. "Medical Comforts"[10]
zijn dikwijls genoeg "niet in voorraad"; maar, als zij er zijn, moeten wij
ze kunnen krijgen voor onze patienten. De beker liep eindelijk over, toen
Scholtz zeide dat hij de particuliere voorraden moest zien, die ons
gestuurd worden, en moest

---

[10] Hieronder zijn begrepen : rijst, sago, gort, thee, cacao enz.

weten, aan wie wij ervan gaven. Dit is hoogst onredelijk en ik weet zeker, dat hij geen recht heeft daarop aan te dringen; want de dingen, die ons gezonden worden door· onze vrienden, zijn ons eigendom om te verdeelen zooals wij willen.

Vanmiddag is een van mijn patienten aan malaria koorts gestorven.

26 MEI. Hoewel het Zondag is, heb ik een erg drukken dag gehad. Ik bezocht elke tent in mijn wijk en vond drie nieuwe gevallen van mazelen, een beelderige nieuwe baby, twee arme kleine lijkjes, en veel meer vreemde "dingen". Wat ziet men niet op deze morgen-rondgangen? Als ik een goede schrijfster was, zou ik in staat. zijn, een interessant boek over dit onderwerp uit te geven; maar nu kan ik slechts eenige aanteekeningen maken voor eigen gebruik later. Wij zijn allen zoo blijde en opgewonden, omdat de Boeren in onze buurt zijn en van morgen heel wat schieten gehoord werd. Mej. Dürr zegt, dat zij ook een paar kanonschoten gehoord heeft in den nacht en dat kan heel best zoo zijn, want er wordt dikwijls gevochten bij helderen maneschijn. Wij hebben de laatste dagen wonderlijk zacht weer gehad, in 't geheel niet koud 's nachts, maar erg winderig en onpleizierig overdag. Den heelen middag kwamen vrouwen en kinderen zich verdringen bij onze tenten met orders voor mieliemeel, zeep, kaarsen enz., die wij nu uitdeelen uit onze "provisietent" hier naast, sedert Scholtz een einde gemaakt heeft aan ons schrijven van orders voor de apotheek.

Dit brengt een massa extra-werk mee voor ons, omdat wij nu geen rust krijgen, zelfs in onze tenten; maar de menschen ontvangen beter goed en worden niet afgesnauwd, en dat is al genoeg belooning voor onze moeite. Waarom zou Scholtz zoo verlangen om ons er uit te werken? Het schijnt zijn eenige lust te zijn, en toch zijn wij hier alleen om de ellende te verlichten en, indien wij alles wat verkeerd is aan den dag brengen en allerlei onaangename gevallen melden, is het slechts een deel van ons werk. Gisteren was het rantsoen vleesch buitengewoon slecht. Ik opende eenige kokende potten en de stoom, die er uit kwam, maakte mij misselijk; iedereen kon zien, dat het ziek vleesch was. En dan krijgen de menschen niet meer vleesch voor Woensdag - slechts tweemaal in de week. Wij spraken gisteren-avond over de rantsoenen, die verstrekt worden, toen Dr. Green zeide, dat het voor een gezond, volwassen mensch nauwelijks genoeg was om te leven. Stel u voor zwakke kinderen, die leven van 2 ons meel per dag, met niets om het smakelijk mee toe te bereiden. Het is onmogelijk, en er kwijnen dan ook honderden van onze kleintjes weg door gebrek aan geschikte voeding.

Ik geloof, dat wij onweer krijgen. De hemel is erg zwart in het Westen en ik hoor het gerommel van donder in de verte. Regen zou een ramp zijn in deze "luchtige" tenten. Ben daar juist geroepen: vrouw ernstig ziek in rij 25.

27 MEI. Een betrekkelijk lichte dag. Met dit zachte weer zijn onze wijken altijd in een veel beteren toestand, en dan worden wij vroolijker door jeugdige veerkracht. Wij, zeven Boeren, kunnen heel goed samen opschieten, lieve dagboek, en maken onze vrije uren zeer genoeglijk. Als wij maar konden voortgaan zonder verandering ! Het zou zoo jammer zijn, als een onsympathieke ziel onzen harmonieerenden kring binnenkwam. "Dandy", zooals wij

Dr. Neethling noemen, omdat hij altijd zoo keurig netjes is, is een ideaal dokter en wordt door allen in het kamp vereerd.

Hij is altijd bezielend en vroolijk en zoo heel goed voor onze arme zieken. Mej. Findlay is heel ziek en baar wijk wordt geheel verwaarloosd, omdat wij geen van allen tijd hebben, er toezicht op te houden. Mevr. Vlok werd vandaag verwacht om hare plaats in te nemen, maar is niet gekomen, misschien omdat het een algemeene vacantie dag is en alle kantoren in de stad gesloten zijn. De andere meisjes hebben eenige zeer droevige sterfgevallen gehad. Eene vrouw, genaamd Ruttenberg, heeft van morgen twee kinderen verloren en het derde is stervende. Het eerste stierf een week geleden en het vijfde is ook ziek. Haar man vecht nog en weet niets van het vreeselijke nieuws dat hem wacht.

Eene zekere juffrouw Snijman stierf vandaag, eene jonge vrouw van 25 jaar, drie jonge kinderen achterlatende, wier vader ook nog in het veld is. Het treurigste hiervan is, dat hare zuster, juffrouw Oosthuizen, een vrouwtje van 20 jaar, verleden week gestorven is, een baby van zes maanden achterlatende. Al deze kleine weezen zijn opgenomen door verschillende familieleden. Mevr. Armstrong vertelde mij, dat zij de baby ging zien en toen vond, dat het mutsje met een strookje krip was gezoomd!

Juffrouw Steenberg van Bronkhorstspruit heeft twee kinderen verloren op haar plaats en drie hier in 't kamp. Een van de drie was eene gehuwde dochter, juffrouw Theunis Christoffel Botha, die hier stierf met hare vijf kinderen. De mannen vechten nog.

Dr. Green wil, dat wij nagaan "voor ons genoegen", hoeveel kinderen, levend en dood, de vrouwen in onze wijken ooit gehad hebben. Hij vindt dit eene goede kans, die niet verwaarloosd mag worden, om statistieken op te maken, en het zou ook wel de moeite waard zijn, als wij tijd er voor konden vinden. Ik weet van twee vrouwen, die zeven kinderen hebben onder de negen jaar.

De matrone vertelde mij een aardigheid van een jongen man, die vóór eenigen tijd in het hospitaal gebracht werd. Hij werd op zijn zijde gelegd in een schoon bed, waar hij den ganschen dag onbewegelijk lag, en toen hij het eindelijk niet meer uit kon houden, vroeg hij verlof, op de andere zijde te gaan liggen, belovende het bed niet slordig te zullen maken! Geen wonder, dat zij allen zoo bang zijn voor het hospitaal!

28 MEI. Van morgen schieten gehoord. Ik voel ellendig - erge hoest, en koude in mijn hoofd; men schudt in deze dunne tenten niet gemakkelijk een kwaal af. Van morgen waren mijn dekens en kleeren bedekt met rijp, die door alles heen schijnt te komen. Er is veel ziekte in mijn wijk en ik moest zeven ernstige gevallen aan den dokter melden. Arme mej. Findlay heeft veel pijn en sliep slecht van nacht. Alles is onbeschrijfelijk treurig. Al mijn babies zijn ziek, arme kleine schatjes, en toch zijn zij zoo zoet en geduldig. Wat heb ik medelijden met hen!

30 MEI. In Bed. Vandaag is het Donderdag en ik heb niets bijge-schreven sedert Dinsdag; maar ik ben ziek in bed met een hevigen aanval van influenza. Ik werkte Dinsdag den geheelen dag bij een temperatuur van 38° en tegen den avond was ik zóó ziek, dat ik naar bed moest gaan. De koorts steeg tot over 39° gedurende den nacht en ik bracht een vreeselijken tijd door, mijn pijnlijke ledematen rond-woelende, hoestende en niezende met een splijtende hoofdpijn.

Mama kwam tot mijn groote verwondering en vreugde, maar ik was te ziek om haar bezig te houden en lag maar stil haar aan te kijken en te luisteren naar al het nieuws, dat zij te vertellen had. Zij wilde mij mee naar huis nemen, maar ik was niet in staat om te reizen.

1 JUNI. Nu kan ik mij eenige voorstelling maken van wat de menschen lijden, als zij ziek zijn. Ik ben heel zwak en zou kunnen sterven van melancholie en neerslachtigheid, en Dandy heeft mij behandeld met een staaldrankje, maar ik vrees dat ik naar huis zal moeten gaan. Het geeft niets, hier te blijven; men wordt toch niet beter in deze ongelukkige tenten. De wind komt nu naar binnen stormen op mij, een koude, stoffige wind, die mijn hoest veel erger maakt. Ziek te zijn op deze plaats - maar genoeg van mij zelf en mijn lijden.

3 JUNI. De laatste drie dagen zijn de vreeselijkste, die ik ooit doorleefd heb. Een scherpe wind stormde dag en nacht en de koude was verschrikkelijk, en dan dat stof! De woorden ontbreken mij. Ik kan die arme vrouwen en kinderen maar niet uit mijn gedachte bannen, en dan mijn verwaarloosde wijk! De tenten zijn aan fiarden gescheurd door den wind, die er om heen huilt tegen het doek en wolken van fijn, scherp stof binnenbrengt, dat door alles heendringt. Ik ben nog niet aan mijn werk, maar kan niet naar huis gaan, terwijl er zooveel ziekte is. Moet mij morgen maar eens inspannen om naar het kamp te gaan. Gisteren had ik bezoek van Pretoria, lieve jonge vriendinnen die mij Maria-cakes, koekjes, suikergoed, chocolade, cacao en vleesch-extract brachten, en ons allen opvroolijkten door hun blijde gezichten; maar ik geloof niet, dat zij ooit hun dag in het kamp zullen vergeten. Zij waren den heelen dag ijskoud en namen zoowat een ton stof van Iréne mee naar huis.

4 Juni. De koude is doordringend en mijne handen bijna te stijf om een pen vast te houden. Ik heb den geheelen dag gewerkt en ik vond mijn wijk in een hopeloozen toestand. Het weer is nu heerlijk, stil en zonnig, maar snachts bitter koud, en bijgevolg is er veel meer ziekte dan gewoonlijk.

Mej. Celliers vond gisteren in ééne tent twee kinderen dood aan mazelen en een derde stervende.

Mijn wijk is ontzaglijk groot, nu de nieuwe menschen gekomen zijn. Ik ging hunne tenten rond, maar vond iedereen gezond en bruin, versch van hunne plaatsen. Ik zal, Goddank, in die rijen vooreerst geen werk hebben. Er is verandering in onzen staf gekomen. Mevr. Armstrong en Sophie Dürr zijn naar huis en Mevr. Vlok en Mary Dürr zijn in hunne plaats hier. De eerste twee waren totaal uitgeput en moesten naar huis gaan om uit te rusten.

Er is een krankzinnig meisje van ongeveer 25 jaar in mijn wijk.

Mijn mandje bevat eene eigenaardige verzameling van dingen, als ik 's morgens naar 't kamp ga: ½ doz.kaarsen, een paar stukken seep, fleshes castor-olie, zoete olie, brandewijn, levertraan, hoestballetjes, zoetlemoenen, lekkergoed en een menigte andere dingen, en in mijn zak een thermometer, een vulpen, melkkaartjes en twee opschrijf boekjes. Moede en beladen ben ik dan, want mijn mandje is zwaar en ik heb dikwijls nog flanel of een kombaars bovendien om naar de een of andere behoeftige patient te brengen.

Er zijn vele beproevingen in ons dagelijksch leven, maar het zwaarste van alles is onze absolute hulpeloosheid en dat wij, met al ons harde werken, nog zoo weinig doen kunnen om den nood rondom ons te lenigen.

5 JUNI. Ik zit in mijn tent te wachten op Dr. Green, die van morgen met mij door mijn wijk gaan wil. Hij is nog bezig in het hospitaal, waar veel te doen schijnt te zijn, en ik heb den tijd zoek gemaakt met dat ellendige boek, getiteld „"Pretoria from within during the war", door te kijken. De schrijver publiceert veel interessante dingen, maar, vreemd genoeg, vergat hij een afschrift te geven van den eed, dien hij onder onze Regeering aflegde, opdat hij in Pretoria mocht blijven gedurende den oorlog. Maar laat mij liever mannen en boeken zooals deze van mij afzetten op dezen schoonen morgen. Het is een overheerlijke dag en mijn hart is vol herinneringen, terwijl ik in mijn stille tent zit te staren naar het landschap voor mij: het kamp met zijn honderden tenten, de verre heuvels hedekt met duizenden en nog eens duizenden grazende schapen, de blauwe hemel en de schitterende zonneschijn.

Dit is de gedenkwaardige 5de Juni, de eerste verjaardag van den intocht der Engelschen in Pretoria. Het is ook de drie-en-twintigste verjaardag van Frits en precies een jaar, sedert ik hem voor het laatst zag. Mijn dappere broeder! Waar is hij vandaag en welke gezichten omringen hem nu? Wanneer zullen wij dat weten, en wat zullen wij hooren, als onze commando's terugkomen uit het veld?

LATER: De dokter kwam mij laat halen: er was zoo veel te doen in het hospitaal, en wij konden alleen naar de ernstige gevallen gaan. Het is een onbevredigende dag geweest.

6 JUNI. Ik heb een zeer zwaren dag gehad en ben doodelijk vermoeid van avond.

Ik begon mijn ochtend met een lijst te maken van de verarmde families in mijn wijk en vond, zooals ik verwachtte, dat het bijna allen gezinnen waren van vechtende burgers. Zij zijn zonder uitzondering de behoeftigsten, want zij worden vervolgd door de "handsuppers", zij hebben geen man-volk om haar te verdedigen en te helpen, zij ontvangen de slechtste rantsoenen en moeten zichzelf zien te helpen wat betreft brandhout en kolen, en in ieder denkbaar opzicht wordt hun lot veel zwaarder gemaakt, dan dat van de "handsuppers"-vrouwen en –gezinnen. Ik heb van morgen een stapel dekens uitgedeeld en flanel en warme kleeren en baai voor rokken, en helaas, onze voorraad raakt op. Het weer was ons gunstig bij ons werk - het was een prachtige dag.

Het rantsoen vleesch, dat gisteren uitgedeeld is, was meer dan schandalig. Geen van de menschen kon het gebruiken en ik zag het overal in mijn wijk op de koorden van de tenten hangen om in de zon te drogen. Zulk akelig goed! Ongeschikt voor een hond om te eten, en, als wij klagen, worden Scholtz en zijne beambten woedend, alsof wij een groote zonde begaan. En de melk, die de zieken mogen ontvangen, wordt elken dag meer waterig, en als wij protesteeren, krijgen wij tot antwoord: "Doe het dan maar zonder." 0, dit is toch een droevige wêreld! Eene arme oude vrouw in mijn wijk, een van de Prinsloo's, heeft elf zoons en schoonzoons in het veld en zeer veel broeders en andere betrekkingen. De tent krioelt van arme, havelooze kinderen, ziek en hongerig en de ellende is zóó groot, dat ik hulp beloofd heb; maar waar moet ik beddegoed en kleeren vinden?

7 JUNI. Vrouwe Fama zegt, dat eenige Boeren gisteren avond in het kamp kwamen; dat zij het laatste oorlogs-nieuws hebben medegedeeld aan een paar vrouwen, en daarna naar het station gegaan zijn, waar zij de telegraafdraden vernielden. Waarom zijn zij toch niet in "KlipLaa'r" een kop koffie komen drinken? Er wordt ook gezegd, dat meer dan honderd mannen in de laatste maand uit Pre-toria ontsnapt zijn en dat De la Rey onlangs een grooten slag geleverd heeft. Zulke enkele nieuwtjes bereiken ons nu en dan, maar zij zijn altijd vaag en tegenstrijdig.

Het is zeer koud en de sterfte neemt toe.

HOOFDSTUK IV

Mijne lezers, nu ben ik aan het eind gekomen van het aangenaamste gedeelte van mijn verblijf in het kamp, en de vijf weken die volgden zal ik hier niet ten volle beschrijven, want gruwel volgde op gruwel, en dood en verwoesting en wanhoop regeerden in ons midden. Sommigen van ons werden hard en onverschillig, anderen waren verpletterd door den last der verantwoordelijkheid, die op hunne schouders rustte, en deze laatsten zullen de teekenen van dien vreeselijken tijd dragen tot het einde van hun leven. Een blik op de sterfte zal de waarheid van mijne woorden bevestigen.

In die vier weken, die ik beschreven heb, stierven :

DATUM.	Mannen	Vrouwen	Kinderen	Totaal
11 – 16 MEI.		1	13	14
16 – 23 MEI.	1	2	10	13
23 – 31 MEI		3	10	13
31 MEI – 7 JUNI.	2	3	10	15
TOTAAL en GROOT TOTAAL	3	9	43	55

In de vijf weken, die volgde :

DATUM.	Mannen	Vrouwen	Kinderen	Totaal
7 – 14 Juni.	2	3	22	27
14 – 21 Juni.	1	3	22	26
21 – 28 Juni.	2	1	42	45
28 Juni – 5 Juli.	2	2	35	39
5 – 11 Juli.	1	4	40	45
Totaal en Groot Totaal	8	13	161	182

De eindcijfers toonen dus aan, dat de sterfte werkelijk zóó toenam, dat er in de laatste weken driemaal zooveel menschen stierven, als in de eerste weken van mijn verblijf te Iréne.

Het werd hoe langer zoo moeilijker, mijn dagboek bij te houden, en vooral in de laatste twee weken was het bijna onmogelijk te schrijven, daar het op een of andere manier bekend was geworden, dat wij aanteekening hielden van de gevallen, die onder onze behandeling kwamen, en van de schandalen, die wij ontdekten. Wij waren bang dat mijn tent overrompeld en onderzocht zou worden, en besloten, mijn dagboek ter bewaring te geven aan iemand, die minder gevaar liep van een onderzoeking dan de gevaarlijke inwoners van "Klip-Laa'r." Hierbij dank ik hem nog eens voor zijn bereidwilligheid om ons te helpen.

Gelukkig voor ons dat wij in die vreeselijke weken wisten, dat er in Pretoria rijke en invloedrijke menschen hard aan het werken waren om een belangrijke verbetering in den toestand der kampen te brengen.

Onze tent, die wij als provisie-kamer gebruikten, was nooit ledig. Geld werd in Pretoria verzameld en uitgegeven voor voedsel en kleeren, en wekelijks kwamen er kisten in het kamp aan, vol van de dingen, die wij het meest noodig hadden. Wel is waar gingen er dikwijls van die kisten verloren, en werd het op allerlei wijze zoo moeilijk mogelijk gemaakt met permitten voor vervoer om redding in het kamp te brengen, maar onze vrienden waren niet af te schrikken door moeilijkheden en gevaar.

In die dagen was het nog niet zoo moeilijk permitten te krijgen om het kamp te bezoeken, en vele menschen maakten gebruik van de gelegenheid, hunne vrienden en verwanten te gaan zien.

Een van de personen, die er op deze wijze geweest is, was

mijne moeder, die na haar eerste bezoek op 23 Mei 1901 zóó onder den indruk was van hetgeen zij gezien had, dat zij 's nachts niet slapen kon en om drie uur opstond om een petitie te schrijven aan de consuls der buitenlandsche mogendheden.

Deze petitie luidde als volgt:

Aan zijn Excellentie D. CINATTI, *Consul Generaal van Portugal, en de andere vertegenwoordigers der Buitenlandsche Mogendheden te Pretoria.*

Pretoria, 24 Mei 1901.

Excellenties,

De toestand der vrouwens en kinderen onze Burgers vooral van die, welker mannen nog vechten, is van zulk een aard, dat wij, ondergeteekende vrouwen, het hoogst noodig achten, de hulp der Consuls in te roepen.

Die arme, hulpelooze wezens lijden onbeschrijflijk.

Zij zijn verzwakt door slecht en onvoldoend voedsel en kunnen dus geen weerstand bieden aan ziekte en koude.

Alreeds is het vinnig koud te Iréne, dat beschouwd wordt als een warm klimaat. Hoe moet het niet zijn op het Hoogeveld, te Middelburg, Standerton, Vereeniging enz ?

Alleen aan zeer weinige families werd vergund, kleederen mede te nemen; de anderen hebben niets meer, dan wat zij aan het lijf hadden, toen zij met geweld hunne woningen moesten verlaten, en dat is versleten en vuil.

Enkelen hebben ook beddegoed meegebracht, maar het meerendeel heeft onvoldoende dekking en rnoet op den kouden grond slapen, alleen beschut tegen de bittere koude door zeildoek.

Hun voedsel is meestal onbruikbaar.

Wij weten van een geval, waar de moeder in den tijd van zestien dagen drie kinderen moest zien wegdragen; zij stierven aan "maag-ziekte", veroorzaakt door bedorven meel, slecht vleesch, suiker en koffie. Ander voedsel krijgen de gevangene vrouwen en kinderen niet. Een dochter van dertien jaar ligt nog zwaar ziek. Geen zeep of kaarsen hebben zij nog in al dien tijd ontvangen. Die worden," weelde-artikelen" genoemd.

Het Afrikaansche volk kan niet van "flour" ("bloem") leven, al is het ook van het beste. De armste is gewoon aan volop melk en eenvoudig, maar voedzaam eten. Wij gelooven, dat de treurige toestand van zaken veel verergerd wordt door ruwe en ongeduldige mannen, zooals Opziener Scholtz te Iréne. De vrouwen verkiezen liever te verhongeren en te lijden met hun kinderen, zooals in een geval waar twintig te zamen in een tent gepakt zijn, dan om zich bloot te stellen aan beleedigingen, wanneer zij met hun nooden aankomen. Wordt het dan in den tegen-woordigen tijd als een misdaad beschouwd, voor zijn land en vrijheid te strijden, dat het op vrouwen en kinderen gewroken wordt om zoodoen-de het dappere handjevol leeuwenharten tot overgave te dwingen?

Wij smeeken u dringend, ten spoedigste op te treden en daardoor het lijden van die ongelukkigen te verzachten.

Onze natie wordt uitgeroeid en vernietigd. Nu reeds is menige arme krijgsgevangene te Ceylon of elders, of zijn vechtende Burgers vrouwe-loos of kinderloos, zonder dat zij het weten. Met het oog op den nader-enden winter is er geen tijd te verliezen. Helpt ons dan om Gods wil en terwille van de humaniteit. Hij zal u zegenen, en wij zullen u eeuwig dankbaar zijn. Wij hebben de eer te zijn, Excellenties, enz.

Deze petitie werd onderteekend door negen Afrikaansche vrouwen, waarvan slechts vier mij gemachtigd hebben, hunne namen hier te noemen. Het zijn de volgende: Mevr. Van Warmelo-Maré, Mevr. Generaal Joubert, Mevr. P. Maritz Botha en Mevr. Brugman-de-la-Rey. (Laatstgenoemde, de mooie, lieve dochter van Generaal de la Rey, was een van de trouwe leden van het "Kleeren-Comité", dat zooveel gedaan heeft voor het kamp te Iréne, en haar sterven ten gevolge van longontsteking, kort na het sluiten van den vrede, was voor ons allen een reden van groote droefheid en voor Pretoria een zwaar verlies.)

Het document werd aan de consuls opgezonden, die het officieel aannamen. Dezen hebben daarop, in een gemeenschappelijke vergadering, het stuk in 't Fransch vertaald en door Gouverneur Maxwell aan Lord Kitchener gezonden.

Zij ontvingen geen antwoord, en na vijf weken gewacht te hebben, terwijl de kinderen in dezen tijd bij honderden in de kampen stierven, stelde mijne moeder een tweede petitie op.

Aan Zijn Excellentie D. Cinatti, Consul-Generaal van Portugal, en de andere Vertegenwoordigers der Buitenlandsche Mogendheden te Pretoria

Pretoria, 1 Juli 1901.

Exellenties,

Het ondergeteekende Comité van Boerenvrouwen, in naam der Boerenvrouwen van Zuid Afrika, in overweging genomen hebbende den ernstigen toestand van de verschillende kampen der gevangene vrouwen en kinderen, van de verschrikkelijke sterftecijfers ten gevolge van ziekte, veroorzaakt door koude en honger; ziende het gevaar, dat ons dappere kleine volk loopt van geheel uitgeroeid te worden, tenzij er spoedig hulp verleend wordt, wendt zich nogeens tot U, als onze eenige aardsche hulp in onzen grooten en bitteren nood.

Wij smeeken U ernstig, zonder tijd te verliezen uwe Regeeringen te verzoeken, terwille der menschliewendheid hunne vriendschappelijke, goede diensten te willen aanwenden bij de Regeering van Groot-Brittanje ten gunste van hulpelooze vrouwen en teedere kinderen.

Voor onze mannen vragen wij niets. Zij zijn mannen en goed in staat alles te verdragen wat het de Voorzienigheid behaagd heeft, hun op te leggen, maar voor hunne gevangene gezinnen eischen wij, naar gewoon recht, van het machtige en rijke Engeland voldoende en beter voedsel, warme kleeding en dekking; ook dat er ons geen hinderpalen in den weg gelegd worden om de verschillende kampen te bezoeken, teneinde te helpen, zooveel wij maar eenigszins kunnen.

Zij zijn met geweld van hun huizen gesleept, hun voedsel en kleeding zijn vernield door vuur, en zij sterven nu elke week bij honderden door gebrek aan deze behoeften. Om onze dappere mannen tot overgave te dwingen, worden hunne gezinnen gemarteld en zijn zij op weg uitgeroeid te worden. Hoewel er niet veel bekend is omtrent de andere kampen, die over het geheele land verspreid zijn, zijt gij voldoende ingelicht over hetgeen er gebeurt in het kamp te Iréne, dat als het beste beschouwd wordt, en dus in staat hierover verslag te doen aan uwe regeeringen.

Wij bidden van God, dat uwe pogingen met succes bekroond mogen worden, zoodat er spoedig redding moge komen voor deze ongelukkige slachtoffers van een wreeden en onrechtvaardigen oorlog.

Wij hebben de eer te zijn, Excellenties, enz.

(Dezefde negen handteekeningen als onder de eerste petitie stonden.)

Evenal de eerste petitie werd deze door de Consuls als één man aangenomen.

Eenmaal ondervonden hebbende, dat het nutteloos was, zich te beklagen bij de Engelsche autoriteiten, hebben zij een commissie van drie leden uit hun midden benoemd, bestaande uit de heeren Cinatti, Consul-Generaal van Portugal, Baron Pitner, Consul-Generaal van Oostenrijk, en Baron Ostman, Consul-Generaal van Duitschland, aan wie opgedragen werd, het kamp te Iréne te bezoeken en daarvan verslag uit te brengen. Afschrift van dit verslag, waarin door statistieken aangetoond werd, dat er nog nooit van eenige plaats ter wereld, zelfs in de jaren der ergste epidemieën, een zoo hoog sterftecijfer bekend was, en dat, als het zoo voortging, de concentratie-kampen binnen drie jaren uitgestorven zouden zijn, werd door ieder der consuls aan zijn regeering gezonden, met bijvoeging van afschriften der beide petities.

Welke diplomatieke correspondentie hierover tusschen de Mogend-heden en Engeland gevoerd is, weten wij niet; maar wij vermoeden, dat naar aanleiding hiervan door de Engelsche regeering het bekende comité van zes dames benoemd is, dat zonder openlijk te erkennen dat het verslag der consuls waarheid bevatte, na een nauwkeurig onderzoek der kampen, vele verbeteringen voorstelde, welke ook later geleidelijk zijn ingevoerd, en zeker mede de oorzaak waren van de vermindering van het sterftecijfer. Ongetwijfeld hebben de onthullingen van Mej. Hob-house veel bijgedragen tot de benoeming dezer Staats-Commissie, maar doordat het werk der consuls in alle stilte gedaan en het bestaan der twee petities niet vermoed werd, hebben de meeste menschen de be-noeming enkel en alleen aan den invloed van Mej. Hobhouse toege-schreven. **Maar de meeste kinderen onder het jaar waren al gestorven** en de rest van de inwoners der kampen hadden een knak gekregen, waarvan ze waarschijnlijk nooit weer bovenop zullen komen.

Ik heb met opzet de uittreksels van mijn dagboek gekozen, waarin ik schrijf over de ziekte van de doktoren en verpleegsters, om te toonen hoe onmogelijk het was, zelfs voor menschen die alle gemakken hadden, om gezond te blijven onder zulke omstandigheden, en dat het dus geen wonder was, dat teere, kleine kinderen bij duizenden bezweken in de concentratiekampen.

HOOFDSTUK V.

Voortzetting van mijn dagboek.

8 Juni Schrijf van avond in de veldtent, omdat er een doordringende wind waait en de koude in onze tenten niet uit te houden is. Zelfs hier kan ik mijne pen nauwelijks vasthouden, en wij huiveren bij de gedachte, dat wij naar onze tenten terug moeten gaan. Ik werd vandaag in een van de groote veldtenten geroepen om naar een van de handsuppers te zien. Er zijn er ongeveer vijf en dertig in elke veldtent veldtent en ik wist waarlijk niet, dat zij tot mijn wijk behoorden. Dit is een aangename toevoeging tot mijn wijk – "handsuppers" nog wel!

Ik vond een man in vreeslijke pijn en niet in staat mij te zeggen, wat wat hem scheelde; daarom zocht ik een dokter en vond Dandy, die terstond terugging en den man onderzocht. Het is een geval van steenen en Dandy gaf hem wat morphine om hem een goede nachtrust te bezorghen, maar ik onderstel, dat hij zal moeten geopereerd worden.

Hoewel dit stik donker was en heel koud, toen ik bij mijn tent kwam, was er nog geen rust voor mij, want er wachtte iemand op mij in "Klip Laa'r", en ik moest teruggaan naar het kamp om naar een man te zien, die ook zeer pijn had en niets meer of minder wensche dan een mostertpap. De een verteld den ander,

dat een mosterdpap dezen of genen genezen heeft; het nieuws vliegt
door het kamp, en iedereen wil met rnosterd behandeld worden, onverschillig welke kwaal hij of zij heeft. Toen ik terugging naar rnijn tent,
stonden er weer verscheidene menschen te wachten met orders voor
kaarsen, en zoo gaat het den geheelen dag voort. Onze tenten worden
aldoor bestormd door alle mogelijke en onmogelijke menschen met alle
mogelijke en onmogelijke kwalen en men moet geduldig en voorkomend
zijn jegens iedereen, niettegenstaande moeheid en ziekte. Mijn keel doet
pijn en ik heb meer koorts. Wij hebben meer te doen dan wij kunnen;
want Mej. Findlay is nog niet hersteld van haar aanval van mazelen en
Mej Dürr werkt in het hospitaal, omdat zij daar handen te kort kwamen.
Wij hebben elk iets van haar werk overgenomen, totdat iemand van
Pretoria komt om hare plaats te vervullen.

Ik heb twee rijen genomen van ieder ongeveer dertig tenten behalve
mijn eigen enorme wijk. Geen wonder, dat wij ons doodgewerkt gevoel-
en, en toch drukt ons elken nacht de gedachte, dat niet de helft van onzen dagelijkschen plicht volbracht is.

In Mej. Dürr's wijk is een zekere Juffrouw Wolmarans, die spoedig een
dochtertje gaat verliezen. Zij had kort geleden mazelen en teert nu weg,
zooals mijn kleine Susara. De moeder vertelde mij, hoe zij met vier kleine kinderen van Smitsdorp vluchtte voor de Kaffers; hoe zij dag en
nacht aan hevige regens waren blootgesteld en, drie nachten onder
boomen en struiken moesten slapen. Zij moest het jongste kind den geheelen weg dragen en zij dreef een paar schapen voorzich uit om nog
iets te redden van haar veestapel, maar zij werd gevangen door de
Kaffers, die haar alles afnamen, zoodat zij zelfs geen droppel melk had
voor de kinderen.

9 Juni. Moest gisteren avond ophouden, voordat ik gereed was, omdat het zoo koud was.

Ik wilde u vertellen lieve dagboek hoe opgewonden wij waren, toen wij gisteren kanonvuur hoorden in de richting van Johannesburg. Er was blijkbaar een groot gevecht, want de khakies kwamen verstrooid over de bergen in de grootste wanorde, blijkbaar in volle vlucht. Den geheelen morgen stroomden zij binnen bij groepjes van twee of drie tegelijk en legerden zich op den heuvel tegenover het hospitaal - Tommies, karren, wagens en paarden in groote verwarring.

Met zonsopgang verdween alles weer van morgen.

Het is erg winderig en koud; eenigen van ons slaagden er van middag in te ontsnappen naar de plantsoenen om een uur rust en ontspanning te genieten. Wij waren dankbaar en verlicht, eens weg te komen van ziekte en verdriet en dood, maar naderhand moest ik in 't duister naar het kamp teruggaan met melk, kaarsen en dekens voor eenige erg zieke menschen. Wij moesten het maar zonder rust stellen, zoolang alles hier in zulk een vreeselijken toestand is.

Een meisje van veertien jaar stierf vanmiddag plotseling in mijn wijk - een kleinkind van de oude familie Snijman. Zij is lang ziek geweest en scheen half krankzinnig, bijna doofstom, en toen ik hoorde, dat zij erger was, heb ik het niet aan den dokter gemeld en tot mijn spijt haar geheel vergeten. Ik was zeer bekommerd, toen ik haar van morgen bijna stervende vond. Voor haar is het echter eene verlossing.

10 Juni. Heb een zeer zwaar dagwerk gehad: 60 tenten in Mej. Dürr's wijk en 60 in de mijne voor het middag eten en daarna de rest van mijn wijk. Kon niet alles doen en had geen tijd om de nieuwe menschen te bezoeken, die van middag gekomen zijn. Arme menschen, ik zag ze staan, in verlaten groepjes voor de leege tenten, wachtende op bevel om hun nieuwe kwartieren te betrekken.

Om tien uur gisteren avond hoorden wij het gebulder van zwaar geschut. Het is onmogelijk de gevoelens te beschrijven, die opgewekt worden door het geluid van nachtelijk schieten; het maakt mij zoo onrustig en opgewonden. Wij denken, dat de Boeren een poging deden om het vee en de schapen dichtbij Iréne te bemachtigen.

11 Juni. Een goddelijk schoone dag. Van nacht heeft het een beetje geregend en van morgen was de lucht zuiver en alles zóó wonderlijk kalm, dat wij nauwelijks konden gelooven in Iréne te zijn. Ik geloof, dat God ons nu en dan zulk een dag zendt om ons aan Hem te herinneren, want "God-vergeten" is een woord, dat tegenwoordig veel gehoord wordt in ons midden. God heeft deze arme menschen niet vergeten en Hij wil niet, dat zij Hem zullen vergeten.

"Alles sal nog reg kom" met ons, als wij slechts vasthouden aan ons geloof in den God onzer vaderen.

Nadat ik mijne wijk afgedaan had van morgen, vroeg ik Dr. Green met mij rond te gaan, omdat er zooveel ziekte is en ik zoo bezorgd ben. Hij is altijd gereed om ons te helpen, als hij tijd heeft, en waarlijk, de toestand van sommige menschen in mijn wijk was erg genoeg om een hart van ijs te doen smelten.

Een jongen stierf van morgen in het hospitaal, terwijl wij aan het ontbijt waren. Er is een nieuwe hospitaalverpleegster gekomen, zuster Fry. Zij ziet er lief en aardig uit. Ik geloof, dat wij erg treurig zouden zijn in deze donkere dagen zonder onzen Dr. Dandy. Hij is de eenige, die ons vroolijk houdt, wanneer ons dagwerk gedaan is.

De Superintendent wil ons nu uit onze tenten zetten. Hij zegt, dat hij ze noodig heeft voor nieuwe aankomelingen, en hij wil ons een groote veldtent geven, die wij kunnen gebruiken als slaapzaal voor ons zessen en als zitkamer. Wij stelden een lijst op van de voorwaarden, waaronder wij zouden goed vinden de gezelligheid van onze tenten op te geven:

a. niet meer dan zes in de veldtent,

b. een kokosmat op den grond,

c. een tafel en een lamp, en gordijnen voor een afscheiding tusschen de slaapkamer en zitkamer,

d. een ronde tent om als bad- en provisiekamer te gebruiken.

Hij zeide, dat hij ons allen den "sjambok" zou geven Hij vroeg sarcastisch, of wij liever elk een veldtent wilden hebben. Wij verspillen geen liefde aan elkaar, lieve dagboek. Wat zou nu zijn volgende zet zijn? Waar wij groote moeite mee hebben is, de menschen te bewegen, hun ernstige gevallen naar het hospitaal te zenden. De Boeren zijn er allen doodsbang voor, omdat het in handen van Engelsche doktoren en verpleegsters. Zij denken, dat niemand er weer levend uit zal komen en dat de patienten er doodgehongerd worden, omdat de typhus patiiinten er geen vast voedsel mogen hebben.

Mevr. Armstrong had eens een typhus-patient in het kamp, wiens temperatuur zij maar niet kon begrijpen, omdat die zoo veranderlijk was. Hij was langen tijd op den dood, maar kwam er eindelijk door, en, toen h i j geheel hersteld was, vertelden zijne bloedverwanten haar zegevierend, dat zij zijn leven gered hadden door hem brood en vleesch te geven als zij er niet was. Soms smokkelen zij voedsel binnen in het hospitaal, wanneer zij hun vrienden bezoeken.

Zuster Walsh toonde mij een paar dagen geleden een vuilen rooden zak-doek, waarin een paar stukjes taai vleesch, wat lekkergoed en pasteigebak zoo zwaar als lood, dien zij gevonden had onder het hoofd-kussen van iemand, die leed aan ingewandsziekte. Geen wonder, dat Engelsche menschen ongeduldig worden over hun stijfhoofdigheid en onwetendheid.

12 Juni. Ben juist een maand hier geweest. Er is een nieuwe dokter gekomen; Woodrooffe, geloof ik, is zijn naam. Krijgen wij er nu drie, of gaat Dandy weg, of Dr. Green? Niemand schijnt het te weten. Ik heb een vermoeienden dag gehad en heb morgen veel te doen; dus goeden nacht, lieve dagboek.

13 Juni. Wat heeft men hier veel geduld noodig! Onze tenten worden den geheelen dag belegerd door menschen die komen met de erbarmelijkste verhalen, en bedelen om allerlei dingen. Toch kunnen wij maar niet met volle handen kruidenierswaren en kleeding uitdeelen en is het zoo moeilijk te weten, wanneer er een geval is, dat hulp verdient. Wij zijn altijd zoo bang, iemand ledig heen te zenden die in groote behoefte is en onze hulp werkelijk noodig heeft. In een van mijn tenten vond ik er elf ziek aan mazelen: twee vrouwen en negen kinderen. Ik had drie gevallen aan den dokter te melden als "dringend", waarvan het eene was een meisje van omstreeks twaalf jaar met een temperatuur van 41,20. Het is een geval van malaria, en, toen ik van middag laat haar nog eens bezocht, zat zij op en at brood en dronk koffie evenals ieder ander sterveling. Natuurlijk heb ik haar dadelijk weer in bed gestopt, maar het zou mij niets verwon-deren, als ik haar morgen weer vond vleesch etende of iets anders, dat even slecht is voor de koorts. Deze malaria-menschen zijn dikwijls 's morgens op den dood en dan loopen zij weer rond in den middag.

Het aantal mazelpatienten in mijn wijk was verbazend van morgen, zoodat ik tot laat van avond gewerkt heb en, voordat ik naar bed ga, nog eens terug moet naar het kamp, om een stervend kind op te zoeken. Mej. Dürr's plaats is ingenomen door Mevr. Preller van Pretoria, en wij zijn dankbaar, weer ons werk tot onze eigen wijken kunnen beperken. Dr. Green gaat weg, tot onze groote spijt.

14 .Juni. Gisteren was het een van mijn meest vermoeiende dagen. Ik was op de been van 8 uur 's rnorgens tot ongeveer half elf, toen ik terugkwam van een zeer treurig sterfbed. Toen ik van morgen opstond, waren mijn enkels zóó geswollen, dat ik haast niet loopen kon, maar ik moest aan het werk, zooals gewoonlijk, en de stijfheid ging na een poosje over, Er zijn zooveel droevige gevallen die dezer dagen onder onze aandacht komen! Eene vrouw, Wolmarans van naam, heeft juist bericht ontvangen van het sneuvelen van het man in een van de laatste veldslagen. Zij heefd hier reeds twee kinderen verloren. Een zekere juffrouw Drummond heeft binnen de laatste veertien dagen vier kinderen verloren. Wanneer men al deze hartverscheurende verhalen hoort van lijden en sterven, kan men niet nalaten te vragen, waarom het alles zoo moet zljn. Terwijl ik gisterenavond in de duisternis terug-kwam, voelde ik erg bitter en ontevreden, zoo treurig en moede was ik, toen ik juist een tent voorbij ging, waaruit de tonen van een welbekend lied klonken. De woorden van het refrein: "En het einde zal zeker zalig zijn", bereikten mijn ooren en vertroosttten mij en vervulden mij met hoop.

Wij hebben veel vergoeding voor onze moeite en vele zilveren randen aan onze donkere wolken; maar wij moeten dikwijls een omweg maken om er bij te komen en wij moeten al het mogelijke doen om niet te demoraliseeren. Wij hebben geen muziek en nooit tijd om te lezen, maar kunnen nog heel wat verborgen poezie vinden in de ellendigste omgevingen. Die vrouw in mijn wijk b.v. die zorgt voor de behoeften van elf mazelen-patienten. Zij is juist hersteld van die ziekte. Zij was het zelf, die dat balletje aan 't rollen bracht in die tent, en zij is nog zwak en ziek; maar nu is zij de eenige van de familie, die op is en zij verpleegt al de anderen. En toch klaagt zij nooit en vraagt zij nooit iets, hoewel ik weet, dat zij buitengewoon armoedig zijn. Ik heb haar kaarsen, zeep, gort, melk, wonderolie, dekens, enz. enz., gegeven, en zij is zeer dankbaar voor alles; maar ik heb de grootste moeite om uit te vinden, waaraan zij het meest behoefte heeft. Ik wilde dat ik een camera had en een paar opnamen doen kon van deze overvolle tenten. Dit bepaalde geval is eenig. Ik kan niet nalaten te lachen, als ik de tent binnenga; ik moet uitkijken naar een open plekje om mijn voeten neer te zetten, en dan, op een eerbiedigen afstand, ondervraag ik elken patient om de beurt, met veel verwijzigingen naar mijn opschrijfboekje. Ik hoop dat zij allen herstellen zullen[11] Wij hadden vanmiddag een zeer interessant geval. Een jonge vrouw in mijn afdeeling, juffrouw Polderman, is zoo nu en dan naar de apotheek geweest om Dr. Neethling te spreken over een gezwel, dat zich onder haar tong scheen te vormen. Hij zeide haar dat zij moest terugkomen, als het verder ontwikkeld was; maar gisteren en van morgen had zij zooveel pijn en was zij zóó uitgeput door gebrek aan

---

[11] Zij zijn herstellen.

voedsel, dat zij niet in staat was naar de apotheek te gaan. Ik vond haar van morgen met hooge koorts en erge pijn en een tong zóó stijf en gezwollen, dat zij geen woord kon spreken en de laatste twee dagen en nachten geen voedsel had kunnen nemen. Ik ging dadelijk Dandy halen, die zeide, zich het geval te herinneren en dacht, dat hij haar chloroform zou moeten geven, daar eene operatie noodzakelijk was. Hij dacht dat het in 't geheel geen gezwel was, maar iets zeer zeldzaams, genaamd "calculus", een zoutformatie, zoo hard als een steen. Ik ging juist terug met twee mannen en een draagbaar om haar naar het hospitaal te brengen, toen iemand in groote opwinding aan kwam loopen, zeggende dat er een vreemd steentje uit haar mond gesprongen was en dat zij nu beter was. Wij gingen haar terstond zien en vonden haar met weinig of geen pijn en in staat, heel gemakkelijk te spreken en te slikken, en daar naast haar lag de "calculus", een langwerpige, geelachtige formatie, precies de vorm en de grootte van een dadelpit en zeer hard; het mooiste exemplaar, dat hij ooit gezien had buiten een museum, zeide Dandy. Dit is zijn tweede calculus en hij vroeg en kreeg verlof het te behouden als een curiositeit. Tot onze groote spijt is Dr. Green vanmiddag vertrokken. Wij brachten hem een hartelijk afscheid aan het station en wij waren zeer vereerd door de wijze, waarop hij ons; dankte voor onze hulp. Hij noemde ons "wonderbare meisjes", om zoo hard te werken en zooveel goed te doen. Wij dankten hem voor zijn groote hulp en hoopten dat hij het niet zoo zwaar zou hebben in het Nijlstroom-kamp, dat veel kleiner is dan Iréne. Ik ben zeer bezorgd over Mama. Zij heeft een zwaren aanval van bronchitis gehad en wil dat ik thuiskom, als ik mijn wijk kan laten; maar ik moet wachten, totdat er iemand in mijne plaats gevonden kan worden.

Het is bijna. onmogelijk voor mij, nu mijne patienten in den steek te laten. Er zijn zooveel ernstige gevallen, die al mijne zorgen behoeven, en een nieuweling zou een paar weken noodig hebben om goed in het werk te komen. Een jonge man, genaamd Engelbrecht, is zwaar ziek met dubbele longontsteking en toch wil zijne moeder er niet van hooren, hem naar het hospitaal te laten vervoeren; wij zijn dus bezig te trachten, hem onder zeer ongunstige omstandigheden te redden. Het zijn "handsuppers" en zij hehben twee tenten, een om in te slapen en een "woonkamer"; maar tot mijn schrik hoorde ik, dat nog acht; menschen die tent 's nachts met mijn patient deelen. Ik zeide aan zijne moeder, dat, als zij hem wilde redden, hij alleen met haar moest zijn, en de menschen niet op elk uur van den dag in en uit mochten loopen; daarom slapen nu de anderen in hun "eetkamer", en zij kunnen blijde zijn, dat zij nog een andere gelegenheid hebben om heen te gaan. In de meeste tenten zijn er twee of meer families. De arme moeder is zeer bezorgd, en er is geen gevaar, dat een van mijn voorschriften zal overtreden worden; maar desniettemin kan niet haar bewegen, hem naar het hospitaal te laten gaan.

HOOFDSTUK VI

De ellende neemt toe.

15 Juni. Wat een vreeselijke dag is het geweest ! Niets dan siekte en verdriet overal en lange lijsten van dooden. Zelfs Dandy is stil en neerslachtig, en de meisjes zien er somber en bezorgd uit. Ik heb zoo hard gewerkt vandaag en nog zijn er twee geheele rijen, die ik niet heb kunnen besoeken; maar gelukkig waren het de nieuwe menschen, die nog weinig of geen ziekte hebben. Na een slapeloozen nacht ging ik terug naar het kamp, slechts om daar te vernemen, dat een van mijn kinderen plotseling gestorven was. Ik ging terstond naar de tent en was erg ontdaan, toen ik bemerkte dat het een kleintje van twee jaar was, dat een lichten aanval van mazelen had gehad. Het ergste is, dat de moeder, juffrouw Nel, verleden week een meisje van zestien jaar verloren heeft, en vier van de andere kinderen de mazelen hebben, waarvan er één in een hopeloozen staat is.

Ik heb voor haar gedaan wat ik kon, maar de arme ziel is onuitspre-kelijk wanhopig, waarlijk hartverscheurend. Ik braght Dr. Wood-rooffe er heen, maar het was een van de droevigste tooneelen, die ik ooit gesien heb, — het kleine, stomme lichaampje, gewikkeld in een oude deken, op een houten kist aan de eene zijde der tent, en aan de andere de vier jammerende, klagende kinderen, smeekende om water of melk, en de arme, radelooze

moeder, te midden van dit alles, treurende over hare doode, besorg over de zieken, verscheurd door onzekerheid over het lot van haar
man en haar zoons en het ergste van alles, binnen kort verwachten-
de nog een ongelukkig kind in een dergelijke omgeving te zullen
brengen. O God, o God! er zijn nog honderden soortgelijke gevallen en er kunnen er nog honderden meer komen, voordat deze bittere strijd ten einde is. Ik durf er vanavond waarlijk niet aan
denken.

16 Juni. Zondag avond. Het aantal "nieuwe mazelen" in mijn
afdeeling was vanmorgen verbazend groot. Ik werkte het grootste
deel van den dag, maar vanmiddag ontsnapten Mej. Findlay en ik een
paar uur naar de plantsoenen om kracht en moed te verzamelen voor
de week, die voor ons ligt. Het was er zeer mooi en kalm, en wij
brachten elk een paar varens en wat klimop mede om aan eenige
lievelingspatienten te geven. Toen ik thuis kwam, vond ik een heel
"commando" mannen, vrouwen en kinderen rondom "Klip-Laa'r"
wachtende, met orders voor zeep en kaarsen en levertraan. De
dokter zeide mij, dat hij gehaald was: de kleine Danie Cameron was
erg ziek en hij had aan de ouders moeten zeggen, dat er "geen hoop"
was. Ik ging dadelijk naar hen toe en vond hen knielende aan het
bed, weenend en biddend. Arme zielen, hoe aanbidden zij het
kereltje met zijn lieve gezicht en innemende manieren. Hij is zoo
zoet geweest gedurende die vreeselijke typhus, maar nu is hij
slechts een geraamte en ik twijfel of hij nog den nacht door zal
komen. Ik bracht hem wat brandewijn en een paar viooltjes, die hij
in zijn kleine vermagerde handje hield. Moge de Vriend van onze
lijdende kleintjes hem dicht in Zijne armen sluiten! Vandaar ging
ik naar het

bed van een ander stervend kind, het meisje Wolmarans. Zij is de laatste achttien dagen zeer ziek geweest en van avond geloof ik, dat haar verlossing aanstaande is. Zij heeft onbeschrijfelijk veel geleden, maar de steenharde wanhoop der moeder was bijna nog zwaarder om aan te zien. O, wat lijden die moeders! Wat moeten onze vrouwen doormaken in deze dagen van verwoesting en ontbering en wat zijn zij geduldig en berustend! Het is mij een voortdurend wonder; elken dag komt het over mij als een nieuwe openbaring, en ik dank God ervoor. Deze vrouwen zijn de moeders en de echtgenooten van die Transvaalsche mannen met leeuwenharten die nog heden in het veld zijn tegen zulk een schrikkelijke meerderheid, onder zoo veel ontbering en gevaar, en Engeland moet haar danken voor den onverzettelijken tegenstand van een kleinen, zwakken vijand, en Engeland weet het ook on heeft de vrouwen den lijdensbeker doen uitdrinken tot op den bodem.

Terwijl ik van middag een patient verzorgde, hoorde ik het geluid van vele voetstappen voorbijgaan. Ik ging naar buiten om te zien wat het was en dit was het, wat mijne oogen ontmoetten — een groote doodkist, met een kleine er naast, op een open baar, moeder en kind; nog een groote doodkist, daarna een van gemiddelde grootte en ten laatste die van een kind : vijf te zamen. Toen een drom menschen en zes mannen met graven. Het was een vreeselijk gezicht, en zoo gaat het elken dag voort, en het breekt mijn hart, te denken aan de uitroeiing van ons ras op groote schaal, niet alleen op het slagveld, maar ook in kampen, waar vrouwen en kinderen sterven van koude en verwaarloozing.

17 JUNI. De anderen zijn in de veldtent en ik ben

naar den vrede en de eenzaamheid van mijn eigen tent gevlucht om de gebeurtenissen van den dag op te schrijven. Ik schrijf nooit in u, lieve dagboek, in tegenwoordigheid van andere menschen, omdat ik mijn gedachten bijeen verzamelen moet, en dat is onmogelijk, terwijl de meisjes om mij heen zitten te praten. Bovendien ben ik zoo dikwijls in de diepste melancholie gedompeld en zijn mijn oogen zoo dikwijls verblind door tranen onder het schrijven, dat ik wel alleen moet zijn. Het komt er niet zooveel op aan, als ik niets droevigs te vermelden heb; maar meestal zijn mijne ondervindingen juist van de allerergste. Van avond is mijn geheele ziel vervuld met droefheid over iets, dat ik van morgen hoorde van eene oude vroedvrouw in mijn wijk, die in grooten nood bij mij kwam om dekens en linnen voor eene bevalling. Ik kon haar niets geven; wij hadden geen el goed over van eenigen aard; en toen vertelde zij mij, dat hare patient, vrouw T[12], niets bij zich had, omdat zij voor de Kaffers gevlucht was met drie kleine kinderen, nog geen zeven weken geleden, en onbeschrijfelijke smarten geleden had. Met een jong kind op haar arm en twee andere aan hare rokken geklemd, was de arme vrouw in haar zwakken gezondheidstoestand gevlucht voor die zwarte monsters, —te vergeefs, want zij werd door twee van hen ingehaald en, wat er toen gebeurde, kan ik hier niet verder verhalen.

Van middag laat beviel zij van een meisje[13], en maakt het nu beter dan iemand had durven verwachten. Ik ben de laatste maand dikwijls bij haar geweest, en ik heb wel altijd gemerkt dat er iets was wat haar drukte, maar zij vertelde mij nooit iets van wat zij doorgemaakt

---

[12] Om blijkbareredenen geef ik niet den naam mijner vriendin niet
[13] Het kindje is naderhand gestorwen.

had. Er zijn vele dergelijke gevallen, die nooit bekend zullen worden. Haar man is nog in het veld. Wanneer de Engelschen de Kaffers van het aangezicht der aarde wilden vegen, zou het beter zijn dan dit uitroeien van een wit volk.

Mijn dag begon met twee dooden, den armen kleine Danie Cameron en Jacoba Wolmerans. Danie stierf spoedig, nadat ik hem gister avond verlaten had, en vanmorgen ging ik hem zien - arm mager gezichtje, zoo still en zoo wit, zoo ongelijk aan zijne gewone opgeruimdheid. Wat hield iedereen van dat Kind! Ik had van morgen geen tijd om juffrou Wolmarans te bezoeken, nadat wij het doodsbericht ontvangen hadden, maar van avond laat kan ik er nog heen gaan. Zijn lijdt aan epileptische toevallen en toen ik kwam , had zij er juis een. De tent was vol mannen en vrouwen, dien haar handen en voeten wreven; daarop liep ik hard terug naar het hospitaal om wat brandewijn te halen; de dokter ging ook naar haar toe, maar ik weet niet hoe zij het nu gemaakt. Arme vrouw, zoolang het kind leefde, was zij zoo dapper en moest ik altijd haar kracht en moed verwonderen en haar ongelooflijk uithoudings- vermogen, maar deze weken van waken en weenen zijn te veel geweest voor haar en nu, dat de begrafenis voorbij is en hare handen ledig zijn, is sij geheel bezweken.

Het is te koud om in mijn tent te zitten, ik moet dus naar de veldtent gaan; maar mij u eerst, lieve dagboek vertellen van de opwinding, die wij sedert gisteren gehad hebben. De Boeren zijn vlak bij en gisteren middag hebben zij ongeveer 400 paarden en een massa ezels en vee bemachtigd. Een jongen van ongeveer 12 jaar, Bernard Steenkamp, vertelde mij van morgen, dat hij gisteren middag in de vlei aan de andere zijde van de hoogte, bezig was met een kleinen Kafferjongen om ongeveer 400 paarden,

50 ezels en een groot aantal stuks vee te hoeden, toen twee
Boeren kwamen aanrijden, een op het prachtige zwarte paard van
Erasmus, dat kort geleden uit den stal gestolen werd, en den
kafferjongen bevel gaven de dieren te drijven tot waar zij, de Boeren,
ze wilden hebben. De jongen, zeiden zij, kon naar huis gaan en hun
groeten overbrengen aan al de "mooi nooiens[14]" in het kamp. Het
kaffertje kwam van nacht laat terug, moe en doorgeloopen. Eenige
andere Boeren stalen een troep paarden, namen de twee vette en
goedverzorgde paarden van de kaffers die toezicht hielden, en
zonden hen naar huis met het nieuws op twee magere en zeer slecht
verzorgde dieren. Van der Walt, de oppasser van het hospitaal, zegt
dat hij ze van morgen in het kamp zag staan.

18 Juni. Het is weer een van die drukke, vermoeiende dagen
geweest, en toch ben ik nog lang niet gereed met mijn werk. Mej.
Findlay en ik gaan na het avondeten terug naar mijn wijk om mijn
ernstigste gevallen te bezoeken en hun eenige benoodigdheden voor
den nacht te brengen. Van morgen kwam ik in 70 tenten. In een
tent was een stervend kindje, waarvan de arme jonge moeder alle
zelfbeheersching verloren had. Hare wanhoopskreten brachten
van alle kanten de buren samen, zoodat ik hen er uit moest jagen.
Het was vreeselijk, het arme kind te zien worstelen met den dood,
hijgend naar adem en de oogjes rollend. Wij zagen den strijd zwak-
ker worden en eindelijk een oneindige kalmte over het bleeke
gezichtje komen. Ik was dankbaar, toen eindelijk alles stil was en
wij de oogjes konden sluiten en de mollige armpjes op de borst
vouwen. Het was een zeer plotseling sterven aan bronchitis

---

[14] Mooie meisjes.

en daardoor was het kind volstrekt niet uitgeteerd. Er zijn in den laatsten tijd veel te veel van die plotselinge sterfgevallen en wij worden voortdurend geroepen bij sterfbedden van kinderen, die den vorigen dag gezond en nog nooit onder onze behandeling waren. In dezelfde tent is ook een meisje van 10 jaar ernstig ziek aan pleuritis; ik vrees dat al die opwinding en drukte slecht voor haar geweest zijn, hoewel ik natuurlijk alle nieuwsgierige toeschouwers dadelijk wegzond. Ik bracht den dokter er laat op den middag heen; hij keek zeer ernstig. Ik hoop maar, dat zij ook niet zal sterven; er komen al veel te veel sterfgevallen in mijn wijk. Het is vreeselijk en ik voel, alsof mijn zenuwen deze spanning niet lang meer kunnen uithouden. Mej. Findlay zegt, dat ik naar huis moest gaan om uit te rusten; maar hoe kan ik mijn wijk verlaten in dezen gruwelijken toestand?

Mej. Celliers is vanmiddag voor een dag naar huis gegaan, en nu heb ik beloofd een oogje te houden op haar wijk, die aan de mijne grenst en die er al even slecht aan toe is.

De Boeren hebben van morgen de rest van Karel Erasmus' beesten en paarden genomen (ongeveer 300) en nu is hij in waarheid " Kaal" Erasmus, en ik denk dat hij dien naam wel zal blijven dragen, zoolang als hij leeft.

19 Juni. Hoe zal ik mijn gedachten genoeg bij elkaar houden om mijn gewone dagboek bij te schrijven?

Ik gevoel, alsof ik gek ga worden van al dit verdriet. Toen Mej. Findlay en ik gisteren avond terugkwamen van mijn wijk, gingen wij in de groote tent, omdat onze eigen tenten zoo vriezend koud waren, en deed ik wat naaldwerk en schreef een paar brieven. Wij dachten juist allen naar bed te gaan, toen er een schot klonk door de stilte van den nacht. Hevig ontsteld vlogen wij allen naar buiten om te luisteren. Er volgde nog een schot en toen nog een, en de echo's weerklonk en in de vlei van kopje tot kopje, totdat ieder schot tot honderd vermenigvuldigd scheen. Wij stonden buiten in ademlooze stilte en toen er nog twee schoten volgden, was onze spanning ontzettend. Er is iets vreeselijks in dat nachtelijk schieten: het versteent het hart en stolt het bloed in de aderen. De schoten kwamen van het plantsoen en de echo's klonken als salvo's. Wij wachtten op meer schoten, maar niets kwam en het was laat, toen wij naar bed gingen; toch kon niemand slapen.

Het speet mij erg, dat Mej. Celliers weg was, want het was griezelig, alleen te zijn, en er liep een groote rat over mij, toen ik wilde inslapen. Tegelijkertijd hoorde ik een van de schildwachten uitroepen: "Halt, wie daar?" en ik riep terug: "een rat", om ook iets te zeggen, en daarop hoorde de meisjes elkaar toeroepen en vragen, wat er was? De vriendelijke stem van Mej. Findlay in de naaste tent was een groote troost, en verder gerustgesteld door het kalme: "Voorwaarts, vriend, en geef het parool!" van den schildwacht, viel ik spoedig in slaap.

Van morgen hoorden wij, dat er in het plantsoen schildwachten gesteld waren, waar zij vroeger nooit geweest waren, om te beletten, dat de Boeren elken nacht kwamen, en dat dezen zelfs bezig waren de deur van een stal open te breken, toen er op hen gevuurd werd. Zij vluchtten zonder hun doel bereikt te hebben. Anderen zeggen, dat het een arme ezel was, die zoo ellendig aan zijn einde kwam, omdat hij weigerde halt te houden op bevel van den schildwacht.

Van morgen heb ik het weer druk gehad. Ik bracht Dr. Woodrooffe naar verscheiden ernstige gevallen. Hij kan een woordje Hollandsch spreken en is goed voor de patienten, maar hij schrijft veel meer brandewijn voor dan de andere dokters. Zelfs kinderen van een paar maanden oud moeten van 10 tot 15 droppen in het uur nemen, naar dat het geval is. Hij zegt dat het is om ze over de crisis te helpen, maar zij schijnen toch allen te sterven. Arme zieltjes, misschien zouden zij in ieder geval sterven. Wij kwamen nog juist bij tijds bij de groote tent om ons te kunnen wasschen voor het eten en wij waren nog maar half klaar met ons maal, toen een man buiten adem kwam aanhollen zeggende dat er een kindje uit mond en neus bijna doodbloedde. Wij tweeën gingen dus weer naar het kamp terug, zonder rust te nemen.

Het arme ventje lag op zijn rug, wit en uitgeput, en voor hem, een afschuwelijk gezicht, een witte deken, doortrokken met bloed en bedekt met groote, dikke stukken. Ik was ontzet, maar Dr.W. zeide, dat het niets was, en gaf den jongen een opwekkend middel, en nadat hij hem iets had voorgeschreven, gingen wij de lijst van mijn ernstige gevallen verder langs. De jongen is later aan een tweede bloedspuwing gestorven. Er waren minstens tien ernstige gevallen, waarvan drie gevaarlijk — alle kleine kinderen, ook een zusje — de laatste van drie — van het kindje, dat gisteren gestorven is terwijl ik er bij was, en het gezicht der moeder, toen zij den dokter ondervroeg, zal mij nog menigen langen dag heugen. Het kind stierf vier dagen later. De moeder kreeg reeds toen niet veel bemoediging van hem. "O Heer, hoe lang, hoe lang? — Mag er dan geen einde komen aan dezen bitteren, bitteren strijd? Wij kunnen het haast niet langer dragen!" Wij beginnen sommige onzer patienten zoo lief te hebben, dat wij ons nauwelijks van hen kunnen wegscheuren, vooral de kleintjes. Zij hechten zich aan ons hart, en o, wat een

leed, als zij van ons worden weggenomen en wat is het pijnlijk hen
te zien lijden! De kinderen hebben zulke wonderlijke gedachten
van ons en zien tot ons op als bovennatuurlijke wezens, en dan troost
ik mij dikwijls met de gedachte, dat wij veel meer goed doen dan wij
denken, niet alleen door stoffelijken troost en hulp te brengen,
maar ook door onzen invloed en ons voorbeeld. Hoevelen zien er niet
uit naar ons dagelijksch bezoek als naar hun eenigen helderen
zonnestraal; hoe wachten en verlangen zij naar onze komst in hun
uren van lijden en pijn! Als wij niet hun zedelijk peil ophouden in
deze dagen van duisternis en verwoesting, tot welke dingen zullen zij
dan niet komen? Zij demoraliseeren en ontaarden door dit kamp-
leven, met zijn onreinheid en vernedering en ellende, op een ontzettende wijze, en indien wij niet medelijden met hen hebben, wie
zal het wel doen? Wij trachten vroolijk en opgeruimd te zijn, wanneer wij naar hen gaan, opdat de herinnering aan onze bezoeken bij
hen blijve gedurende de rest van den dag; maar het is heel moeilijk,
altijd geduldg te zijn, vooral wanneer de moeders maar niet willen
luisteren en altijd de tenten stijf dicht houden, zoodat er geen lucht
binnenkomen kan voor hun arme, hijgende kleintjes, en als zij
weigeren aan de koortspatienten een droppel koud water te geven[15]
en verschrikt kijken bij de gedachte aan het wasschen van een
mazelpatient.

Wij hebben veel om tegen te strijden, maar, Goddank! Zijn er ook
vele belooningen.

---

[15] Bygeloof dat water sleg is vir koors.

HOOFDSTUK VII

Generaal Maxwell bezoekt het kamp.

21 Juni "Harmony" Pretoria.

Mijn lieve dagboek! Ik ben nu werklijk weer huist, hoewel ik mijn dit nauwlijks kan indenken. Gisteren morgen kwam Mej. Celliers op Iréne van Pretoria met de boodschap, dat Mama ziek was en mij wenschde te zien. Daar het absoluut onmogentlijk was, mijn wijk in haar tegenwoordelijke toestand eenigen tijd achtereen te verlaten, besloot ik mijn werk flink af te doen en voor een dag naar Pretoria over te komen om te trachten iemand te vinden in mijne plaats.

Mijn plan werd algemeen goed gevonden en Dandy gaf mij een permit, dat ik naar haar kantoorvan den Superintendent nam om getekend te worden. Aan het station moest weer getekend worden door kapitein Pitt, die mijn versekerde, dat ik heen en weernaar Pretoria mogen gaan zonder eenige moeite. Stel u dus mijn onsteltenis voor, toen de konducteur het mijn afnam, zeggende, dat ik mijn permit permit voor de terugreis den volgenden dag aan het Permitkantoor in Pretoria zou moeten aanvragen, daar er juist dien dag een nieuwe wet in werken getreden was. Ik verteldehem wat kapitein Pitt gezegd had en dat ik slechts voor een dag naar Sunnyside ging en geen tijd zou hebben een ander permit aan te vragen, omdat men daar altijd uren moet wachten. Eindelijk kreeg hij medelijden met mij en beloofde met den stationschef te Pretoria te zullen spreken, hetgeen hij deed, met het gevolg dat ik mijn kostbaar stukje papier terugkreeg. Het is heerlijk weer thuis te zijn, en Mama is bijna hersteld. Zij gaf mij permissie naar het kamp terug te gaan voor nog twee of drie weken, of tenminste totdat iemand gevonden was die mij vervangen kon. De rest van mijn ondervindingen zal ik wel morgen te Iréne vertellen.

22 Juni. Terug op Iréne. Ik reisde terug van Pretoria met Mevrouw Domela Niewenhuis en verscheidene dames van het "Kleeren-comité," zooals wij haar noemen. Mevr. Domela Nieuwenhuis wenschte mijn wijk te zien om uit te vinden, wat wij het meest noodig hadden. Het kamp was in een treurigen toestand. Dr. Woodrooffe is ziek aan een lichten aanval van influenza en Dandy moet nu al zijn werk doen, en ik weet niet, hoeveel sterfgevallen er in mijn wijk geweest zijn sedert mijn vertrek. Tot overmaat van ramp bemerkte ik, dat ik zoo dom geweest was mijn aanteekenboekje thuis te laten, zoodat ik den heelen dag uit mijn geheugen werken moest, en daardoor natuurlijk veel tijd verloor met zoeken naar mijn ernstige gevallen. Mevr. D. Niewenhuis was zeer onder den indruk van al de ellende die zij zag, en beloofde ons alles te zenden, wat zij kon: matrassen, dekens, voedsel, enz. Ik moest met Dandy verscheidene van mijn ernstige gevallen bezoeken en hij zegt, dat mijn wijk bijzonder slecht is en dat er meer ontbering en ellende heerschen dan in eenig ander deel van het kamp. Ik weet het en de reden is, dat ik al de nieuw aankomen-den heb en dit zijn meest allen menschen van Zoutpansberg, die bijna

een jaar van de geheele wereld afgesneden waren, voordat zij hierheen gebracht werden, zoodat zij langen tijd aan alles gebrek hadden,
velen zelfs zonder een draad extra kleeren, en bovendien, velen moesten vluchten voor de Kaffers en konden niets medenemen, zoodat zij
hier kwamen zonder iets anders dan de kleeren aan hun lijf. Maar in
werkelijkheid maakt dat geen verschil, want den menschen, die
overvloed hadden, werd niet toegelaten, iets anders mee te nemen,
op enkele uitzonderingen na.

23 JUNI. Van morgen ben ik mijn werk begonnen om 9 uur, en te
half twee van middag had ik nog slechts drie rijen gedaan; er was zoo
veel ziekte. Ik had tien ernstige gevallen voor den dokter, maar
Mevr. Vlok nam hem na het eten mee naar haar wijk en hield hem tot
vijf uur, zoodat hij haastig door mijn wijk moest gaan.

Het is zeer ontmoedigend en ik heb den heelen middag en na het
avondeten gewerkt met weinig of geen goed gevolg, want, als zij
stervende zijn, hebben de menschen betere hulp noodig dan ik geven
kan. Ik moest nog heel laat terug naar het kamp met antipyrine-
poeders voor een meisje met een temperatuur van 41,6° en met een
stukje linnen voor de ouders van een stervend kindje – hun laaste
kind. Het was vreeselijk, aan de moeder te moeten zeggen, dat er geen
hoop was en ik deed alles wat ik kon om haar te troosten, maar het
was te vergeefsch. Toen ik er aankwam, was er juist iemand hard op
aan 't bidden, en ik bleef buiten staan, mijn hart vol van medelijden
en verdriet. De toestand wordt met den dag erger en onze grootste
vrees is, dat .Scholtz ons er uit zal werken, juist nu dat onze diensten
het meest vereischt worden. Hij zocht altijd iets bepaalds tegen ons te
vinden.

24 JUNI. Het is vandaag voor mij een zwarte en bittere dag geweest:
- van morgen drie kinderen dood en verscheidene stervende; van middag zijn er zeven begraven, en van morgen, meen ik, twee.

Ik wilde juist den dokter bij een klein meisje brengen, toen de moeder
de boodschap zond, dat de dokter niet behoefde te komen, daar het
kind reeds gestorven was. Later ging ik er heen en vond het lijkje aan
een zijde van de tent, en vier of vijf zieke kinderen opgehoopt aan de
andere. Akelig om te denken, dat zij zoo den nacht moeten doorbreng-
en; maar wat kan ik er aan doen? Er is geen lijkenhuis, en als er een
kind sterft, te laat om dien dag nog begraven te worden, moet het den
geheelen nacht blijven liggen. Een ander kind, een jongen van ongeveer
elf jaar, werd tegen tien uur van morgen van mijn wijk naar het hospitaal gebracht en voor 12 uur was hij al gestorven. Het derde sterfgeval
was het kindje, dat reeds stervende was, toen ik gisteren-avond het
kamp verliet.

Wij zijn wanhopig over het vreeselijke aantal zieken en de toenemende
sterfte. Wij hebben nog nooit zooveel te doen gehad en, voor zoover ik
zien kan, zal het gedurende de eerstvolgende maanden zoo voortgaan.
Toen ik pas hier kwam, was de gemiddelde sterfte twaalf tot vijftien per
week, verleden week was het 27 en ik vrees, dat het deze week nog
veel hooger zal zijn.[16]

25 Juni. Ik heb een onvergetelijken dag gehad van werken en zorgen
en onuitsprekelijk zielsverdriet. Gisteren drie kinderen dood in mijn wijk,
van morgen drie en nog een dozijn meer die stervende zijn - geen
wonder, dat de

---

[16] Het was 45.

verantwoordelijkheid grooter wordt dan ik verdragen kan.

Een ander voorval, dat ik niet kan verhalen, kwam onder mijn aandacht. Ik viel bijna flauw van de ellende on de afschuwelijkheid er van
en moest mij aan den tentpaal vast houden. Hoewel ik het hier niet kan
neerschrijven, heeft het zich voor mijn leven in mijn hart gebrand en,
wanneer eenmaal de Boeken geopend zullen worden waarin al onze
daden vermeld staan, zal daar ook de naam gevonden worden van deze
onder de vele ongelukkige slachtoffers van Engeland.

26 Juni. Deze dag is vol van moeite geweest - meer zelfs dan gewoonlijk, hetgeen heel wat zegt. Mijn arme kleintjes sterven bij dozijnen; er waren gisteren avond niet minder dan 10 sterfgevallen in het
kamp, en van avond worden er nog vele verwacht. Twee der mijne gaan
zeker van avond, en ik heb het aan de moeders moeten zeggen. De
eene is een allerliefst kindje van drie maanden, dat er nu reeds als een
lijkje uitziet, en, Goddank, niet veel schijnt te lijden. Ik zit hier in Mej.
Findlay's tent, die gevoerd is en dus warmer dan de mijne en die ik
"Pelgrims Rust" genoemd heb, omdat ik hier zoovele avonden doorbreng
en het zulk een heerlijke rustplaats is, vooral met die lieve Mej. Findlay
tot gezelschap. Het is een schitterend mooie avond - heldere maneschijn
en alles even kalm en rustig - zulk een tegenstelling met de duisternis in
onze zielen.

Mej. Mary Dürr is voor een dag naar Pretoria en heeft mij beloofd,
Mama op te zoeken om mij verslag te doen van hare gezondheid.

27 Juni. De nieuwe Engelsche verpleegster, zuster Fry, is ziek aan de
mazelen en al de meisjes zijn verkouden

en algemeen ellendig. Ik had een zeer slechten nacht en hoestte on-
ophoudelijk; maar vandaag heb ik met een temperatuur van meer dan
38° hard moeten werken, omdat wij onze wekelijksche rapporten gereed
moesten hebben. Ik had honderd en zeven gevallen (van mazelen
alleen) op te geven, en ik weet niet hoeveel van influenza en sommige
vreeselijke en wonderlijke ziekten, tot nog toe mij onbekend: larynchitis,
peritonitis, enz. en bovendien een geval van stuipen en een beroerte.

29 JUNI. Gisteren niet bijgeschreven, maar toen was ik ziek en
moede, en kreeg onverwacht bezoek van Mama. Er woei een koude,
stoffige wind en iedereen raadde mij aan, mijn arme wijk aan haar lot
over te laten. Daarom gaf ik aan Dr. Woodrooffe een lijst van de
patienten, die hij moest bezoeken, en bleef ik het grootste gedeelte van
den dag in mijn tent.

Ik verlangde geweldig met Mama naar huis te gaan. Tot overmaat van
ramp kreeg mej. Celliers een telegram om te zeggen, dat zij dadelijk
naar huis moest komen. Zij pakte in der haast en ging met den middagtrein heen. Een meisje uit het kamp, mej. Grobler, zal haar vervangen,
niet alleen in het kamp, maar ook in mijn tent, zoodat ik een nieuwe
tentgenoot heb, zeer tot mijn ongenoegen.

Ik heb u zooveel te vertellen, lieve Dagboek, van mijn werk en mijn
ondervindingen; maar mijn hoofd is in den laatsten tijd niet bijzonder
helder en ik gevoel mij zelden of nooit frisch genoeg om te schrijven.

1 Juli. Ik heb de vorige maand zoo slecht geeindigd, dat ik werkelijk
mijn best moet doen, deze beter te beginnen. Mijn gezondheid is slecht
en gisteren was het zóó zwaar, dat ik geheel uitgeput was, toen het
avond werd, en niet

in staat tot schrijven. Het was de laatste der maand en wij moesten nieuwe melkkaartjes uitdeelen. Daarom ging ik naar elke tent in mijn wijk en vond iedereen min of; meer verstoord over mijn "nalatigheid". De meesten wisten niet dat ik ziek geweest was, en zij keken mij aan, alsof ik hun een groot onrecht gedaan had door een heelen dag weg te blijven. Overal moest ik dezelfde uitlegging geven en dezelfde vragen stellen en beantwoorden; maar ik vorderde goed met mijn werk, toen iemand hard aan kwam loopen, zeggende dat Generaal Maxwell en Majoor Hoskins van Pretoria gekomen waren en dat de eerste mij wenschte te zien. Ik ging er heen en wees hun mijn wijk; de twee dok-ters, de twee officieren en ik - een troepje van vijf, dat veel nieuws-gierigheid verwekte en door de rnenschen met de grootste belang-stelling werd nagezien. De Gouverneur vroeg mij, hem naar eenige van mijn ergste tenten te brengen en dat deed ik, hem een dozis ellende gevende die hij niet spoedig vergeten zal; maar het was moeilijk, uit zijn voorzichtige opmerkingen op te maken, wat hij er werkelijk van dacht. Eens vroeg hij, waarom zij zich niet waschten en, toen ik zeide, dat zij geen zeep hadden, zeide hij, dat ik zooveel bestellen mocht als zij noodig hadden. Hij zeide ook, dat hij met Scholtz zou spreken en hem zou zeggen dat ik voedsel, kleeren, dekens enz. mocht bestellen, waar het noodig was; - maar toen ik hem vertelde, dat de meeste van die dingen gewoonlijk niet voorhanden waren, kon hij niets zeggen.

Die twee mannen waren heel goed en sympathiek en steeds bereid te luisteren naar al de klachten die in hun ooren werden uitgestort, en ik zou wel verlangen te weten, of er nu iets gedaan zal worden om het leven hier meer dragelijk te maken. Ik hoop het zeer, want het kan zoo niet !anger doorgaan. Zij zeiden, dat ik er erg ziek uit zag en raadden mij aan, naar huis te gaan om goed uit te rusten; maar ik zeide, dat ik niet moe was, maar "ziek van al de ellende".

Dandy vertelde mij, dat zij overal rondgingen en monsters van het rantsoen bekeken. Tegen den middag gingen zij weer weg. Vanmiddag maakte ik de rest van mijn wijk af en had toen ongeveer tien gevallen voor den dokter; maar hij was nergens te vinden. Wij zochten overal en hoorden eindelijk, dat hij thee was gaan drinken bij den militairen dokter en daar zou blijven eten, zoodat wij hem dien dag niet meer zouden zien. Ik was vreeselijk teleurgesteld en moest weer naar het kamp gaan om aan al die menschen te gaan zeggen, dat hij niet voor den volgenden morgen zou kunnen komen. Arme zielen, velen gaan dood door gebrek aan hulp en ik kan niets doen om hun lijden te verzachten. Van morgen wachtten wij weer allen op den dokter, maar hij sliep tot 10 uur en moest toen het hospitaal rondgaan, zoodat wij niets van hem gedaan konden krijgen vóór den namiddag.

2 Juli. Daar was gisteren een wonderlijke bevalling in mijn wijk: juffrouw Bodes beviel van misvormde tweelingen - beide dood - twee meisjes met hoofden zoo groot als van een kind van een jaar en kleine mismaakte ledematen. De armpjes, die van hun schoudertjes bingen, geleken meer op vinnen dan op iets anders, en de eerste gaapte even en stierf; de tweede gaapte niet eens. Helaas, ging ik gisteren niet naar die tent en zij lieten mij niet roepen, zoodat ik het wonderlijke gezicht miste; maar bijna iedereen anders heeft het gezien en juffrouw Bodes zegt, dat haar tent gisteren den heelen dag een tentoonstelling geleek. Het gansche kamp kwam toeloopen om de arme schepseltjes te zien, en, zelfs nadat ze begraven waren, kwamen de menschen aanstroomen en kreeg zij geen rust. Ik vond haar gewone manier van spreken nogal amusant. Daar zat zij in bed, het haar van haar andere meisjes te borstelen en niemand zou geraden hebben, dat zij zulk een beproeving had doorgemaakt. Gisteren avond liepen Mej. Findlay en ik wat in den maneschijn, toen wij een wonderlijk uitzienden man opmerkten, die tusschen de tenten liep. Hij was erg lang en had een vreemd ding op zijn hoofd, gelijkend op pluimen, dat hem nog langer deed schijnen. Hij had een dikken stok met een knop aan't eene einde en droeg een overbaatje, dat tot over zijn knieen hing. Wij waren terstond getroffen door de eigenaardige manier, waarop hij den stok droeg en door de hooge stappen, die hij nam, terwijl hij vlak langs ons ging, ons geheel niet opmerkende en voortdurend heen en weer kijkend. Hij hield eerst bij den ingang van een groote tent stil en toen bij een andere en verdween eindelijk tusschen de tenten. Wij gevoelden, dat er iets verkeerds was, en besloten op een eerbiedigen afstand te volgen; maar wij konden hem slechts nu en dan even te zien krijgen en ten slotte verdween hij geheel en al tusschen de tenten in het kamp. De verschijning was zoo spookachtig en mysterieus, dat wij er liever niet over praatten; maar, toen wij vanmorgen de meisjes er toch van vertelden, werden wij natuurlijk uitgelachen. Menschen lachen altijd om de vreemde avonturen van anderen, maar wij zijn vast van meening dat het òf een ontsnapte krankzinnige was, òf een van onze spionnen òf een kafferkapitein.

4 Juli. Gisteren heb ik niet bijgeschreven, omdat ik naar Pretoria was voor dringende zaken en eerst van morgen terugkwam. De reden was, dat ik mijn gezondheid voelde achteruitgaan en iemand ging zoeken, om mij te vervangen, daar ik vrees dat mijn wijk aan haar lot zal worden overgelaten, als ik doorga met werken in mijn tegenwoordigen toestand. Ik was al dien tijd ziek en werd daardoor *zóó* verzwakt, dat ik mijzelf van morgen nauwelijks naar het station kon sleepen. Mijn arme moeder smeekte mij om te blijven, maar het was rapport-dag en ik moest gaan. Het is niet te verwonderen, dat wij allerlei kwalen krijgen van het voedsel, dat wij hier hebben: koffie, brood en vleesch, doch geen vruchten en bijna geen versche groenten, en toch is ons dieet overvloedig, vergeleken bij wat de menschen in het kamp krijgen.

Aan het station te Iréne zag ik een oudere dame uitstappen en weldra zwoegde zij den stoffigen weg naar het kamp op, een weinig voor mij uit. Ik haalde haar in en vroeg permissie, eenige van haar vele pakjes te dragen; zoo liepen wij samen verder en waren spoedig geheel op de hoogte van elkaar. Ik was verrukt te hooren, dat zij juist uit Engeland gekomen was met eene speciaal permit van Lord Kitchener om de verschillende kampen te bezoeken. Zoover als ik kan uitmaken, is zij gekomen uit naam van de Pro-Boer-dames in Engeland om uit te vinden, wat er gedaan kan worden om het lijden van onze vrouwen en kinderen te verzachten. Het kamp te Johannesburg heeft zij reeds tweemaal bezocht; haar naam is mevrouw Rendall-Harris. Zij sprak met veel gevoel en sympathie en stelde blijkbaar zeer veel belang in ons werk; daarom vertelde ik haar veel er van en sprak af, haar te 2 uur te ontmoeten bij het hospitaal en samen mijn wijk door te gaan om haar de ergste dingen van Iréne te toonen. Toen ging ik aan het werk, maar wat was alles wanhopig slecht en wat raakt men door een enkelen dag afwezigheid achter! Vijf sterfgevallen in de twee rijen, die ik bezoeken kon, sedert mijn vertrek. Ik was overweldigd:

waar ik ook kwam, vond ik ziekte en ellende en werk genoeg voor
twintig menschen. Ik kwam te laat voor het eten en kon slechts een kop
thee krijgen in de groote tent, waar ik ook mevr. Rendall-Harris vond
met de anderen. Zij was met eenige der Engelschgezinden rond geweest
en had alleen de goede zijde van het kamp gezien; nu bracht ik haar
naar mijn wijk en opende haar oogen voor den waren staat van zaken.
Zij luisterde naar alles wat ik haar te zeggen had, terwijl de tranen haar
langs de wangen rolden.

Zij kroop met mij in de smerigste holen, vuile kinderhoofdjes
streelende, van arme, afgetobde, lijdende vrouwen vol sympathie de
handen drukkende, en van alles wat zij zag en hoorde hield zij
aanteekening. Zij kon niet spreken met de vrouwen maar ik vertaalde
hare bemoedigende woorden en verblijdde hen door hare beloften van
hulp, waarna wij teruggingen naar de groote tent om eene lijst te maken
van de dingen, die het meest noodig waren in het kamp. Terwijl wij
bezig waren, wandelde mijnheer Scholtz de tent binnen; er ontstond een
lang gesprek, waarin ik opmerkte, dat mevr. Harris zedelijken moed
miste; want zij kwam schoorvoetend voor den dag met hetgeen zij
zooeven gezien had, en verviel eindelijk tot stilte, terwijl hij het lijden
der menschen licht opnam en hun fouten zwaar uitwoog. Ik trachtte, de
dingen in hun ware licht voor te stellen en zette hem op ieder punt met
feiten vast. Eens werd hij woedend en zeide: "De menschen zouden hier
volkomen tevreden zijn, als er niet zooveel gestookt werd in Pretoria".
Daarbij staarde hij mij aan, maar ik beantwoordde hem met het eenige
wapen eener vrouw tegen mannen van zijn slag: zwijgende verachting.
Wij zijn er aan gewend "agitators" en "politieke agenten" genoemd te
worden; dat is het ongelukkige lot

van allen, die werken uit hartstochtelijke liefde voor het vaderland, en wij moeten dat stil verdragen, evenals de vrouwen hier armoede, vernedering, beleediging en ziekte verdragen.

Het speet mij, mevr. Harris te moeten verlaten om terug te keeren naar het kamp, waar ik mijn wijk verder rondging. Ik vond verscheidene kinderen stervende; hun moeders smeekten mij met tranen, den dokter zoo spoedig mogelijk te halen. Natuurlijk beloofde ik het te doen, en tegen half vijf ging ik hem zoeken; maar niemand wist waar hij was. - Ik had een lijst van 10 of meer ernstige gevallen. - Hij had na het eten tot 4 uur geslapen, daarna op zijn gemak thee gedronken en was toen verdwenen; niemand wist waarheen. Ik liep heen en weer, elk oogenblik meer ongeduldig en zenuwachtig wordende. De nacht daalde; ik was in tranen over mijn arme kinderen die stierven bij gebrek aan een weinig medicijn; geen wonder, dat mijne gedachten tegenover Dr. Woodrooffe donker en zeer bitter waren.

Toen ik de spanning haast niet meer kon uithouden, vertelde mij iemand, dat hij gezien was in de richting der apotheek. Ik ging hem daar zoeken en ontmoette hem halverwege, op weg naar de groote tent, waar de anderen reeds vergaderd waren voor den avondmaaltijd.

Met moeite kon ik mij zelf voldoende beheerschen om hem te vragen, mee te gaan naar het kamp, en zoo liepen wij beiden in doodelijke stilte voort, struikelende over klipjes en door de duisternis zoekende naar de nummers der tenten. Wij konden natuurlijk niets zien en moesten op verschillende plaatsen vragen, voordat wij de patienten konden vinden. Al de tenten waren bovendien dicht ge bonden voor den nacht, zoodat wij heel lang moesten staan wachten in koude en duisternis. Ik geloof, dat hij zich werkelijk schaamde, want hij gaf zich veel moeite voor mijn arme, lijdende lammetjes. Toen hij de meest dringende gevallen gezien had, ging hij naar het hospitaal, terwijl ik alleen naar de andere patienten ging om hun te zeggen, dat de dokter niet voor den volgenden dag zou kunnen komen. In een tent vond ik het kind gestorven, nog warm, maar o, zoo wit en zoo stil; dood, zonder een droppel verkwikkend vocht of iets om de laatste oogenblikken te verzachten. 0 God, kan een moeder ooit die lange uren van hopeloos wachten vergeten, dien langzamen dood zonder menschelijke hulp of medelijden? De gedachte daaraan wil mij niet verlaten. Als Dr. Woodrooffe. in een goede luim is, doet hij zijn best, en dan kunnen wij het goed met elkander vinden; maar, o wee! de dagen....

HOOFDSTUK VIII.

Mijn werk loopt ten einde.

5 Jun. Het is half twaalf en ik tracht in bed te schrijven; maar het is te koud. Mijn dag was nogal bevredigend, omdat de dokter zóó vriendelijk was, na het gebeurde van den vorigen avond, dat ik hem bij een groot aantal patienten brengen kon; maar er waren eenige zeer treurige sterfgevallen en evenveel ziekte als gewoonlijk. De vrouw, die van die wonderlijke tweelingen beviel, verloor gisteren avond haar eenig zoontje. Ik vond haar in een toestand van volslagen wanhoop met een van haar meisjes gevaarlijk ziek bij haar in bed, met een temperatuur van meer dan 44,6°. Ik heb opgemerkt, dat als er eenmaal een sterf geval is in een gezin, het meestal het begin is van een gansche reeks van ongelukken.

6 Juli. Ik heb vandaag een verbazende hoeveelheid werk afgedaan. Als ik denk : aan het aantal patienten, dat ik vandaag bezocht heb; het aantal temperaturen, dat ik opgenomen heb; de orders, die ik uitgeschreven heb en heb laten teekenen door den dokter, voor melk, medicijnen, kaarsen, zeep, gort, rijst enz.; de klachten, die ik moest aanhooren; de onrechtvaar-digheden, die ik moest recht maken; de woorden van sympathie, hoop, bemoediging, raad en terechtwijzing, die ik spreken moest, en de kleinigheden, die ik in eindelooze verscheidenheid onthouden moest, dan kan ik niet nalaten te vragen, hoe ik er toe in staat was. Wij leven hier elk oogenblik van den dag en het is met grooten spijt, dat ik mij gereed maak van deze plaats weg te gaan, maar ik hoop spoedig met vernieuwde kracht terug te keeren. Soms vergeet ik de namen mijner patienten en den aard hunner kwalen en, als ik dan telkens weer dezelfde vragen doe, word ik met blikken van verwondering en verwijt aangezien. Als de kinderen bij mijn tent komen om het een of ander en ik hun vraag voor wie het is, komt geregeld het antwoord: "Voor mijn ma, zuster" – en zij kennen mij allen zóó goed, dat zij niet begrijpen, dat ik niet weet, wie hun ma is en wat haar scheelt. Daar ik spoedig wegga, heb ik van alles in mijn tent opruiming gehouden: kleeren, kousen, flanel, hals doeken, kindergoed, en de honderd en één kleinigheden, die ik langzamerhand verzameld had. Mijn tent werd den heelen dag bele-gerd en het is een troost te weten, dat vandaag vele harten blij gemaakt zijn.

Ik gaf een veldbed aan eene vrouw, die op den blooten grond gelegen heeft, en verscheidene der matrassen, die mevr. Domela Nieuwenhuis ons gezonden heeft, aan menschen, die in grooten nood waren.

7 Juli. Er zijn nu slechts drie ernstige gevallen in mijn wijk. Van morgen stierf er een klein jongetje en zijn arme moeder kwam mij eenig wit linnen vragen voor een doodskleed, maar ik had slechts ongeveer twee el voor haar. Zij heeft een bitteren tijd doorgemaakt. Toen ik pas hier kwam, heeft zij haar eenige dochtertje verloren, en nu een van haar jongens. Nu heeft zij slechts een zoontje over, maar hij ziet er gelukkig sterk en gezond uit. Daar het Zondag was, gingen wij, Mej. Grobler en ik, tegen zonsondergang een wandeling maken op de plaats

van Iréne en, toen wij terugkwamen, vonden wij tot onzen schrik het
hek gesloten. Er loopt een omheining van doorndraad om het geheele
kamp en op een zeker uur worden de hekken op de wegen gesloten en
gegrendeld. Daar waren wij, afgesneden van onze woningen, en wij
wisten niet, wat te doen; toen er gelukkig een officier te paard langs
kwam, die een schildwacht zond om ons binnen te laten. Het was al heel
laat, toen wij het hospitaal bereikten, maar ik moest nog naar het kamp
met zoetlemoenen en andere dingen voor mijn zieken. Ik bracht een
bosje viooltjes aan een van mijn patienten, een lief klein meisje, dat
waarschijnlijk wel sterven zal van nacht. Arme Betsy ! Zij is zoo lang ziek
geweest - eerst een aanval van malaria, die haar kracht zóó onder-
mijnde, dat zij niet meer weerstand bieden kon aan de typheuze koort-
sen en longontsteking, die volgden. Het schijnt onmogelijk, dat een teer
meisje van dertien jaar al die vreeselijke ziekten doormaken kan, en toch
heb ik nooit voor dezen avond gedacht, dat zij sterven zou, en de dokter
heeft mij nooit gezegd, dat zij in gevaar was. Nu gaat zij hard achteruit.
Ik heb dat lieve, zachte meisje lief, alsof zij mijn eigen zuster was. Week
op week heeft zij daar gelegen, altijd even vroolijk en geduldig, altijd
met een glimlach op de lippen, als ik binnenkwam en nooit klagende. Zij
heeft een geaardheid *zóó* mooi, als ik er zelden ontmoet heb, en haar
gezicht is engelachtig. Zij was zoo blij met de bloemen, zij greep ze en
drukte ze tegen haar gezicht, terwijl zij een paar woorden van dank
stamelde. En nu gaat zij naar den Vriend der vrienden en haar arme
moeder is te veel verslagen om haar eenigszins tot hulp te kunnen zijn.
Twee maanden lang ben ik elken dag in aanraking geweest met de
doodelijke smart van beroofde moeders en ik heb mij

afgevraagd, hoe zij het doorleven konden, daar het zoo vreeselijk was om aan te zien.

Van avond is het geheele veld om ons heen verlicht door groote gras-branden - een prachtig gezicht.

8 Juli. Toen ik van morgen aan mijn werk ging, vertelde men mij, dat onze lieve Betsy in den nacht was heengegaan. Ik ging terstond haar arme, ziels-bedroefde moeder bezoeken. Arme zielen, arme beroofde vader en moeder, broeders en zusters! In een hoek der tent lag het ontzielde lichaam, en het was met groote droefheid, dat ik op dat zachte gelaat staarde. Zij was zóó mooi, zóó engelachtig en rein vredig dat ik niet kon treuren, dat zij weg-genomen was uit deze onreine omgeving naar haars Vaders huis daarboven. Ik heb nooit iets zoo natuurlijk gevonden als dien laatsten langen slaap van haar; ik kon mij niet in-denken dat dàt sterven was. Haar hoofd was even op zijde gewend, hare lippen gedeeltelijk open alsof zij ademde, en de geheele uitdruk-king van haar gezicht was oneindige rust.

9 Juli. Gisteren had ik geen tijd om meer te schrijven en zelfs nu kan ik nauwelijks een vrij oogenblik vinden; want ik heb het zoo druk met pakken en kleeren uitdeelen en afscheid nemen. Mijn geheele wijk weet dat ik wegga, en, waar ik ook kom, moet ik klachten en verzuchtingen aanhooren. Ik kan niet nalaten te hopen, dat iets mijn opvolgster zal beletten, morgen te komen; want het maakt mij heel bedroefd, dat ik al mijn vrienden hier in 't kamp moet verlaten. Vanmorgen was er een lief klein kindje van twee maanden gestorven in mijn wijk, zóó een klein lijkje, zóó schoon en wit en lief, dat ik niets voelde van die vrees, die mij gewoonlijk vervult, wanneer ik een doode zie.

Het kind had veertien dagen geleden de mazelen gehad, maar was volkomen hersteld en, toen ik het eergisteren zag, was er niets verkeerd; maar dienzelfden nacht begon het te hoesten en, toen men mij gisteren middag kwam halen, zag ik terstond, dat er longontsteking bijgekomen was en dat er niets aan te doen was. Het eenige, dat ik doen kon, was zoo spoedig mogelijk een der dokters te halen en een order voor brandewijn te geven, maar het was slechts om de laatste oogenblikken van het kind gemakkelijker te maken; wij wisten dat er geen kans op herstel was.

"Harmony", Pretoria, 12 Juli. Thuis, thuis, geliefde plaats, na een ballingschap van twee volle maanden! Ik kan haast niet gelooven, dat ik veilig uit al die besmetting gekomen ben en uit al dat lijden, en dat mijn werk voor het oogenblik is afgeloopen.

Mijn laatste schrift was op 9 dezer. Ik verliet dan Iréne op den 10den en ik zal nooit al die ellende vergeten. Dandy voelde zich ziek en zag er ellendig uit en de meisjes waren alles behalve vroolijk. Toen ik rondging met mijn opvolgster, Mej. Westmaas, vonden wij vijf kinderen stervende en overal zooveel ziekte, dat het slecht van mij scheen naar huis te gaan en mijn wijk in zulk een toestand achter te laten, vooral daar Mej. Westmaas geen ondervinding gehad heeft en slechts achttien jaar is. Het scheiden was hartverscheurend, en het was roerend, zooals sommige menschen mij bijna smoorden met hun tranen. Toen ik thuis kwam, vertelde Mama mij, dat Dr. Kendal-Franks den volgenden dag naar Iréne ging en dat hij mijn wijk wilde zien. Daarom ging ik naar den Portugeeschen consul, Cinatti, waar Dr. Franks logeerde en bood hem aan hem een lijst te geven van mijn slechtste tenten. Iedereen zeide dadelijk, dat het veel beter zou zijn, wanneer ik zelf met hem medeging; daarom zond Dr. Franks, daar het reeds laat was en ik geen permit had, een boodschap aan Generaal Maxwell om een speciaal permit voor mij te vragen. Het antwoord kwam terstond terug: "Zeker, mijn waarde dokter", en wij spraken af, elkaar aan het station te vinden tegen acht uur den volgenden morgen.

Wat staarden mijn menschen mij aan, toen zij mij naar het hospitaal zagen loopen met een "heer in khaki" en wat hadden zij veel te vragen! Ik stelde hem voor aan de matrone en aan Dr. Neethling en liet hem aan hen over, want hij wilde eerst het hospitaal, de apotheek, de provisies enz. zien en dan zou hij mij in mijn tent opzoeken en zouden wij samen mijn wijk bezoeken. Hij was den heelen morgen uit en kwam even voor het eten terug met Dandy, uitgeput en. warm na al zijn inspanning, maar heel blij met al de aanteekeningen, die hij gemaakt had. Wij gingen dadelijk na het eten naar mijn wijk, waar ik hem al mijn monster-tenten toonde, die in den laatsten tijd zoo berucht geworden waren. Evenals iedereen, was hij getroffen door de groote armoede en het zware lijden der menschen. Hij beloofde zijn invloed te zullen gebruiken om verbeteringen te doen aanbrengen. In een tent waren twee jongetjes stervende, de eenige kinderen van juffrouw Oosthuizen. Op het dringend verzoek der weenende moeder gingen wij binnen en knielde Dr. Franks naast hen neer om ze te onderzoeken, maar er was natuurlijk niets aan te doen. Wat zal dit bezoek uitwerken? Zal er iets gedaan worden om de vreeselijke sterfte te verminderen? Ik vrees van niet. Er is nog nooit eenig goed gevolgd uit deze vliegende, opper-vlakkige bezoeken, en Dr. Franks heeft weer, evenals alle Engelschen, veel nadruk gelegd op de onreinheid der menschen, in plaats van tot den wortel van het kwaad te gaan, nl. slecht en onvoldoende voedsel, gebrek aan goede kleeding, blootstaan aan koude en al de andere hardheden en ontberingen van het leven in een kamp. Wij namen den trein van 3.36 terug naar de stad, zoodat het Dr. Franks alles tezamen niet meer dan vijf uren kostte om het kamp van Iréne te onderzoeken.

HOOFDSTUK IX.

Blauwe Boeken en Zwarte Leugens.

Nadat ik het kamp verlaten had om thuis een maand uit te rusten, kreeg ik permissie van Generaal Maxwell, om al de kampen in Transvaal te bezoeken, ten einde rapporten te schrijven voor de Blauwboeken.

De Gouverneur was een schappelijk en redelijk man en, toen ik hem in een langdurig onderhoud bewezen had, dat Iréne werkelijk in een treurigen toestand verkeerde, en hem zijn toestemming gevraagd had om eens te zien, of de andere kampen ook zooveel hulp noodig hadden, vond hij dat goed en beloofde mij ook, dat mijn rapporten naar de Engelsche Regeering zouden gezonden worden.

Zóó dikwijls hadden wij te vergeefs getracht, onze *stem* ook in de Blauwboeken te laten hooren, dat zijn goedkeuring van mijn plan voor ons al een heele overwinning was.

Mevrouw Stiemens zou met mij reizen van kamp tot kamp en samen zouden wij onderzoek doen en, waar wij konden, redding brengen met voedsel en kleeren; want onze vrienden hadden ons veel geholpen met het verzamelen der noodige artikelen, en van Generaal Maxwell had ik de toezegging ontvangen, dat een goederenwagen tot mijn beschikking zou zijn.

Drie weken na mijn vertrek van Iréne waren al onze voorbereidselen voor de lange en moeilijke reis klaar en hadden wij de noodige permitten en brieven van Generaal Maxwell aan de Superintendenten van de verschillende kampen, hun verzoekende onze taak te bevorderen en te steunen en voor ons de reis zoo gemakkelijk mogelijk te maken.

Daar ons doel was voor de Engelsche regeering rapporten te schrijven, zouden wij op regeeringskosten reizen. Alles was gereed en wij zouden op 3 Augustus vertrekken naar Middelburg, waar volgens geruchten de toestanden veel erger waren dan in de andere kampen. Generaal Maxwell had mij zelf verteld, dat er in de maand Juli in Middelburg op ongeveer 7,000 menschen 503 sterfgevallen waren! Het Blauwboek noemt slechts 413, maar wij gelooven niet dat de opgaven ooit juist waren, en, zelfs al waren er niet meer dan 413 sterfgevallen, is het iets ontzettends en is het geen wonder, dat de menschen met schrik en angst vervuld werden.

En daar moesten wij nu naar toe en wij hadden ons al klaar gemaakt om veel verdriet en ellende te zien; maar, mijne lezers, wij hadden niet gerekend met het Engelsche gevoel van eer. Twee dagen voordat wij zouden vertrekken, ontving ik den volgenden brief van Generaal Maxwell:

MILITAIRE GOUVERNEUR'S DEPARTEMENT.

Pretoria, 31 Juli 1901.

Geachte Mejuffvouw van Warmelo,
Sedert u vanmiddag bij mij kwam voor uwe permitten om naar Middelburg te gaan, ben ik tot de slotsom gekomen, dat het voor u beter zal zijn, niet te gaan.

Ik heb mevrouw Harris en mevrouw Bosman laten gaan en dat zal wel
voldoende zijn. Ik heb zeer goede redenen om van meening te
veranderen en verzoek u daarom de permitten terug te zenden, daar ik
ze ingetrokken heb.

Uw dw.

J. G. MAXWELL.

Daarmee was het uit. Ik moest de reispermitten terugbrengen naar
het Gouvernements-Gebouw, waar ik koel-ontvangen werd en de
Gouverneur absoluut weigerde, mij eenige reden te noemen voor zijn
besluit. Het was voor ons niet alleen een groote teleurstelling, maar
tegelijk een ontmoediging; want wij voelden onze hulpeloosheid om nu
de kampen te bereiken en bekend te worden met den waren stand van
zaken. Sedert dien tijd werd het bijna onmogelijk om de kampen te
bezoeken. Geen permit werd meer uitgegeven en de arme menschen
moesten aan hun lot overgelaten worden, terwijl wij machteloos in de
steden opgesloten waren.

Juist toen was de censuur zóó streng, dat wij geheel van de buiten-
wereld afgesloten waren en alleen Engelsche berichten ons bereikten,
en, daar wij ons leven niet meer dan noodig was wilden verbitteren met
het lezen van Engelsche couranten, wisten wij heel weinig van de groote
agitatie in Engeland, verwekt door miss Hobhouse die de kampen
bezocht en de wereld met al hun gruwelen bekend gemaakt had.

Mejuffrouw Emily Hobhouse, een Engelsche aristocrate, die haar leven
in de achterbuurten van Londen aan liefdadigheid wijdt, heeft ons meer
geholpen dan al de andere pro-Boers in Engeland samen, niet alleen
door hard te werken voor de kampen en geld te zamelen van alle

kanten om op groote schaal voedsel en kleeren te zenden naar Zuid-Afrika, maar hoofdzakelijk door haar onvermoeid schrijven en blootleggen van den toestand der kampen, zooals zij ze zelf gezien had. Haar laatste werk,"The Brunt of the War and where it fell", is een wonderbaarlijke verzameling van feiten en zal onschatbare waarde hebben voor de geschiedenis van dezen oorlog.

De uitgave van dit boek heeft aan mej. Hobhouse echter veel moeite en verdriet bezorgd. Vooreerst werd door de meeste boekhandelaars in Engeland haar boek in den ban gedaan; haar naam werd, als een slecht voorteeken, liefst niet genoemd; men vroeg elkaar of die vrouw wel een Engelsche was; de toegang tot vele van hare vroegere vrienden en kennissen werd haar ontzegd; zij werd voor een landverraadster uitgemaakt; in een woord: geen smaad was erg genoeg voor haar, die de waarheid had durven bekend maken en de feiten had durven noemen van de z. g. concentratie-kampen, deze onmenschelijke uitwassen van een gruwelijken oorlog.

Alles heeft zij met kalmte verdragen, overtuigd dat het voor haar grooter beteekenis had, der waarheid getrouw te blijven dan den lof van menschen te ontvangen.

Mejuffrouw Hobhouse is niet door den laster en den smaad terneer-geslagen, maar heeft rusteloos verder ge-arbeid voor het welzijn van het volk, dat zij had leeren liefhebben, en omdat zij geen vaderlandsliefde kende die in leugen en ongerechtigheid haar grootheid zoekt, doch overtuigd was, dat alleen gerechtigheid een volk, zoowel het Engelsche als het Boerenvolk, verhoogt. Toen de oorlog voorbij was, en, niette-genstaande de wijd en zijd bekend gemaakte ondersteuning door de regeering, de ellende in sommige deelen der onderworpen Republiek-en erger werd in plaats van beter, heeft zij niet geaarzeld, maar is weder in persoon naar de plaatsen gegaan waar geleden werd, en heeft door haar laatste rapporten veler harten bewogen tot liefdadigheid en zoo den nood kunnen lenigen door stoffelijke gaven en troost, gebracht in menige donkere ziel.

Waarlijk, ons volk is veel verplicht aan deze moedige vrouw, die al hare krachten voor ons heeft ingespannen, en het is daarom, dat haar naam verdient overal vermeld te worden, opdat vele geslachten hem in dankbare herinnering mogen houden. God vergelde haar voor al de weldaden, die zij bewezen heeft aan een volk, dat haar daarvoor niets terug kan geven. De dankbaarheid van een verwoest en veracht volk moge weinig waard zijn in de oogen onzer zegevierende vijanden, maar, zoolang wij leven, zullen wij gedenken iedere daad van liefde, ieder woord van sympathie, ieder teeken van medelijden met den nood onzer vrouwen en kinderen.

Onze dank aan Dr. Green in 't bijzonder, den eenigen Engelschman, die gedurende ons verblijf te Iréne sympathie betoonde en deed wat hij kon om de ellende te lenigen; maar zijn macht was beperkt en zijn taak als militaire dokter bovenmenschelijk.

In zijn rapport van 4 Juni 1901 (Blauwboek Cd. 819, bl. 60-61) spreekt hij van de doordringende koude en den snijdenden wind, van het schrale vleeschrantsoen en van het lijden der jonge vrouwen en kinderen door onvoldoende kleeding en gebrek aan bedden en kooigoed. Hij stelt voor, een milden voorraad geneeskundige middelen te verstrekken aan zieke menschen en zwakke kinderen, raadt aan ledikanten te geven voor alle tenten, en laat doorschemeren, dat het noodig was, de hulp van een derden dokter voor het kamp in te roepen.

Zeer vleiend voor de zes vrijwilligers zijn de paar

woorden van waardeering, die hij uitspreekt, en het feit, dat hij
aanraadt, de betaalde werkers in het hospitaal, de leerlingen uit het
kamp, te vervangen door meer dames uit Pretoria en zoodoende "de
geoefende verpleegsters van veel zorg en overmatig werk te ontlasten".
Hij beschouwde ons blijkbaar niet als "een gevaarlijk element in het
kamp", en was ook niet zóó bevooroordeeld, of hij kon erkennen, dat
wij, die werkten uit liefde voor de menschen, meer voldoening konden
geven en onzen plicht nauwgezetter zouden doen dan huurlingen.

Het rapport van Dr. Green is gematigd en rechtvaardig en, vergeleken
bij ieder rapport over het kamp te Iréne, zeer gunstig.

Het verwondert ons bijna dezelfde gematigdheid te vinden in de
rapporten van Superintendent Scholtz, die niets vertoonen van die
bitterheid, vijandschap en spot uit sommige rapporten van Dr. Woodrooffe.

Als wij denken aan den hartverscheurenden toestand, waarin de
menschen in dien tijd waren, verbazen wij ons er over, hoe iemand met
een greintje humaniteit zoo onbarmhartig en gevoelloos kan zijn als Dr.
Woodrooffe. Hij wijt het hooge sterftecijfer voornamelijk aan de vuile
gewoonten der menschen, en toch deelt hij in het zelfde rapport (Cd.
819, bl. 354-355) aan het publiek mede, dat 52 sterfgevallen
veroorzaakt werden door mazelen, 9 door longontsteking en bronchitis,
8 door kinkhoest, 3 door uitputting en 4 door stuipen: 76 in 't geheel.
Hiertegenover geeft hij 1 sterfgeval tengevolge van diarrhee, 3 aan
typhus enz.. Hoe knap van hem om uit te vinden, wat nog nooit iemand
had opgemerkt, dat nl. vuile gewoonten mazelen, longontsteking,
bronchitis en de overige ziekten bovengemeld veroorzaken! Een zin in
zijn rapport treft ons bijzonder: "Hun zeden zijn ongeveer even rein als

hun huid". Het zou, dunkt mij, zeer interessant zijn na te gaan, wat Dr. Woodrooffe "rein" noemt, en naar welken maatstaf van zedelijkheid hij de menschen beoordeelt!

Dr. Woodrooffe vergunde ons overvloedig orders te schrijven voor de luxe-artikelen uit de apotheek (als er in voorraad waren), zooals rijst, gort, maizena enz. die alleen aan zieken uitgereikt werden, en daarvoor zijn wij hem dankbaar; maar wij zouden hem vriendelijker gedenken, indien hij meer nauwgezet geweest was in de vervulling van zijn plicht, meer rechtvaardig in zijn oordeel en meer bedachtzaam in zijn behande-ling der vrouwen en kinderen.

Toen ik na den oorlog in Europa kwam, had ik de gelegenheid, het rapport van Dr. Kendal Franks over het kamp van Iréne te lezen, waar-naar ik met verlangen had uitgezien (Cd. 819, bl. 162 en volg.). Dr. Kendal Franks is een van de voornaamste doktoren van het Britsche leger.

Zijn woord wordt dus in Engeland als onfeilbaar beschouwd, en de mooie rapporten, die hij over de kampen schreef, waren genoeg om de wêreld-bekende sterfte-getallen weg te cijferen; maar, nadat hij met mij al de ellende van Iréne gezien had, hoopte ik, dat eindelijk de waarheid bekend zou gemaakt worden. Hoe was ik teleurgesteld, weer vooroor-deel en dezelfde eenzijdigheid te vinden en dezelfde besliste poging om het hooge sterftecijfer toe te schrijven aan de onkunde, de vuile gewoonten, het vooroordeel en wantrouwen der menschen zelve. Van begin tot einde vinden wij, die al de geheime werkingen van het kamp kenden, in dit rapport fouten en verkeerde opgaven, ongetwijfeld het onvermijdelijke gevolg van een oppervlakkige inspectie van 5 uren. Van 9 tot 1 uur bezag Dr. Franks het hospitaal, de apotheek, de voorraden, en eenige der wijken, en van 2 tot 3 uur na het middag-maal inspecteerde hij mijn wijk met mij. Zijn rapport over mijn wijk is niet al te gunstig. Waarom? omdat ik hem den waren staat van zaken openbaarde, niet omdat mijn wijk "de slechtste in het kamp" was, zooals hij zeide. Mejuffrouw Celliers' wijk grensde aan de mijne, was er feitelijk een voortzetting van en was niets beter dan de mijne; maar mej. Celliers deed haar werk in stilte en streed dagelijks alleen en zonder hulp tegen een ellende, die geen pen beschrijven kan; terwijl ik zooveel mogelijk bekend maakte wat ik in mijn wijk vond. Gevallen van overbevolkte tenten en groote armoede werden door mij stipt gerapporteerd aan de doktoren, den Superintendent, en zelfs aan Generaal Maxwell, als niemand anders mij hooren wilde, doch met het eenige gevolg, dat ik voor mij zelf den naam van agitator verwierf en de bewoners van mijn wijk werden aangemerkt als van "de allerlaagste soort". Inderdaad waren zij gedeeltelijk van de beste families en had ik dozijnen gezinnen in mijn wijk, die ik al mijn leven gekend had, leden van mijn vaders gemeente, die door hem zeer hoog geacht werden en wier gastvrijheid hij in betere tijden dikwijls had genoten.

Dr. Franks wist na een bezoek van 5 uren veel meer over het kamp te Iréne dan sommigen van ons die er even vele maanden geweest waren, en daarom kon hij een heel mooi rapport schrijven voor de Blauwboeken, dat de geheele Engelsche wereld lezen mocht om daarna uit te roepen: ,Wat leiden die Boeren in de kampen toch een ideaal leven!

Waarom is er in de Blauwboeken geen enkel rapport door iemand van onze zijde? En waarom zijn onze mededeelingen, indien zij aangehaald worden, onherkenbaar verdraaid? Zelfs Dr. Neethling, een der warmste voorstanders der Boeren die ik ken, wordt in dit rapport gezegd de hooge sterfte toegeschreven te hebben aan "de onkunde der Boerenvrouwen en niet aan eenige nalatigheid van hen, die verantwoordelijk waren voor den toestand van het kamp en zijn bewoners". Dr. Franks heeft ongeveer zes of zeven van de 130 of 140 tenten in mijn wijk gezien en dan durft hij te zeggen dat "slechts een tent in deze wijk schoon" was. Dit is een bewering die beneden iedere tegenspraak van mijne zijde staat.

Als voorbeelden van overbevolking noemt hij : 2 vrouwen en 11 kinderen in één tent, en 3 vrouwen en 11 kinderen in een andere. Dit is waar en reeds erg genoeg, maar even voordat Dr. Franks het kamp bezocht, had ik 5 vrouwen en 14 kinderen in een tent, en 3 vrouwen en 17 kinderen in een andere, en dozijnen tenten met 12 of 16 bewoners. In mijn dagboek klaag ik herhaaldelijk over de overbevolking en mijn vruchtelooze pogingen om meer tenten te krijgen. Later kreeg ik wel een groot aantal, meer dan ik verlangde zelfs, maar ook honderden nieuwe inwoners.

Wat Dr. Franks bijzonder schijnt getroffen te hebben, was dat de kinderen met de kleeren aan in bed gestopt werden; maar waarin wilde hij ze dan naar bed brengen?

"Hun kleeren worden eens in de week verwisseld," zegt hij, maar dit is ook een minder nauwkeurige opmerking; want in de meeste gevallen werden hun kleeren in 't geheel niet verwisseld, totdat zij in vodden van hun rug vielen, en een of ander liefdadig mensch hen van nieuwe voorzag. Hoe konden de arme zielen hun kleeren verwisselen, als ze niet meer hadden dan de kleeren aan hun lichaam? Ik heb dikwijls naar een naakt klein kereltje gekeken, weggekropen onder een deken, met de vraag: "Wat scheelt er aan?" en dan was menigmaal het antwoord der moeder: "Ik ben bezig zijn kleeren te wasschen", en de vrouwen

moesten geregeld een rok en lijfje leenen van een gelukkige buur-
vrouw, die wel een verschooning had, terwijl hun eigen armoedige
kleeding-stukken een zeer gewenschte reiniging ondergingen. Het feit,
dat zieke kinderen, "in hun kleeren neergelegd worden op matten van
vellen of op dekens," is al erg genoeg en behoeft niet gezegd te worden
als een verwijt aan de zorg der Boerenmoeder. Stervende kinderen
zullen niet op den grond gelegd worden, als er ledikanten te krijgen zijn.

Wat betreft het sluiten der tenten om zoo weinig mogelijk versche
lucht binnen te laten, kan ik alleen zeggen, dat de menschen evengoed
onder den blooten hemel hadden kunnen slapen, zooveel beschutting
gaven hun die dunne tenten. Zij deden alles wat zij maar konden om de
doordringende nachtlucht tegen te houden; zelfs bouwden zij lage
muurtjes van klippen rondom de tenten om het zeil neer te houden en
ieder reetje stopten zij met zakken en stukken van oude kleeren, doch
zonder baat. De woeste wind rukte de tent-pinnen uit den grond, de
klip-muren scheurden de tenten slechts aan stukken, en de tenten
zwollen en kraakten en flapten bij zwaar weer, soms dagen en nachten
lang.

Dit was de oorzaak van bronchitis en longontsteking, niet het verzuim
der Boerenmoeders; zooals Dr. Franks zegt. Hij schrijft de oorzaken van
den dood door diarrhee en dysenterie toe aan de onreine wijze, waarop
de Boerenvrouw haar kinderen voedt; maar waarom zijn er slechts vier
sterfgevallen tengevolge van diarrhee en een van dysenterie in de
maand, waarin Dr. Franks Iréne bezocht?

(zie het rapport van Dr. Woodrooffe, dat ik reeds aanhaalde, Cd. 819,
bl. 235). Waarlijk, dit is een armzalig argument tegenover zulk een
ongehoorde sterfte als wij in die vreeselijke maand hadden.

Ieder departement werd degelijk onderzocht door Dr. Franks.

De suiker, die wij in dien tijd dagelijks in het kamp zagen, was zwart en zuur. Dr. Franks inspecteerde den voorraad in de apotheek en verklaarde die "geel, korrelig en uitstekend", zoodat de eenige gevolgtrekking, waartoe wij kunnen komen, deze is, dat er een afzonderlijke voorraad bewaard werd voor inspectie.

Indien de melk steeds bereid was op de wijze, door Dr. Franks beschreven, zouden de menschen geen reden tot klagen gehad hebben; maar er was in het kamp overvloed van water, en, wanneer de vraag naar melk den voorraad overtrof, was er altijd genoeg water in de zes ijzeren reservoirs van het kamp om den voorraad aan te vullen.

Het vleesch was 9 van de 10 dagen te slecht om aan een hond te geven, en zelfs Dr. Franks kon niets beters te zeggen vinden, dan dat "de karkassen, die overgebleven waren van de uitdeeling van den vorigen dag, mager, maar gezond waren". Stel u voor : geheele karkassen gezond vleesch die overblijven van den vorigen dag, in een kamp van bijna 5,000 half verhongerde menschen! Dit raadsel kan op twee wijzen worden opgelost : - of de menschen kregen meer vleesch dan zij gebruiken konden, Of zij konden niet gebruiken wat zij kregen. Mijn eigen ondervinding was, dat de meeste menschen niet eens de moeite deden, hun vleesch-rantsoen te gaan halen, omdat zij het toch onmogelijk konden eten; en wij moesten dikwijls de vrouwen aansporen om te gaan, alleen om de kans, dat zij iets beters zouden ontvangen dan zij tevoren gehad hadden. Ik geloof niet, dat er ooit opzettelijk ziek vleesch is uitgedeeld; maar het feit, dat zeer wel bekend is en dat Dr. Franks en het Comité van Onderzoek in al hun rapporten vermelden, dat in dien tijd een volwassen schaap van 13 tot 14 pond woog (tweemaal het gewicht van een nauwelijks pasgeboren kind !) spreekt boekdeelen over den treurigen toestand, waarin de kudden waren na lang bloot gesteld te zijn geweest aan honger en dorst en wreede mishandeling onder het drijven van de hoeven. Als men weet, dat het gemiddelde gewicht van een volwassen schaap tusschen 40 en 45 pond is, is het gemakkelijk te begrijpen wat de arme dieren moesten uitstaan, voordat zij tot 13 pond waren teruggebracht. Ons is dikwijls gezegd dat zij naar de slachtplaatsen gedragen moesten worden, omdat zij te zwak waren om te loopen. Wij willen niet onredelijk zijn en wij weten heel goed, dat er in dien tijd nergens in ons land goed vleesch te krijgen was; maar dan moeten de Engelschen ook niet zeggen, dat de Boeren het nooit zoo goed hadden gehad op hun plaatsen als in de concentratie kampen.

Zooals alle andere Engelschen, spreekt Dr. Franks veel over de verderfelijke huismiddelen die de Boeren gebruiken. Dat is natuurlijk onzin, want, indien ze verderfelijk waren, dan waren de Boeren reeds lang op hun plaatsen uitgeroeid.

Ik ken de meeste middelen die zij gebruiken, en sommige zijn werkelijk heel goed en de andere misschien nutteloos, maar onschadelijk. Een drankje van hondenbloed heeft nog nooit iemand dood gemaakt, voor zoover ik weet, en al de andere drankjes, van kruiden afgekookt, waren dikwijls veel gezonder dan de slechte koffie, die de menschen in hun rantsoen kregen. Door veel te schrijven over de huismiddeltjes, hebben de Engelschen aan de geheele wêreld bewezen dat de Boerenmoeder niet onverschillig en nalatig was, zooals zij zoo dikwijls in de Blauwboeken beweren, maar al haar krachten inspande om haar kinderen van den dood te redden.

Daar ik het kamp om gezondheidsredenen al verlaten

had, toen het damescomité van onderzoek Iréne bezocht, kan ik van zijn rapporten niet veel zeggen; alleen weet ik van de vriendinnen, die ik onder de zes Vrijwillige Verpleegsters had, dat de toestand van het kamp toen erger was dan ooit te voren, en dat alle pogingen, dit aan het verstand van het Comité te brengen, tevergeefsch waren. Hun houding tegenover de Vrijwillige Verpleegsters was van begin af aan vijandig en achterdochtig; ongetwijfeld, omdat zij door den Superintendent tegen ons opgestookt waren. Niet één van de dames kon Hollandsch spreken, niet een was bekend met de gewoonten van ons land en volk. Het is dus heel begrijpelijk, dat zij niet in aanraking kwamen met de menschen, die hun de waarheid konden vertellen. Engelschen en Engelschgezinde Afrikaners waren de eenigen, die hen in deze zaak voorlichtten, en het is geen wonder, dat hun rapporten eenzijdig en onrechtvaardig waren. Zij hebben zich ook dikwijls belachlijk gemaakt door de domme vragen, die zij deden, en de onzinnige voorstellen, die zij te maken hadden. Een knappe dame b.v. vroeg mevrouw Armstrong, waarom zij de vrouwen geen borstels en zeep gaf om de vloeren van hun tenten te schrobben. Stel u voor, moeder Aarde te schrobben!

Een ander vond het voor de Boeren een ongehoorde weelde, tweemaal in de week vleesch te krijgen, "daar de meeste Boeren vroeger nooit wisten, wat het was, vleesch te eten". Iedereen, die een weinig kennis van het Boerenleven heeft, weet dat de Boeren hoofdzakelijk van vleesch leven.

Toen Dr. Neethling trachtte, door toedoen van deze dames een verbetering te brengen in het water, waarvan het kamp voorzien was, kreeg hij ten antwoord, dat het te veel zou kosten, het water met pijpen aan te brengen van de bron, en werd er voorgesteld, de sloot schoon te laten maken door de "luie Boeren" in het kamp. Deze sloot was ongeveer negen kilometer lang en in sommige gedeelten van tien tot vijftien meter breed. De bodem was bedekt met een dikke laag modder en meer dan eens werden er doode schapen en beesten in gevonden, in vergevorderden staat van ontbinding. Een breede weg ging er door heen, waarlangs de duizenden en honderdduizenden schapen en beesten van de geplunderde Boerenhoeven naar Pretoria gedreven werden. Nêrgens was de sloot afgezet, geen brug ging er over heen, en het bedorven water van deze sloot werd met pompen in zes groote ijzeren reservoirs in het kamp gepompt. Oppervlakkig beschouwd, leek het water, dat uit deze reservoirs kwam, nogal zuiver, en in de Blauwboeken werd dan ook het water altijd beschreven als uitstekend en overvloedig ; maar wij wisten, dat de meeste gevallen van typhus en diarrhee, niet veroorzaakt door het slechte rantsoen, hun ontstaan te danken hadden aan het bedorven water, waarmee het kamp voorzien was. In de Blauw boeken wordt natuurlijk alles toegeschreven aan de onreinheid van de menschen zelf, en deze geest van onwaarheid, partijdigheid en onrechtvaardigheid heerscht over het algemeen in al de Blauwboeken van Engeland. Het schijnt niet te zijn een poging om de waarheid van wat er in Afrika geschiedde bekend te maken, maar veeleer om de Regeering van elk verwijt vrij te pleiten. Ingevolge hiervan vinden wij in deze rapporten vele schoonschijnende verslagen van vluchtige en oppervlakkige onderzoekingen, niet de werkelijke ondervindingen van menschen die zelf maanden in de kampen hebben doorgebracht. Indien dit het geval geweest ware, zouden de Blauwboeken er geheel anders uitgezien hebben, zou de publieke opinie

in Engeland anders geweest zijn, en zou ook het Engelsche volk minder medeplichtig zijn aan het vreeselijk lijden van onschuldigen gedurende den oorlog en aan de gevolgen daarvan, in de ellende, die nu zoo
langen tijd na het sluiten van den vrede nog heerscht in de Transvaal.

HOOFDSTUK X

De Afrikaansche verpleegsters uit het kamp gezet.

Onze positie in het kamp te Iréne was nooit veilig. Eerst heeft
Superintendent Schotz getracht, een fatsoenlijke reden te vinden om van
ons ontslagen te worden, en daarna werd ons bestaan bijna onmogelijk
gemaakt door Superintendent Esselen, die er eindelijk in geslaagd is,
met medewerking van het Comité van Onderzoek, ons uit het kamp te
zetten.

Op den 4den October ontving Mevrouw Bosman, onze geachte
Secretaresse, den volgenden brief:

Depatement concentrtiekampen

NIEUW PALEIS VAN JUSTITIE. Pretoria.

Aan Mevrouw BosMAN

Adres Ds.Bosman,

PRETORIA, 4 October 1901

Mevrouw,.

*Het korps verpleegsters in het hospitaal te Iréne is op voldoende
sterkte gebracht en de Matrone van het kamp, Mevrouw Esselen, heeft
volledige maatregelen genomen voor het bezoeken der tenten en het
voorzien in de behoeften der kampbewoners.*

*Het is mij daarom een genoegen U te kunnen melden, dat het niet
langer noodig zal zijn, gebruik te maken van*

uwe vriendelijkheid om een korps Jonge dames te vormen voor dit soort van werk te Iréne.

De Militaire Gouverneur draagt mij op, U uit zijn naam te danken voor hetgeen U heeft kunnen doen tot ver betering van het lot der zieken en behoeftigen onder de inwoners van het kamp en aan de jonge dames, die zoo edelmoedig zich hebben aangegord om in de nooden hunner vrouwelijke landgenooten te voorzien, zijne groote dankbaarheid uit te drukken voor hunne diensten, waarvan hij overtuigd is, dat zij verleend zijn onder omstandigheden, die veel persoonlijk ongemak en zelfverloochening meebrachten.

Er zullen terstond permitten gezonden worden naar Iréne om de leden van Uw verpleegsterskorps, welke nog daar zijn, in staat te stellen terug te keeren naar Pretoria.

Ik heb de eer te zijn, Mevrouw,

Uw Dw. Dr.

w. g. K. TUCKER,

Superintendent Genemal.

Drie dagen daarna ontving Mevrouw Armstrong den volgenden brief :

Concentratiekamp, Iréne, 7 October 1901.

Aan Mevrouw Armstrong	Aan Mejuffrouw Findlay
Aan Mejuffrouw Westmaas	Aan Mejuffrouw Kruger
Aan Mejuffrouw Malherbe	Aan Mejuffrouw Enslin

Vrijwillige verpleegsters van het comité der Nederduitse Hervormde of Gereformeerde Kerk

Dames,

Mij is door het Hoofdkantoor opgedragen u te melden; dat besloten is, alle verpleging en hulp in het kamp van het departement uit te doen en dat derhalve uw werk te Iréne voltooid is.

Ik moet u ook den dank overbrengen van den Superintendent-
Generaal voor het volbrachte werk en u mededeelen, dat uw spoorweg-
permitten in het bezit zijn van den heer Roos, die bereid is, ze uit te
reiken, zoodra er hem om gevraagd wordt - naar uw gelieven.

Ik heb de eer te zijn, Dames,

Uw. dw.

w. g. G. F. Esselen,

Superintendent.

Daar ik het kamp toen al verlaten had, ben ik niet geweest onder de
verpleegsters, die op deze ondankbare, onmenschelijke wijze het kamp
werden uitgezet, juist toen er zoo ontzettend geleden werd en er zooveel behoefte was aan hulp. Het lijkt ons zoo onnoodig en onbarmhartig,
maar het Comité van Onderzoek had ons beschreven als "een gevaarlijk
element" in het kamp, en het was voor Engeland niet veilig "menschen
in de concentratie-kampen te hebben, die in verbinding stonden met
Pretoria, waar zooveel onrust gestookt werd".

Daarmee was het uit met het werk van de Vrijwillige Verpleegsters van
Iréne en, daar er ook een eind gemaakt werd aan de wekelijksche
bezoeken van het "Kleeren-Comité", en geen enkel permit meer gegeven
werd aan de inwoners van Pretoria om het kamp te bezoeken, weten wij
van den verderen toestand van Iréne zoo goed als niets.

Superintendent Esselen had, tot onze vreugde, ook zijn ontslag te
danken aan de dames van het Comité van Onderzoek, die na hun eerste
bezoek aan Iréne (23, 24:25 Sept. 1901), hem beschreven als onbekwaam voor zijn taak en aan den Militairen Gouverneur voorstelden,
hem

te vervangen door iemand, die beter geschikt was voor de moeilijkheden van zulk een post.

Hierop werd geen acht geslagen en, toen het Comité zes weken later onverwacht Iréne weer bezocht, vonden zij als eenige verbetering de afwezigheid der zes Afrikaansche verpleegsters en verder den toestand van het kamp even slecht als bij hun eerste bezoek.

Toen hebben zij Generaal Maxwell nog eens dringend verzocht hem te ontslaan als Superintendent, hetgeen geschiedde, tot groot voordeel van de kampbewoners.

Bijna een jaar later ben ik weer in de gelegenheid geweest het kamp te bezoeken en vond toen alles zooveel verbeterd, dat ik mij nu verplicht gevoel dit ook te melden, na de vreeselijkheden die ik in dit boekje beschreven heb. Het verkrijgen van een permit, dat toen nog noodig was voor ons bezoek, ging op een eigenaardige wijze.

Eerst werd het aan mijn zuster, mevrouw Cloete, die bij ons logeerde en verlangend was het kamp te zien, toegestaan, doch onmiddellijk weder ingetrokken, toen de autoriteiten ontdekten, dat zij de zuster was van de gevaarlijke mejuffrouw van Warmelo. Daarna schreven wij zelf aan den Superintendent-Generaal der Concentratie-Kampen en werden uitgenoodigd, hem persoonlijk op zijn kantoor te bezoeken, waar hij ons lang in gesprek hield en nauwkeurig opnam.

Ik vertelde hem, dat ik van plan was, binnenkort naar Holland te vertrekken en dat het in het voordeel was van de Engelsche regeering, ons geen hinderpalen in den weg te leggen, daar ik Iréne gekend had in zijn allertreurigsten toestand en ik alleen aan de menschen vertellen zou van mijn ondervindingen, indien ik niet in de gelegenheid gesteld werd, zelf mij te overtuigen van de beweerde verbeteringen. Mijn zuster zeide ook, dat zij, als zij terugging naar de Kaap-Kolonie, iedereen vertellen zou, dat de kampen in Transvral zóó slecht waren, dat niemand een permit kon krijgen om ze te bezoeken.

Het eind van dit onderhoud was, dat wij niet alleen permitten kregen om naar Iréne te gaan, maar ook een vriendelijken brief meekregen voor den Superintendent, hem verzoekende ons uitstapje aangenaam te maken. De dag, dien wij daar doorbrachten, heb ik in mijn Dagboek beschreven, en wat ik daarvan genoteerd heb, geef ik nu woordelijk.

27 APRIL 1902 (Zondag).

Verleden Vrijdag gingen mijn zuster en ik naar het kamp te Iréne en brachten er een heerlijken dag door. Het regende 's nachts hard en wij waren bang, dat wij naar het station zouden moeten zwemmen; doch, toen de zon opkwam, dreven de wolken uiteen en werd de lucht helder en frisch, en dien geheelen dag waaide er een hooge wind, zoodat het koel bleef en er geen stof was. Wij hadden onmogelijk mooier weer kunnen hebben. Eigenlijk was dien dag alles in ons voordeel.

Wij kwamen door een misverstand drie kwartier te vroeg aan het station, maar later waren wij er dankbaar voor ; want wij vonden een geheele wagenlading van vrouwen en kinderen, die gereed waren naar Natal gezonden te worden.

Er waren vijf families met pasgeboren en kleine kinderen in een open goederenwagen, die den geheelen nacht in den regen gestaan hadden. Wij stonden lang met hen te praten en zij vertelden ons, dat zij van hunne plaatsen in het noorden van Zoutpansberg gebracht waren, waar zij al dien tijd in vrede en voorspoed geleefd hadden. Hunne huizen waren nu verwoest, zoodat het een leugen is, als de Engelschen verklaren dat het verwoestingswerk reeds lang heeft opgehouden.

Zij werden zelfs zonder voedsel of kleeding naar Pretoria gebracht. Gelukkig had ik eenig geld bij mij en kon ik hun ongeveer £ 10 geven.

Te Iréne hadden wij £ 50 om uit te deelen, geld dat ons uit Zwitserland gezonden was, en ik had den zak bij mij en een opschrijfboekje, en geloof mij, wij hebben dien dag menig treurig hart verblijd. Wij kwamen thuis zonder een stuiver en ik had gemakkelijk £ 1000 kunnen uitgeven, zoo groot gebrek was er, doch alleen aan kleeren, want de rantsoenen, die zij ontvangen, zijn uitstekend en meer dan voldoende.

Wij vonden het kamp verzet naar een andere plaats en zeer veel verbeterd in elk opzicht. Er zijn nu 2,300 kinderen onder 16 jaar en zij zien bruin, gezond en gelukkig. Ook merkte ik dienzelfden geest van tevredenheid en voorspoed in het geheele kamp. Ik vond zeer vele mijner oude vrienden en ik was meer dan gelukkig over wat zij mij vertelden van hun tegenwoordige behandeling. Wij hadden nog een flinken maaltijd in de tent van een ouderling der kerk - goed vleesch, gebraden met aardappels, wortels, rijst met rozijnen, bieten-sla, brood en koffie. Zij hebben den geheelen zomer overvloed van groenten gehad en ontvangen melk en stroop, goede bloem en genoeg bevroren vleesch, zoodat zij niet te klagen hebben in dit opzicht. De kinderen krijgen eens per dag een kom goede bouillon en meer gestereliseerde melk dan zij gebruiken kunnen.

Het eenige, waarover zij nu nog te klagen hebben, zijn de kleeding, die zeer armoedig en versleten is, en de tente. De laatsten worden akelig gescheurd door het lange staan in weer en wind, en, met het oog op den naderenden winter, is dit zeker een zaak van groot gewicht.

Na het eten werd er een openingsdienst gehouden in het nieuwe gebouw, dat geplaatst is: een enorme ruimte met een ijzeren dak, dat op balken rust, en zeildoek aan de zijden. De dienst werd geleid door Ds. Bosman en wij waren er bij tegenwoordig, aan zijn rechterhand gezeten, tegenover de opeengepakte gemeente. Er moeten, dunkt mij, wel 1,500 menschen geweest zijn en het was een hoogst indrukwekkende plechtigheid, die ik voor niets ter wêreld had willen misloopen.

Na den dienst sprak Ds Bosman een paar woorden van dank en waardeering aan den Superintendent, den heer Bruce, uit naam van al de menschen, die hem schenen te aanbidden. De heer Bruce antwoordde met veel gevoel en toen verkondigde Ds Bosman aan de menschen, dat zij in hun midden hadden de twee dochters van hun zeer geeerden en geliefden leeraar Ds van Warmelo.

Toen de dienst afgeloopen was, vroegen wij voorgesteld te worden aan den heer Bruce, die allervriendelijkst was en ons het geheele kamp doorreed in zijn dog-cart, ons het hospitaal toonde met de laatste verbeteringen en alles deed, wat hij kon om ons ons bezoek aangenaam te maken.

Tot zoover mijn dagboek.

Er is geen twijfel aan, dat de verbeteringen opvallend waren voor iemand, die het kamp gekend had in den tijd der Superintendenten Scholtz en Esselen; maar mijn zuster, die nooit te voren in een kamp geweest was, zag alleen de vernedering der menschen, die als een kudde dieren binnen een omheining gedreven waren, de verscheurde tenten, waarin zij woonden, hun armoedige, versleten kleeding en den vervallen toestand, waarin de ouden van dagen verkeerden.

Ik miste onder de menschen vele bekende gezichten.

Sommigen waren gestorven en vele families van vechtende burgers waren weggezonden naar kampen in Natal, maar het gezicht, dat ik het meeste miste, was dat van onzen goeden vroolijken "Dandy" (Dr. Neethling), die om gezondheidsredenen naar de Kaap-Kolonie gegaan was.

Den brief, waarvan een gedeelte hier volgt, schreef hij, op mijn verzoek, om mij mee te deelen, hoe het kwam dat hij te Iréne als dokter geplaatst werd:

DE GEVANGBNNEMING VAN MIJN AMBULANCE.

In de maand April 1901 kwamen de Engelschen Pietersburg binnen en daarna maakten zij een vliegende beweging in de richting van Haenertsburg en Houtboschdorp, in de buurt waarvan ik gevangen genomen werd. Mijn ambulance volgde het commando langs een moeielijken, slingerenden, steilen weg, toen wij bemerkten, dat de Engelschen trachtten ons af te snijden door een korteren weg te nemen. Het commando vocht met de flanken der Engelschen en dezen hegonnen zulk een regen van kogels op mijn wagen te werpen, niettegenstaande ieder voertuig een zeer in 't oog vallende Roode-Kruisvlag droeg en wij buiten de gevechtslinie waren, dat ik mijn ambulance voor de veiligheid beval, van den weg af te gaan achter een klein kopje. Van hier konden wij het gevecht zien, twee mijlen verder, maar nauwelijks hadden wij hier een half uur halt gehouden, toen wij ongeveer tien Engelschen zagen afstijgen, geen 400 Meter van ons af, die salvo op salvo op ons vuurden, een van de muilen zwaar wondende. Ons leven werd slechts gered door hun slechte schieten.

Wij zwaaiden nog een vlagje en toen hielden de salvo's op en kwamen twee soldaten nader met aangehechte

bajonetten, de schandaligste taal en vloeken naar ons slingerende. Toen
zij ongeveer 15 Meter van ons waren, riepen zij: "handen op !" Ik stapte
naar voren en legde hun uit, dat er geen sprake was van "handen op"
voor menschen van het Roode Kruis; maar ik kreeg steeds meer
scheldwoorden en de bedreiging, een bajonet door mijn lichaam te krij-
gen. Daarna trachtten die twee ons van ons geld te berooven en ons
onze laarzen te doen uittrekken, hetgeen wij weigerden. Een van mijn
mannen werd zelfs aangerand om zijn beurs te bemachtigen. Eerst, toen
ik zeide, dat deze dingen aan den commandeerenden officier zouden
gerapporteerd worden, hielden deze handelingen een weinig op. Twee
van onze paarden werden weggenomen en toen ik mij verzette tegen
dergelijke behandelirig, werd mij geantwoord dat zij mochten doen, wat
zij wilden, omdat zij geen orders hadden. Toen de officier bij ons kwam,
vertelde ik hem alles en bood hij zijn verontschuldiging aan, zeggende
dat soms de soldaten geen bevelen meer gehoorzaamden. Als dit nu de
behandeling is, die wij ontvingen, zou ik wel eens willen weten, hoe het
den burgers ging.

Wij werden naar het tijdelijk kamp geleid voor den nacht en den vol-
genden dag naar het hoofdkamp om daar terecht te staan voor den
commandeerenden officier, die begon met mij te beschuldigen van con-
trabande in den vorm van zadels in mijn wagens te hebben. Dit werd
goedgemaakt door de verklaring, dat zij aan den staf behoorden. Drie
dagen later, nadat ik daarom verzocht had, werd mij gezegd, dat ik naar
mijn commando kon gaan; maar, niet wetende, waar het te vinden en in
groot gevaar zijnde van de Kaffers, die allen vuurwapens droegen en
niet alleen vee van de Boeren opbrachten, maar ook Boerengevangenen
en zelfs vrouwen, stelde ik daarop voor

aan den commandeerenden officier, dat hij mij een permit zou geven om naar Louis-Trichardt te gaan of door het boschveld naar Ermelo, Dit werd geweigerd op grond dat Lord Kitchener bevolen had, dat geen ambulance door de Britsche linies gezonden mocht worden. Daarom werden wij in een zelfden wagen met Kaffers naar Pretoria gezonden, terwijl al ons goed in Pietersburg gelaten werd. Alle verdere onderhandelingen om de Boeren strijdmachten te bereiken faalden, maar de volgende maand werd ik "benoemd als dokter in het concentratiekamp te Iréne".

Nog eens dank ik Dr. Neethling, uit naam van de bewoners van Iréne, zoowel als van de vrijwillige verpleegsters, voor zijn belangrijke diensten aan ons allen bewezen.

Dit zijn de ondervindingen van een Transvaalsche vrouw, die den oorlog mede heeft doorgemaakt.

Ik ben in staat geweest, de gebeurtenissen van twee der belangrijkste maanden uit den tijd der concentratiekampen te beschrijven, maar wat hierin staat opgeteekend, is ook de ondervinding van duizenden moeders van het Zuid-Afrikaansche volk, en deze dingen moeten bewaard worden met al het andere, zoowel goed als kwaad, dat medegewerkt heeft om den Afrikaanschen stam tot een volk te maken.

0, vrouwen van Zuid-Afrika, schrijft op alles wat gij geleden hebt onder de handen van onze machtige verdrukkers. Niets mag verloren gaan, niets mag vergeten worden.

Al is uw taal eenvoudig, al zijn uw woorden zwak, schrijft op al uwe ondervindingen, maakt ze bekend aan kinderen en kleinkinderen, en vreest niet, zoolang gij den God der Waarheid voor oogen houdt.

SLOTWOORD

DOOR

Ds. L. E. BRANDT.

Voor een kleinen oogenblik heb Ik u verlaten, maar met groote
ontfermingen zal Ik u vergaderen; in een kleinen toorn heb Ik
Mijn aangezicht van u een oogenblik verborgen; maar met
eeuwige goedertierenheid zal Ik Mij uwer ontfermen, zegt de
Heere, uw Verlosser.

Jes. 54: 7,8

In het boek, waarvan dit hoofdstuk het slot vormt, wordt eenige malen
een naam genoemd, die voor velen in Transvaal een bijzonderen klank
heeft. Het is die van Ds. N. J. Van Warmelo, in leven predikant te
Heidelberg, den man, die uit Nederland overgekomen, zich met hart en
ziel gegeven heeft aan zijn nieuwe vaderland en die alles gedaan heeft,
wat in zijne macht was, om het volk, dat hij had liefgekregen, te leeren,
zich zelf te zijn en zijn beste gaven en krachten te ontwikkelen.

Bij het doorlezen van eenige brieven aan zijne dochter gericht, toen
deze in Kaapstad op school was, trof het mij, dat hij in elken brief aan-
dringt op het bestudeeren van de Hollandsche taal. Hij heeft gevoeld,
dat de taal een bol werk was, dat sterker zou blijken dan alle andere, en
dat de Boeren deze moesten handhaven, zoo zuiver mogelijk, in dien zij
bestand willen zijn tegen een buitenlandschen vijand, zooals voortdurend dreigde, hen te zullen overweldigen. In dien tijd waren er vele
moeilijkheden verbonden aan het grondig bestudeeren der taal; goede
scholen en goede onderwijzers waren schaarsch en de Engelsche taal
werd veel verstaan en zelfs veel gebruikt; de geschiedenis leerde, dat
van dien kant gevaar te duchten was. Daarom was Ds. Van Warmelo
een der meest besliste aanhangers der nasionale politiek van

Ds. N. J. VAN WARMELO.

President Kruger en jaren lang zijn vriend en raadsman. Geen wonder was het, dat allen, die hem kenden, hem eerden en liefhadden, want hij had de gave, het beste en hoogste, dat iemand bezat, aan te kweeken ; hij had een blik op personen en toestanden, waardoor hij begreep, wat noodig was om dien persoon of die zaak tot de grootst mogelijke hoogte op te voeren. Transvaal heeft in de dagen van zijn eerste ontwikkeling veel aan dien man te danken gehad.

Al zag hij zeer spoedig de goede zijde, ook voor de gevaren en fouten van de Afrikaners was zijn oog niet gesloten, en hij wist, dat, even goed als een mensch niet dan door lijden geheiligd wordt, zoo ook een volk door beproevingen wordt gelouterd. Dat hij dezen oorlog zou voorzien hebben, is niet te zeggen; maar zooveel is zeker, dat hij hem zou hebben aanvaard, als door God gezonden, en zou getracht hebben de lessen te leeren, die de Heere daardoor aan Zijne kinderen wilde inprenten. Alleen door ons te buigen onder het oordeel Gods kunnen wij daarvan de gezegende vruchten plukken.

Deze oorlog is een ontzettend oordeel geweest, zwaar om te dragen, en vele zijn de slachtoffers geweest; maar Gods arm slaat, waar Hij weet, dat het noodig is, en wij mogen vertrouwen, dat hij zich nooit vergist. Wonderlijk zijn Zijne wegen geweest met bet volk van Zuid-Afrika gedurende de laatste paar eeuwen; door goed en kwaad gerucht is Hij hun hulp en schild geweest, in gevaren van zwarte volken en van wilde dieren; te midden van vijanden van allerlei aard is nooit Zijn naam tevergeefs aangeroepen. Hij heeft zich een Verlosser betoond, zoo dikwijls iemand tot Hem riep in den nood. Indien God nu voor een oogenblik Zijn aangezicht voor ons verborgen heeft, laat ons niet wanhopen aan Zijne liefde en trouw; de bewijzen daarvan zijn zoovele geweest, dat wij niet kunnen meenen, dat Hij, bij wien geen ver andering noch schaduw van omkeering is, ons zou willen verderven om een einde te maken aan ons volksbestaan. Indien het schijnt, dat de hemel van koper is, ondoordringbaar voor onze gebeden, indien de ongerechtigheid en de leugen op alle terrein de overhand schijnen te hebben, indien wij geen uitkomst zien uit al de moeilijkheden, die ons omringen ten gevolge van zelfzucht en onbekwaamheid, en die beletten, dat zij, die zoo zwaar geleden hebben, zich herstellen en tot welvaart komen, laat ons daarom Hem niet wantrouwen, die de geheele wereld in Zijne hand heeft en voor Wien ook ons leven niet verborgen is. Zoolang wij in de benauwdheid zijn, schijnt het ons, alsof de druk nooit zal ophouden; want wij kunnen het einde niet zien; maar het is daarmede als met een onweersbui. Wanneer wij onder de duisternis en den regen zijn en de zon voor ons verdonkerd is, zien wij niet, hoelang de storm zal duren; maar de zon, die hoog aan den hemel hoven ons staat, ziet, hoe groot de wolken zijn, en hoe spoedig de hemel vrij en helder zal wezen.

God straft niet, omdat hij lust heeft in straffen, maar opdat wij ons bekeeren zouden en leven. Bij Hem is genade en daarom is niet het laatste woord, dat Hij ons verlaten heeft en Zijn aangezicht van ons verborgen heeft. Hij zegt ons met nadruk: "Met groote ontfermingen zal Ik u vergaderen, en met eeuwige goedertierenheid zal Ik Mij uwer ont-fermen." Tegenover het oogenblik van verlaten-zijn staat Zijn eeuwige goedertierenheid, tegenover den kleinen toorn staan Zijne groote ont-fermingen. Dit neemt van de bezwaren en van de smart alle bitterheid weg. Het is onze Vader, die ons oneindig liefheeft, Wiens eeuwige goedertierenheid ons deel zal zijn. De zon blijft aan den hemel schijnen, ook al zien wij haar niet, en hare stralen koesteren des te meer, indien wij voor een kleinen oogenblik hunne warmte hebben gemist. Israel had van de alleroudste tijden af ondervonden, dat God zijn Verlosser was; verlossen was het groote werk van den Heilige Israels voor Zijn volk.

Daarom noemt de Heere zich bij dien naam, als om Zijn volk er aan te herinneren, dat er geen vijand zoo machtig is, of God kan Israel uit Zijne hand verlossen, geen gevaar zoo groot, of Jehova kan Zijne uitverkorenen er voor bewaren. Bij God is geen verandering en Hij beschouwt ons in liefde en goedertierenheid, ook wanneer Hij ons onder het oordeel brengt.

Wat zullen wij dan doen? De rampen, die dit donkere werelddeel getroffen hebben, schijnen nog niet te zullen wijken: droogte, ziekte onder de veldvruchten, en verschillende veeziekten gaan steeds voort verwoesting te brengen en dit zijn toch niet dingen, die de menschen ons aandoen. De natuur is meer dan iets anders onder Gods onmiddellijk bestuur. Gods hand is nog niet van ons opgelicht, maar zal misschien nog zwaarder op ons gaan rusten, wanneer, ten gevolge van den invoer van duizenden van Chineezen, het werk, dat vele blanken na lang zoeken eindelijk gevonden hebben, hun weer zal worden ontnomen. De vragen vermenigvuldigen zich in ons, en wij weten zoo dikwijls niet te antwoorden, als er weer een " waarom"? in ons opkomt. Doch God weet het en Hij ziet verder dan wij. Laten wij dan op Hem blijven vertrouwen. Hij wil, dat wij Hem zullen vasthouden en ons niet laten verleiden tot een leven zonder Hem, vergetende wat wij danken aan onzen God en het geloof onzer Vaderen.

Het is een oordeel Gods, dat over dit land gekomen is en dat niet zal worden weggenomen, voordat Zijn doel bereikt is. Daarom moeten wij den toestand aanvaarden, zooals hij is. Wij moeten leeren goed vinden, dat onze verdrukkers voorspoedig zijn en de vergelding aan God overlaten. De geschiedenis der volken toont eene natuurlijke ontwikkeling aan, die niet kan verhaast worden door kunstmatige middelen, door ingrijpen van menschen, of er zal groote schade uit voortkomen. De ongerechtigheid moet steeds grooter worden en hoe spoediger dit gebeurt, des te eerder zal zij ook haar eigen ondergang bewerken. Als wij zien op het kruis van Jezus Christus, dan verstaan wij, hoe de zonde op het oogenblik, dat zij haren hoogsten triomf schijnt te vieren, juist te gronde gaat en overwonnen wordt.

De vruchten, die deze oorlog heeft afgeworpen, zijn reeds in menigte telbaar, en zij zullen nog meer worden. Opmerkelijk zijn de vele gevallen van jonge mannen, die zich overgegeven hebben om den Heer in het werk des Evangelies en der Zending te dienen; karakters zijn gevormd, andere gesterkt; de geesten zijn openbaar geworden; de gemeenschap is geboren tusschen allen, die eenzelfde doel voor oogen hebben. Daardoor is veel twisting en tweedracht weggenomen en broederliefde daarvoor in de plaats getreden. Reeds onder de verdrukking is ons getoond, dat Gods goedertierenheden groot en machtig zijn. Het zou waarlijk zonde zijn, nu te twijfelen aan de liefde van den Heere, onzen Verlosser. Was het niet juist onder den zwaren druk in Egypte, dat Israel tot een volk geworden is, in staat alleen te staan, zichzelf te handhaven tegen alle vijanden, en is het niet de geschiedenis van alle groote mannen van het Oude Verbond, die ons leert, dat hoe grooter werk God voor iemand heeft weggelegd, des te zwaarder oordeel Hij hem eerst doet ondergaan om hem te heiligen, en des te zwaarder straffen hem opgelegd worden, wanneer hij Gods geboden overtreedt? Voorzeker, de donkere wolken zijn nog niet van den hemel en 1904 is begonnen met zeer dreigende onweerswolken; maar heel in de verte begint er toch iets door te breken van een helderen zonneschijn. Er is hoop. Voor wie let op de groote gebeurtenissen in de wereld en deze beschouwt in het licht van zijn geloof, dat het God is, die de wereld bestuurt, die ook de groote machtige volken, de heerschers en de koningen leidt, is het een geweldig belangrijke tijd, waarin wij leven. Wij zien alles zoo snel gaan, toestanden zich ontwikkelen, volken opkomen en andere achteruitgaan, dat wij met een weinig geduld te oefenen al zeer spoedig een antwoord ontvangen op onze vragen en dan leeren verstaan, waarom het moest gaan zooals het ging. Zoo zal, indien wij maar vertrouwen en geduld hebben, ook voor ons, misschien spoediger dan wij verwachten, duidelijk worden, wat Gods liefde voor·ons bedoelt en waarom Hij ons door dezen weg geleid heeft.

Onze moeders en zusters hebben veel geduld moeten·oefenen en menigmaal gevraagd, zonder antwoord te ontvangen, waarom zij zóó zwaar moesten lijden, waarom zóó vele kinderen moesten sterven, waarom hun eigen leven gespaard werd om nog meer ellende te verduren, terwijl over anderen de engel des doods als een verlosser kwam om haar te redden en naar huis te dragen. Waarlijk, dit alles is niet te vergeefsch geweest; maar nu zijn wij, die overgebleven zijn, het ook verplicht aan de nagedachtenis der 25,000 vrouwen en kinderen, die in de kampen gestorven zijn, dat wij niet verslappen in ons geloof en den moed niet laten zinken, maar, door een waardig handhaven van wat ons overgebleven is, hen, die na ons komen zullen, in staat stellen de vruchten te plukken van dezen tijd. Het is de natuurlijke ontwikkeling der dingen, het is naar de liefde van God over ons, dat Hij ons weder zal aannemen in genade en tot heerlijkheid terugbrengen.

Daar is echter een voorwaarde aan verbonden en die is deze, dat het nieuwe leven, dat wij dan van God zullen ontvangen hebben, ook aan Hem gewijd zij.

Hij kan ons niet herstellen in onzen vroegeren voorspoed en nog minder brengen tot grooter welstand, indien wij die zouden willen gebruiken als wapenen tegen God. Voorspoed en geluk, geld en goed zijn heerlijke gaven, doch zij verleiden gemakkelijk tot een leven buiten God, en dat zou de ondergang zijn van ons volk, zelfs na alles, wat wij doorgemaakt hebben.

Daarom is noodig, dat wij weten, zelf het eigendom van onzen Heere en verlosser te zijn en met al het onze aan Hem toe te behooren.

Indien dat zoo is, zal het veilig zijn met ons. Dan zullen wij rijk zijn in God en voor Hem en Zijn Koninkrijk arbeiden, dan zal er niet meer geklaagd worden over toenemende ongodsdienstigheid van onze jonge mannen en aangroeiende onverschilligheid van onze jonge vrouwen; dan zal ons volk sterk zijn, omdat het steunt op de kracht van den Almachtigen Levenden God. Kaap De Goede Hoop, Zuid Afrika.

Januari 190

4.

AFRIKAANS

Hoofstuk 1

Die konsentrasie-kamp van Iréne is ongeveer 20 Kilometer Suid-Wes van Pretoria geleë en was gestig in die begin van die jaar 1901.

Vroeër was Irene net bekend as die eerste spoorweg stasie van Pretoria na Johannesburg en as een van die mooiste plantasies in die buurt van ons hoofstad; maar nou moet ons dit van 'n ander en treuriger kant leer ken. Vroeër het ons dikwels daarheen gegaan met waens en tente en in rytuie om dae lank daar deur te bring tussen die heerlike bosse en was Iréne bekend as die verruklikste "piekniek"-plekke wat daar te vinde was.

Nou moet ons, onder geheel en anderse omstandighede, ons tyd daar deurbring in tente en waens, nie alleen dae en nagte nie, maar maande en jare ook. Die woord, "Iréne", wat "vrede" beteken en waar ons vroeër alleen aan genot en vreugde gedink het, gaan nou met skok deur ons en ons hart krimp ineen met die gedagte aan die verskriklike tragedies, wat ons op hierdie mooi plek deurmaak. "Iréne" was die naam die dogter van die ryk eienaar, die heer Nelmapius, wie groot tuine aanlê met bome en blomme, sodat die plaas beroemd was vir sy heerlike vrugte, groente en pragtige bosse en blomme. Na die dood van die heer Nelmapius word die landgoed verkoop en kom eindelik in besit van die heer Van Der Byl, wie toe die groot werk van die heer Nelmapius ywerig voortsit.

Toe die Engelse die barbaarse werk begin om die families van ons burgers in kampe te sit, kies hulle soveel moontlike plaase, wat langs die spoorweg geleë is en goed voorsien was van water en hout, en omdat Iréne al hierdie goeie eienskappe gehad het, was dit beplan om 'n enorme kamp te vorm.

Van de eerste dae van die Iréne-kamp weet ons nie veel nie en die eerste offisiële berig dui niks meer aan, as dat daar in Februarie 1901, 891 inwoners was (186 mans, 315 vrouwens en 390 kinders) (Raporte ens. i.v.m. die in werkingstelling van die vlugteling Kampe ens. Cd. 819, Nov. 1901, bl. 23) wie in tente woon en baie aan diarrhee en masels ly.

Toe was die kamp onder bestuur van 'n Engelse offisier, Kaptein Rime -Haycock, wie veel belang stel in die welsyn van sy gevangenis (of beskermelinge), maar daama word die heer N. J. Scholtz aangestel as Superintendent van die kamp, en onder sy yster hand moes die mense vyf maande lang smag. Teenoor sy eie volk is daar niks wreeder en onbarmhartig as 'n Engelsgesinde Afrikaner nie en dit weet die Engelse heel goed, toe hulle in die meeste moordkampe sulke mense, soos Scholtz en later Esselen op Iréne, mag gee oor die ongelukige inwoners. Hoe dikwels het ons die hoofamptenare gesmeek om Engelse in hulle plek aan te stel! Tevergeefs: die beker van beproewing moes tot by die bodem toe geledig word en meer as 20,000 vrouens en kinders moes in die grootste ellende sterf, voordat daar redding sou kom. So snel gaan die werk van verwoesting en gevangeneneming voort, dat binne drie weke die getal gevangenes te

Iréne byna verdubbeld het en in plaas van 891 inwoners, was daar
1324, waaronder nie minder as 154 siekes. (Raporte ens. oor die
werking van die "vlugteling kampe" ens. Cd. 819 Nov. 1901, bls. 28).
Van 6 Februarie tot 3 Maart 1901 het daar 14 kinders en 2 volwassenes
gesterf. Dit gee 'n sterftesyfer van 15 persent jaarliks (sien t.a.p. bls.
28); maar dit moes nog veel erger word, soos my geagte lesers sal merk
met die verdere lees van die boek. Dit moes nog verhoog na 10 tot 15
sterfgevalle daagliks, toe die kamp vergroot word en die mense uitgeput
was deur die langdurige gebrek aan goeie voedsel en nie langer in staat
was om weerstand te biede teen siekte en ellende nie. Geleidelik kry ons
in Pretoria berigte van die ontsettende ontberings wat ons susters in die
kamp en begin 'n paar energieke vroue hulle te bemoei met die saak,
o.a. mevrouw Bosman, vrou van Ds. Bosman van Pretoria, mevrouw
Joubert, weduwe van ons ou Kommandant-Generaal, en haar dogter
Mevrouw Abraham Malan, mevr. Armstrong, wie die Boere vurig lief het,
al is haar man 'n Britse onderdaan, mevr. Brugman, mevr. Liebenberg
en mevr. Celliers, mej. Eloff, du Toit en Malherbe en al die ander dames,
wie in my dagboek voorkom. Die werk begin eers teen die einde van
Maart met 'n kommissie, bestaande uit die drie dames, Armstrong,
Malan en Malherbe, om die toestemming van de Engelse regering te kry
om eenkeer 'n week na Iréne te gaan om van die mense, wie die geld
gehad het – bestellings te neem vir wat hulle nodig gehad het. Dit was
al reeds tot groot voordeel vir die vroue, want die meeste het ten minste
van die geld kon red van die vlamme en was nie in 'n geleentheid, om
enigeiets daar mee te koop nie. Hierdie dames kom dan weekliks terug
van die kamp af met lang lyste van die artikels wat nodig was: klere,
skoene, seep, kerse ens., en dit was geen kleinigheid, om van alles boek
te hou nie en dan later presies te weet, waar alles tuis hoort. Ons noem
hulle onder ons die "Klere-Komitee," en aan hulle het ons dit eintlik te

danke, dat ons bekend geword het met die ware toedrag van sake in die kamp.

Mevrouw Armstrong sê al heel van die begin af, dat indien hulle iets nuttigs en belangriks vir die mense wil doen, hulle in die kamp self moes gaan werk, en besluit om 'n brief te skryf aan die Superintendent-generaal van die kampe en verlof te vra om met 'n tweede dame in die kamp met die mense in te woon en hulle te verpleeg. Haar aanbod word met veel dankbetuiging aangeneem en op 6 April 1901 vertrek sy met mej. Malherbe na die kamp.

Ons het dikwels van hierdie dames gehoor hoe moeilik die begin van hulle lewe daar was. Dit reën byna iedere dag gedurende die eerste week, alles was sopnat in die dun tente en die mense kon soms vir dae lank geen vuurtjie maak om hulle rantsoen, vleis en meel, mee voor te berei nie. Iedereen gaan gebuk onder die juk van Superintendent Scholtz, wie o.a. die Britse regering aangeraai het, om geen goeie koffie uit te gee in die rantsoene van die mense nie, omdat hulle gewoond was aan "meel en ertjie koffie." Dit was onwaar, want die Boere het goeie koffie gebruik en kon beswaarlik leef sonder hulle geliefde drank; dit maak hulle erg ongelukkig, indien hulle, hulle koffie ontsê word en nou moes hulle iets vreesliks gebruik. Ons weet nie presies wat dit was nie, maar sommige het gedink dat dit gemaalde "akkers" was of iets dergliks, waarvan byna iedereen diarrhee of dysenterie gekry het. Mevr. Armstrong gee die Engelse geen rus nie totdat die mense koffie-bone kry om self voor te berei, maar alles was van die gemeenste en goedkoopste kwaliteit: suiker, meel – alles.

Mej. Du Toit bly aan in Pretoria as Sekretaresse, maar later neem mevrouw Bosman haar plek in, en so het dit gebly, totdat die Engelse ses maande later die vrywillige verpleegsters uit die kamp uit sit.

Toe mevrouw Armstrong besef, dat dit onmoontlik was vir twee vrouens, om al die werk alleen te doen, skryf sy aan mevrouw Bosman om hulp, en word mej. Findlay en mej. Dürr 3 Mei na Iréne gestuur en op 12 Mei mej. Celliers en ek.

Vir ieder en elk van ons moes 'n permit verkry word en dit gaan steeds moeiliker. Waarom begyp ons nie; want die Engelse was dankbaar vir die vrywillige hulp van belangstellendes en daar was genoeg werk in die kamp vir sestig verpleegsters in pleks van ses. Maar nee, ons moes dit as 'n groot guns beskou van ons vyand, dat daar hoegenaamd iemand toegelaat word om die ellende te versag, en toe mevrouw Bosman die laaste twee permitte kry, word dit haar duidelik laat verstaan, dat sy voortaan geen derglike gunste kon verwag nie. Dit is waar, dat ons zes verpleegsters om die beurt kon stuur, maar nooit meer as ses tegelyktydig nie.

'l'oe maak ons geëerde sekretaresse die volgende reëls vir die Iréne Vrywillige Verpleegsters.

REGULASIES VIR DIE "IRéNE-KAMP SUSTERS".

1. Niemand bly langer as 'n maand sonder toestemming van die Sekretaresse nie..

2. Niemand verlaat haar pos behalwe in die geval van ernstige siekte en dan met kennisgeving aan de Sekretaresse.

3. Daar mag nie oor geen politiek gepraat word nie - indien enige iemand gerapporteer word, sal die oortreedster dadelik verwyder word.

4. Geen onderskeid mag gemaak word of partydigheid getoon word in hulle werk nie.

5. Een van die susters sal as matrone verkies word.

6. Geen kwaksalver-medisyne mag uitgegee word deur die susters sonder toestemming van die dokters nie.

7. Indien die tyd van 'n suster om is, sal die een, wie haar plek inneem, met die môretrein van Pretoria vertrek; terwyl die terugkerende van die kamp af met die middag trein vertrek.

w. g. A. H. Bosman, Sekretaresse, Pretoria.·

Van artikel 3 en 4 kan ek alleen sê, dat daar gereeld "politiek" gepraat was onder ons in die afwesigheid van die Engelse doktors en verpleeg-sters en dat ons byna sonder uitsondering vreeslik partydig was in ons werk; ten minste, indien dit enigsins kon, kry die vrouwens en kinders van ons vegtende burgers die vriendelikste glimlaggies, die warmste dekens en die beste van alles wat ons gehad het om te gee ; nie alleen, omdat hulle mans op kommando was nie, maar hoofsaaklik omdat hulle lot die swaarste en ondraaglikste was. Niemand anders sorg vir hulle nie. Hulle rantsoen was altyd so weinig en sleg as moontlik, hulle was deur iedereen afgesnou en selfs deur hulle eie volk, die "handsuppers" [17] en hulle vrouwens, word hulle op allerlei moontlike maniere getart en vervolg.

---

[17] "hands-uppers" Die naam wat aan boere gegee was, wie hulle wapens neergelê het.

Dit is 'n feit, nie algemeen bekend nie, dat in die eerste maande van die konsentratie-kampe, die rantsoene van die families van vegtende burgers, volgens bevele van die autoriteite, op half rantsoen gestel was. So word die edele pligsvervulling deur burgers gewreek op hulle onskuldige vrouwens en kinders. Geen wonder, dat ons "partydig" was en ons beste gedoen het om hulle lot te versag nie; geen wonder dat die gesig van 'n "handsupper" ons bloed laat kook het nie. Maar die vrouwens en kinders van die handsuppers het ook siek geword en sterf ook by die honderde en word nogtans trou deur ons verpleeg, ja die handsuppers self kom dikwils onder ons sorg en moes gunste van ons hande ontvang, al weet hulle hoe ons oor hulle dink. Op hierdie manier het ek verskeie van hierdie mense goed leer ken, en later toe ons op 'n meer vertroulike voet met mekaar was, het ek met vreugde ontdek dat hulle bitter berou gehad het oor hulle gedrag en dat hulle alles sou gee om nie hulle wapens neer te gelê het nie. Sommige vertel my hoe dit eintlik gebeur het en toe was dit vir my geen wonder nie; want daar is nie baie mans wie hulle vaderland meer liefgehad het as hulle vrouwens en kinders nie..

Die burgers hoor op kommando sulke ontsettende verhale van die ontberings in die konsentrasie-kampe, verhale wat eintlik op die keper beskou nie oordrewe was nie, dat hulle dink dat indien hulle sou bly veg, hulle die dood van hulle vrouwens en kinders op hulle gewete sou hê. Sulke manne het het dit goed bedoel en hulle was ook nie verbitterd gewees teenoor die onskuldige vrouwens en kinders van die burgers wie bly veg het tot die laaste toe, en hierdie mans het ook ontsettend gely en 'n swaar gewetenstryd deur gemaak met elke oorlogsberig wat ons uit die veld bereik het. Soms, wanneer

daar die gebulder van kanonne ons bereik oor die berge, het ek hierdie mans gesien met gebuigde hoofde en neergeslane oë, en dan was
my hart vervuld met innige medelye, en tog ook woede, dat hulle so
swak was en onverstandig gehandel het.

Daar was drie soorte "handsuppers": ten eerste, die goeie, ten tweede, die onverskillige, en ten derde, die kwade.

Die goeies dog dat hulle hulle plig gedoen het deur hulle wapens neer
te lê, en het berou gehad het oor hulle daad en bly getrou aan land en
volk onder alle omstandighede.

Die onverskilliges het gedurende die lange maande hulle belangstelling
in die saak verloor, was moeg van die kommando-lewe met al sy ontberings en vermoeienisse, en verlang alleen na vrede, onverskillig of die
Boere of die Engelse die oorwinnaars sou wees.

Die kwade was waarskynlik nooit goed gewees nie, want 'n ware patriot word gesterk deur sy vaderlandsliefde, indien hy daarvoor moes ly
en veg en hierdie manne het van die begin af met onedele motiewe op
kommando gegaan om te plunder en te roof, of om te soek na avonture,
en toe die lewe hulle begin te verveel en hulle niks meer te wenne gehad het, deur by die Boere te bly nie, het hulle hulle wapens oorgegee
en die eed van neutraliteit afgelê. O, die eed van neutraliteit. Watter
verskriklike rol het dit nie gespeel in hierdie oorlog nie.

'n Engelse eed van neutraliteit beteken dit: - geen kommunikasie hê
met die Boere-kommando's nie; geen spioene herberg of help met
voedsel of klere nie; geen woord spreek teen die Engelse nie en selfs
geen oorlogsgerugte versprei nie, behalwe Engelse oorwinnings,

enige persoon aan te gee, wie dit doen; om die planne van die Boere te verraai indien bekend; om heen en weer te reis met gepantserde en proviand-treine om dit te beskerm; die Engelse te begelei na die plase, waar ammunisie en wapens of vee en skape weggesteek was; om die vee van de Engelse teen die Boere-kommando's te beskerm met wapens; selfs wapens opneem teen die Boere "om 'n einde te maak aan 'n nuttelose en hopelose oorlog"; in een woord, aktief optree met die Engelse teen die Boere. Sien daar, my lesers, 'n Engelse eed van neutraliteit.

Dit gebeur heel geleidelik.

'n Nationale Verkenner was gewoonlik eers 'n "handsupper" en 'n "Cattle Ranger"[18], voordat hy daartoe beweeg word om verkenningsdiens te doen vir die vyande van sy eie volk maar dan was hy ook vir altyd verlore, verag deur die Engelse, wie hom gebruik vir hulle eie doel, gehaat deur die Boere; sy goeie naam, sy eer en self-respek kwyt.

Onder de vrouwens was daar ook veel verdeeldheid; Ja, selfs die kinders weet heel goed of hulle ouers by die Boere of by die Engelse party behoort.

Daar was ook verskillende soorte van "handsupper" vrouwens.

Sommige skaam hulle self vir hulle mans en neem geen deel aan die algemene twistery nie, ander vervolg die vrouwens van vegtende burgers en verwyt hulle, dat hulle nie hulle mans oorreed het om hulle wapens neer te lê nie en so 'n einde te maak aan die oorlog; en sommige het heelaas, as spioenne tussen die mense geloop, hulle gesprekke afgeluister en

---

[18] Skaaps- en Bees-wagter.

verraderlik elke ongunstige woord aan die Engelse amptenare geraporteer, met die gevolg, dat vrouwens en kinders weggestuur was na kampe in Natal, vêr van hulle eie land en volk. 'n Ander strafmiddel was die vermindering van hulle rantsoene, wat alreeds te weinig was om van te leef; maar die mees vemederende straf was die opsluit in 'n kraal, deur doringdraad omhein.

Die kraal of strafplaas was een van die gruwelikste dinge van die kamp, 'n barbaarse instelling om de vrouwens te vemeder tot in die diepste diepte van hulle siel. Dit was 'n omheining van doringdraad op droë veld en kaal rotse, waar die vrouwens soms 'n hele dag lank sonder voedsel of water opgesluit was en waar hulle as 'n voorbeeld vir ander "oproermaaksters" moes dien. Dit het eenkeer gebeur, in die tyd van die dappere Superintendent Esselen, dat 'n sekere Mevrou Lotter, 'n vrou uit dieselde woonbuurt van mevrouw Armstrong, skadelike gevolge van so 'n opsluiting ondervind het. Iemand van die Burger-Polisie sien haar 'n klein tafeldoek uitwas en die water om haar tent heen sprinkel. Sy word onmiddelik gerapporteer en word deur twee Burger Polisie agente na die strafplaas gebring, waar sy met 'n kaffer en twee koelies die ganse dag opgesluit word. Dit het die vorige dag heelwat gereën, en nadat die arme vrou haar straftyd sonder voedsel op die deurweekte grond deurgebring het, bring sy die aand nadat sy na haar tent terug-gekeer het, 'n dooie kindjie in die wêreld. Dit gebeur, nadat die vrywillige verpleegsters uit die kamp gesit was, en toe mevrouw Armstrong dit hoor, gaan sy met mevr. Joubert na Generaal Maxwell om te protesteer teen sulke skandaligheid, maar kry slegs ten antwoord dat dit nodig was om die vrou as 'n waarskuwende voorbeeld te toon. Wat moes dit gewees het vir 'n vrou, 'n fatsoenlike dogter van Transvaal, om met kleurlinge opgesluit te wees, tot spot van alle verbygangers – dit kan niemand hulleself voorstel nie, en Engeland kan ons dit nie kwalik neem, as hierdie gruwelike dade vir ewig in ons harte en geheue gebrand sal wees nie.

In die rapport in die Engelse Blou-Boek van Januarie 1902 het Esselen die onbeskaamdheid, om aan sy regering kennis te gee, dat hy verskeie kere gebruik gemaak het van sy doringdraad-omheining, in die buurt van die latrienes[19], met veel sukses!

O, die Blouboeke van Engeland! Ek sou 'n dik boek daaroor kon skryf. Straks kom dit aan die beurt, maar nou slegs 'n paar woorde, want die tyd is nou reeds verby en dit help tog nie meer on al die ou dinge op te grawe nie.

Dit was 'n aaklige lewe in die kamp. Ons was omring deur vyande en verraaiers; spioene vang gretig elke gesprek op; niemand was veilig of rustig nie; niemand kon 'n ander vertrou nie, en orals was bloeiende harte van moeders, wie hulle kinders moes sien sterf, van vrouwens in angs en spanning oor hulle vegtende manne en seuns, en tog was ons, wie daagliks met hulle leef, hoe langer hoe meer deurdrenk met eerbied en respek vir hulle heldemoed, hulle geloof en geduld en vaste vertroue op die God van hulle vaders. Hulle gees sal nimmer gebreek word nie.

Die dagboek wat nou volg spreek, meer as wat ek sou wens, oor my-self; dit is in hoofsaak, omdat ek behoefte gehad het om my hart uit te stort en, niemand in die kamp as vertrouweling gehad het om my tot toevlug te neem nie; ek neem dus my toevlug na pen en ink.

---

[19] "Klein-huisie" of "gemaks-huisie"

Indien ek in die dae gedink het, om my dagboek later uit te gee, dan sou ek meer uitvoerig geskryf het en my aantekeninge nouwkeuriger gemaak het; maar vir nou het ek my dagboek alleen vir my eie gebruik gehou en het ek ook veel meer oor my eie sake, my eie vermoeienisse en my verdriet geskryf as wat ek andersins sou gedoen het. Daarom kan ek dus hier niks meer gee as uittreksels nie, wat alstesame ongeveer die helfte vorm van my oorspronklike dagboek.

Hoofstuk II

Uittreksels van my Dagboek.

IRENE-KAMP, **12 Mei 1901**.

Liewe Dagboek,

Ek begin my nuwe lewe met honderde goeie voornemens; een
daarvan is, om elke aand my dagboel aan te vul, maar aangesien ek
skryf op die warmste plekkie wat ek kon vind, nl. in my bed, met die
vaal kerslig wat flikker en skaduwees werp op die wit wande van die
tent, vrees ek dat my skrif dikwels byna onleesbaar sal wees.

Gisteraand was ek nog tuis, omring deur weelde, en nou?

Ek is nogal goed ingerig, maar dit is tog nie tuis nie, en alles is nuut en
vreemd. Die meisies sien daar goed uit en is deur die son verbrand, en
hulle sê dat ek spoedig aan die lewe gewoond sal wees, indien ek die
ontberings kan verdra.

Daar was niemand by die stasie om my te verwelkom nie, omdat ek
verwag was met die trein wat gister sonder my vertrek het. Maar een
van die dokters sien my en bied aan om my na die kamp te begelei. Op
pad wys hy my op veskillende dinge en

vertel my wat my werk hier ongeveer sou wees. Die kamp is enorm.
Daar is sowat 5,000 mense en soos ek verneem meer as 500 gevalle van
siekte. Gemiddeld is daar drie sterfgevalle per dag.

Dr. Hamilton vertel ons vanaand dat daar sedert 2 Mei, 29 mense
gesterf het.

Ons loop met die "Hoofstraat" langs deur die kamp tot bo aan die
hoogte waar die hospitaal is. Iemand vra my of ek die nuwe verpleegster is en toe ek daarop bevestigend antwoord, neem sy my na Mejuffrouw Dürr, wie my aan die ander susters voorstel.

Al ses van ons, almal Afrikaanse vrywillige verpleegsters het niks met
die hospitaal, wat onder die sorg van 'n Engelse Matrone staan, te
doenne nie.

Ons het "ligte" diens in die kamp, waar ons elke more van tent tot tent
gaan om kyk waar daar siekte is en dit aan die dokter te meld. Alleen
die ernstige gevalle gaan na die hospitaal, die ander word in hulle tente
behandel waar hulle eie mense hulle help verpleeg. Ons het geen nag-
diens nie, aangesien ons die hele dag aan die werk is. Mej. Celliers en ek
sal saam 'n ronde tent hê, wat môre oggend opgeslaan sou word.
Intussen is ons in een van die hospitaal barakke, 'n enorme veldtent wat
lekker warm en gesellig is. Hierdie weelde is helaas slegs tydelik en
môre-aand sal ons bitter koud kry. Ek begin alreeds koue rillings te voel
en ek moet dit vinnig afskud.

Ons kry almal rantsoene, wat in 'n klein kombuis van gegalvaniseerde
yster hier naby, gereed gemaak word en ons Afrikaners het ons maaltye
in 'n groot veldtent soos die een van die Engelse dokters en susters. Ons
aandete vanaand bestaan uit koue romp vleis, brood en stormjagers ('n
soort oliebol),

jam, tee en koffie. Ek geniet al die nuus. Môre begin my werk.

Daar is twee dokters, Green en Hamilton. Die eerste is die een, wie my van die stasie af begelei het en onder wie ek moet werk. Nou gaan ek slaap - My hande is bevrore.

13 MEI. Die avontuurlike eerste dag is verby en dit het nogal voorspoedig verloop, maar helaas die toestande in die kamp is honderd maal erger as wat ek verwag het. Daar is oneindig veel meer te doen as wat ek in my wildste verwagtings kon voorstel. Laat ek probeer, liewe dagboek om te vertel wat my werk is:

Die kamp is verdeel in afdelings en die afdelings in rye tente, die tente in die rye is genommer. Ek het ry 25, 26, 27 en 28 en wat gereed is van ry 29. Elke ry bevat 30 tente, sodat ek daagliks sowat 140 tente inspekteer en daar is ten minste by elke ander tent een of meer mense siek, so u kan begryp hoeveel ek te doene het. Ek vra in elke tent of daar iemand siek is en waar daar pasiente is skryf die nommer van die ry en tent in my sakboekie, naam en ouderdom van die pasient en die aard van die kwaal, ens. Die ernstige gevalle meld ek aan die dokter maar vir klein ongesteldhede moet ek op eie verantwoordelikheid voorskrifte uitreik en my sakboekie vertoon vanaand 'n lys van siekes, wat vreeslik en wonderlik is om te sien.

Daar is in die kamp 'n klein apteek waar die mense melk, sago, maizena, arrowroot, kasterolie, salf, hoesmiddels ens. kan kry op vertoon van 'n geskrewe order, onderteken deur een van die susters, maar die meisies sê dat heel dikwels die enigste artikel in voorraad, "niks" is. Dit is glad nie bemoedigend nie, en ek het 'n verbasende groot aantal orders geskryf, miskien tevergeefs. Môre sal ek wel hoor of die mense iets ontvang het.

Die arme mense! Hulle moet so lank wag, soms ure, voordat hulle geholpe raak en dan is dit verskriklik om ledig terug gestuur te word.

Daar is twee prikkelbare, oorwerkte Hollanders in die apteek. Die tente is dun en deurskynend en weinig mense het beddens, sommige het selfs geen matrasse nie en slaap op die kaal grond. Met die gevolg dat hulle meer aan koudheid ly as enige-iets anders en in iedere tent is daar dan ook kroep of influenza of kinkhoes. Hulle sou die koue beter kon verdra indien hulle voedsame etes gekry het, maar daar is vreeslik baie dysenterie en diarrhee as gevolg van die afskuwelike dinge wat hulle moet eet en drink in die vorm van verrotte meel, taai dikwels bedorwe vleis, swart suiker en die goed wat mense hier koffie noem – niemand weet wat dit werklik is nie en daar is heelwat verskil van mening op die punt. Die spyskaart dra die groot naam van rantsoen en daar niks wat iedereen ontvang, wat klein kinders of tandlose ou mense eenvoudig nie kan eet nie en as 'n kind ongesteld is sterf hy van honger.

Honderde het op hierdie manier heen gegaan en honderde sal nog volg in die gure weer, tensy daar iets aan gedoen word.

Dit is vanaand bitter koud en ek sou graag wou weet hoe pasiënte met 'n verskeurende hoes dit uithou.

Sodra ek meer tyd het sal ek aantekeninge daarvan hou as ek van iets besonder hoor. Vandag bv. Hoor ek van een vrou wie tien van haar twaalf kinders verloor het. Ek moet haar naam in die hande kry om uit te vind of die verhaal wel waar is.

O! Ons kleintjies ly onuitspreeklik en tog is hulle so geduldig en kyk my aan met oë vol smart soos diere wat pyn het. Dit breek my hart en ons is so hulpeloos. Ek is nog nie gewoond aan my werk nie. Die dokter was kwaad vir my omdat ek hom na pasiente bring wie heel siek lyk en hy sê dat enige iemand wie enigsins kon loop na die apteek moes gaan in sy spreekure, omdat hy nie tyd het om in die kamp rond te gaan nie. Dit is waar dat die dokters meer te doen het as wat hulle kan, maar waarom is daar dan slegs twee?

Fout nr. 2 was dat nie tevrede was met my eie werk nie en 'n deel van Mej. Celliers se werk gedoen het, wie verwonderd vra wie haar barmhartige samaritaan was. Nadat ek my my ry 25 gedoen het, doen ek die hele ry 24, dinkende dat dit ry 26 was en stel myself voor as die nuwe suster. Toe ek my fout ontdek moes ek nog my eie werk doen en voltooi dit nie voor laat in die middag nie.

In sommige afdelings lyk dit asof die tente nie eers genommer was nie en dit gee aanleiding tot verwarring.

Dr. Hamilton gaan na Volksrust toe en daar kom 'n niewe dokter in sy plek. Mej. Celliers en ek is nog in die veldtent, waarvoor ek baie dankbaar is. Vandag was die wind en stof iets verskrikliks gewees, alles is vol sand. Mens word hier so vuil dat ons voel, asof ons nooit weer skoon sal kom nie omdat die water yskoud is en warm water 'n ongehoorde weelde is.

Ons ontsnap 'n bietjie na die kombuis toe vanaand – so 'n heerlijke kombuis, ongeveer so groot as 'n vuurhoutjie dosie, maar so gesellig met de twee stowe (kaggels). Ons maaltye lyk goed en ek skaam my om te eet, terwyl sovele gebrek het; maar die meisies sê, dat ek wel oor die gevoel sal kom. Ons moet voedsame kos hê indien ons sterk genoeg wil bly vir ons werk.

Nou weier my bevrore hande om die pen langer vas te hou en moet ek so gou as moontlik onder die dekens inkruip.

14 Mei. Vroeg klaar met my werk om toesig te hou met die oorbring van ons goed. Ek het nou 'n ronde tent heeltemal op my eie, by die ingang waarvan ek nou op 'n hout kassie sit, my "wastafel", onderstebo gekeer.

Ek sou wou, dat ek die landskap voor my kon beskryf. Ek is hoog op die hoogte en ons tente is die heel laaste aan die ander kant van die hospitaal. In die laagte voor my is die kamp met sy rye op rye wit tente, in die verte die spoorwegstasie, regs van my die Iréneplantasie met heuwels en laagtes, sag golwend, sovêr die oog kan sien. Agter ons tente is veld en niks anders as veld nie. Ek hoop, dat dit veilig is vir jong meisies om alleen te slaap, so vêr van almal anders. Die enigste waarvoor ek bang is, is Kaffers; want slange en spinnekoppe is daar gelukkig nie in die winter nie. Mej. Celliers het 'n tent aan my regterkant en Mej. Findlay aan my linkerkant en voor ons is die tente van die ander drie susters. Dit was nie 'n moeilike dag vir my gewees nie en ek het tyd gehad om te dink en die ellende van alles is te veel om te verdra. Ek gaan dood van verlange en gretig vir 'n woordtjie van die huis af. Terwyl ek skryf, is daar 'n droewige optoggie, langsaam op weg na die begrafplaas - die daaglikse begrafnis.

Ek kan dit alles duidelik sien: 'n twintigtal manne, twee of drie klein doodskiste op 'n oop draagbaar en 'n paar weenende vroue. En dit gaan so deur elke dag, soms wel vier of vyf - nooit minder as twee nie.

Die kinders kan hierdie lewe geheel en al nie verdra nie en hulle sterf by die duisende oor die hele land deur. As ek daaraan dink, dat Iréne die Model Kamp genoem word, dat daar ander is wat in kouer distrikke is soos, Potchefstroom, Vereeniging, Volksrust, Middelburg, ens., waar niemand ooit heengaan om die ellende te tem nie, waar geen vrywillige verpleegsters is nie en die mense moet leef van hulle rantsoene en niks meer nie, is dit genoeg om my gek te maak. Vanmôre sien ek monsters van die rantsoenen, wat in die kamp uitgegee word. Die vleis was heel goed, maar in die meel was groot klonte en dit krioel van lewende wurms. Ek sien hoe die klein kinders daarmee speel, hulle vang dit en knyp dit tussen hulle vingertjies fyn! Maar dan moet ek wel sê, dat die meel hierdie week besonder sleg gewees het en die dokter sal 'n klagte opstuur en 'n vars voorraad aanvra. Aanvra is een ding, en ontvang is 'n ander en indien dit geweier word, sal die mense hierdie week moet omkom van honger, want hulle het die meel gesif en meer as die helfte is oneetbaar.

Wat die suiker en die koffie aangaan - wel, dit is iets skandaligs en ek dink dat dit die oorsaak is van die vreeslike aantal diarrhee-gevalle in die kamp. In een van my tente is ses kinders siek van dysenterie, en die arme moeder sit die gehele nag op sonder 'n stukje kers en sy het nie eers 'n brokkie seep om hulle klere mee te was nie. Die Engelse verskaf geen seep of kerse aan die mense nie - twee allernoodsaaklike benodighede in geval van siekte en die wat hulle wel ontvang het, was vanaf ons vrywilligers. Ons moet hulle orders gee vir sulke dinge in gevalle van uiterste nood, maar hierdie artikels is juis altyd "nie voorhande nie". Ek het juis aan mevr. Domela Niewen-huis[20] geskryf en gesmeek om alles te stuur wat sy kon: seep, kerse, bale flanel, wol, dekens en matrasse. Sy het 'n fonds van Holland, waar-uit sy kan trek, en het my gevra om haar te laat weet waaraan die grootste behoefte was. Ek weet nouliks waar om te begin: Daar is soveel dinge wat ons die meeste nodig het, maar ons sal dankbaar wees indien sy ook stuur wat ons nie gevra het nie.

Dinsdagaand. Ek het my goed uitgepak en my nuwe kwartier gesellig gemaak. Bed, my geliefde bed is die geselligste van alles en ek is dank-baar dat ek al my eie lakens, dekens en kussings saamgebring het. Alles so heerlik skoon na die stof en die vuil van die dag en dit is verruklik om my vermoeide ledemate neer te lê, nadat ek van die vroeë môre tot die laat aand rond gedraf het in die son, oor rotse en gras. Maar vir die vermoeide gees is daar geen rus nie. Ek sal of daaraan gewoond en verhard moet raak, of beswyk. Niemand kan sulke spanning lank volhou nie. Ek kla nie oor die liggaamlike vermoeidheid nie - dit is niks nie - maar hierdie knaende pyn aan my hart! Die gedagte aan die toekoms druk my onder. Wat moet daar word van al hierdie mense, wanneer hulle na hulle verwoeste plase gestuur word? Slegs enkele sal 'n dak oor hulle koppe hê, nie 'n stuk huisraad nie, geen geld, geen klere nie. In my afdeling lyk dit asof byna almal Soutpanbergers is en dit is vreeslik om te hoor, hoe sommige moes vlug na die stede vir beskerming teen die Kaffers, wie heel vreedsaam gewees het totdat die Engelse op die toneel verskyn het.

---

[20] Eggenote van die Konsul Generaal.

Een ou man, genaamd Herbst, oor die 60 jaar oud was met knopkieries geslaan, totdat daar nouliks 'n been heel was in sy liggaam en toe laat die Kaffers hom daar lê vir dood.

Te koud en te moeg en te droewig om te skryf vanaand.

15 Mei Nog 'n dag van hard werk het voorspoedig verby gegaan. Daar is 'n paar heel ernstige gevalle in my afdeling, maar oor die geheel was ek gelukkig gewees: Nog geen sterfgevalle nie, terwyl die ander meisies elke aand een of twee gehad het om aan te meld. Ek het 'n liewe klein meisie, Poppie van Tonder, met 'n erg verbrande been: sy is so soet en sy laat my haar wonde verbind sonder om 'n geluidjie te maak. Vanmôre was ek ontsteld toe ek by 'n tent kom, waar hulle juis besig was met hulle middagmaal; ek vind daar nie minder as vyf getroude vrouens en veertien kinders, negentien siele in één ronde tent. En tog sê die voorskrifte dat daar nie meer as ses toegelaat mag word nie! Natuurlik het ek dit aan die dokter gemeld en hy het my beloof, om die Superintendent te vra om my twee ekstra tente te gee. Sommige gevalle is verskriklik. Daar is 'n klein meisie, net vel en been. Ek het in my lewe nog nooit so iets gesien nie, behalwe op foto's van die hongersnood in Indië. Sy het drie maande gelede masels gehad en nou teer sy nou maar weg. Vanmôre kom daar 'n kindjie met twaalf fingers in die wêreld. 'n Ekstra vinger so groot as 'n ertjie, wat aan 'n stukje vel hang na aan die pinkie van elke hand[21]; 'n verwondering. Die dokter sal dit afbind. Vanmôre was ons heel opgewonde, toe ons in die verte kanongebulder hoor. Teenoor die opening van

---

[21] 12 fingers 'n Pretorius kenmerk – Vertaler het self 12 "Fingers" gehad – afgebind.

my tent is vêrweg 'n heuwel, waarvandaan heelwat gesein word. Soms kyk ons in die aande na die seinligte en ons sou graag die betekenis wou lees. Dikwels gaan soekligte oor die hele landskap, om die duisternis van die nag plotseling tot helder dag te omskep.

Dit is bitter koud, selfs in die bed. Ek kan nouliks my pen vashou en kruip nou en dan onder die dekens in om 'n bietjie warmer te word; om dan weer uit te kom is 'n taak wat al my wilskrag verg. Hoe die mense in die kamp hierdie koue deurstaan, is meer as wat ek kan begryp. My eerste nag in hierdie dun tent was verskriklik na die warm veldtent. Ek kon die hele nag nie warm word nie en het 'n soort van rumatiek in my knieë; as hulle reguit was kon ek dit kwalik buig en as ek dit uiteindelik gebuig gehad het, kon ek dit nie weer reguit maak nie. Ek kom beter met Dr. Green klaar, noudat ek my werk begryp. Hy is heel goed vir die pasiënte en is heel konsensieus, maar hy het veel meer werk as wat hy kan behartig en is daarom altyd agter.

Die mense kom naderhand agter dat ek die dogter is van hulle beminde "leraar" en hulle volg my van ry tot ry om my hand te druk en vra uit na my familie en vertel my, wat hulle onthou van hulle geëerde predikant.

Hoe lief het hulle sy naam en hoe hou hulle hom ter ere en hoe warm ontvang hulle my om sy onthalwe!

Die trane kom in my oë en ek sou graag met hulle wou bly praat, wanneer hulle begin om oor my heilige herhinderinge te praat, maar meestal het ek geen tyd oor nie en moet ek my van die een tent na die ander haas. Hoe dankbaar is hulle nie almal dat die gesig, van al die ellende van die volk, wie hy meer lief gehad het as sy eie lewe, hom gespaar was nie.

Ek moet alles opskryf: - aantekening maak van die dinge wat

hulle die meeste nodig het en van die gevalle wat aan die dokter gemeld moes word en in die namiddag, na 'n haastige maaltyd, moes ek
terug na die kamp met my mandjie, gevul met 'n eienaardige versameling van dinge - quinine-pille, hoesmiddels, soptabletjies, wit suiker,
beskuit, kasterolie, seep, kerse ens.

Die ernstige gevalle besoek ek 'n tweede maal en gaan dan rond met
die dokter, as ek hom kon kry; maar ons het almal sy dienste nodig en
hy moet sy tyd verdeel tussen ons ses. 'n Mens moet heel noukeurig en
stelselmatig wees met jou aantekeninge, eers vergeet ek die helfte en
kon ek die tente nie kry nie en het heelwat onnodig geloop. Ek het slegs
een masel pasiënt maar nou het sy dit aan haar twee klein kinders gegee en nou lê al drie op die grond in die klein en dun tent.

16 Mei. Dis 'n ongewone vermoeiende en druk dag. Met ontbyt vertel
die dokter ons, dat hy al ons rapporte van die week vanaand moes hê.
Ons werk dus hard die hele môre en vanmiddag moes ek by 'n operasie
help - geswel op die lewer – omdat ek die enigste was van die meisies,
wie enige ondervinding van 'n hospitaal gehad het. Dit was 'n lelike geswel: die pasiënt, 'n jong man in 'n erg uitgeteerde toestand; en
lateraan moes ek by hom bly, sodat my arme afdeling die hele middag
verwaarloos word.

Die rapporte wat ons weekliks opmaak, word na die hoofkwartier,
Pretoria gestuur en ons moet die aantal pasiënte in ons afdeling opgee,
hulle ouderdom en geslag en die aard van hulle siekte. Ek vind dit heel
moeilik om te bepaal wie siek genoeg is

om as 'n pasiënt beskou te word; want byna iedereen het die een of
andere kwaal en daar is die hele familie met diarrhee of iets anders, wie
nie as ernstig aangemerk word nie, maar wie tog onder hierdie vreeslike
omstandighede binne 'n paar dae of weke dood kan wees.

Mej. Malherbe is vandag siek - een van ons beste werksters. Ons dink
dat sy influenza of masels het. Geen wonder na ses weke van hierdie lewe en dié in haar teenswoordige uitgeputte toestand. God, gee ons alle
gesondheid en krag vir ons moeilike werk! Vanmiddag word daar vier
doodskissies verby gedra. Ek kon die mans een van ons indrukwekkende
gesange hoor sing terwyl hulle, hulle weg na die begrafplaas neem.
Geluide en gesigte soos hierdie gaan deur murg en been. My maer meisie sal hierdie weg ook wel spoedig volg vrees ek, of liewer, hoop ek. Sy
het nou dysenterie en influenza en kwyn weg. Sy het geheel en al soos
'n idioot geword en weet nie wat sy doen nie. Die hele dag sit sy aan
haar vel en pluk, aan haar neus en oë en naëls en tande. Gisteraand het
sy 'n tand uitgewerk en nou is sy met die ander besig; sy het geen naëls
meer nie, geen ooghare, alles bebloed, en haar gehele liggaampie is vol
wonde. En dan, die blik in haar oë! Dit volg my dag en nag en ek bid
voortdurend tot die Kindervriend, dat Hy haar tot hom sal neem. Die
moeder het reeds twee kinders moes afstaan en veg nou om die lewe
van die arme kleintjie, maar ons weet dat dit tevergeefs is. Daar is vele
kinders in die kamp in 'n soortgelyke toestand. Die winter is in aantog
en as God ons nie help, sal die sterfte in hierdie kampe ontsaglik word.

Vanmôre kry ek nog 'n oorvol tent in my afdeling, drie vroue en se-
wentien kinders: twintig mense

in een enkele tent! Ek merk dat dit niks help om hierdie gevalle aan die Superintendent te meld nie; hy slaan daar geen ag op nie.- Scholtz word deur almal gehaat en gevrees.

Somtyds word daar 'n grappige sy aan gegee. Mej. Findlay vertel my, dat sy 'n paar dae gelede 'n skêrkie verloor het in die kamp, en nou kom daar 'n ou vroutjie agter haar aangeloop, wie sê: Ek hoor, jy het jou skêrkie verloor. Nou ja, ek kan sien, ek het 'n waarsêende gees - luister nou vir my – " jy sal jou skêrkie nooit weer sien nie". Mens moet baie knap wees om die grap in te sien.

Wanneer ons saamkom het ons al ons verskillende ondervindings te vertel en sommige van ons is altyd opgeruimd, nieteenstaande die bitterheid van ons daaglikse lewe in die kamp.

Môre is dit weer Vrydag en dan kom die dames uit Pretoria vir hulle weeklikse besoek aan die kamp. Hulle koms word altyd met vreugde begroet deur die susters en Vrydag is ons één feesdag. Môre kom Mej. Eloff. Ek hoop maar dat sy nuus bring van my tuiste. Dit voel soos jare sedert ek ons liewe "Harmony" verlaat het.

Sommige van die mans het gisteraand weggeloop en nou word 'n groot aantal gevang en na Bombaai gestuur. Hoe juig ons, as die manne die Boere kommando's probeer opsoek!

17 MEI. Voel nie wel vanmôre nie - brandende keel, bewerig – influenza, vrees ek. Ons moet blykbaar almal gesout word en dan sal dit goed gaan.

Mej. Malherbe is heelwat beter maar nog in die bed. Ds. Bosman is hier met die dames van die "klere-komitee". Dit is etenstyd en ek swerf om ons eie tente rond, in die hoop om ons gaste te sien.

Laat vanmôre het ek my gebrande meisie, Poppie van die kamp na die kinder-afdeling laat dra om haar wonden te laat ondersoek deur Dr. Green. Sy het haarself ernstig verbrand en dit lyk erger in pleks van beter.

Ds. Bosman sê my dat Generaal Maxwell weier om ons meer as ses verpleegsters tegelyk te laat hê. Ons mag mekaar elke maand aflos maar daar word nie meer as ses tegelyktydig toegelaat nie. Daar is genoeg werk vir sestig en dit is baie moeilik vir ons, veral wanneer een van ons siek is en haar werk onder die res verdeel moet word, maar ons moet dankbaar wees dat ons nog hier mag bly. Dr. Green sê dat hy nie sonder ons hulp kan klaarkom nie.

Ek het so medelye met een ou vrou hier. Haar seun het gister in die kamp gesterf en sy het nie eers geweet dat hy hier was nie. Die eerste wat sy hoor is dat daar 'n Coetzee dood is en nadat sy om inligting gevra het, kom sy agter dat dit haar seun was.

Die aand. Briewe van die huis af en 'n kis met eiers, tamaties, liekwarte en lemmetjies en veral 'n koorspen wat ek erg nodig gehad het. Ons nuwe dokter het gekom. Sy naam is Neethling. Hy is Afrikaans en 'n groot Boerevriend en hy is jonk en sien daar goed uit. Hy is een van die mediese studente wat vanaf Edenburg gekom het met 'n veld ambulans, toe die oorlog verklaar word en hy het alreeds verskeie interessante ondervindings gehad.

My arme klein Susara gaan baie agteruit en ek hoop, dat haar einde vandag sal kom. Die moeder blyk nog te dink, dat daar alle hoop op herstel is . Arme siel! Op die oomblik is dit my enigste ernstige geval en indien ek môre tyd het, sal ek 'n telling doen in my afdeling om vas te stel hoeveel mans, vrouens en kinders ek onder my sorg het. Enkele van ons gaan vanmiddag na die stasie toe om ons gaste uit Pretoria af te sien. Die wandeling doen ons goed en ons het elke geringe ontspanning hier, leer waardeer.

18 MEI. Vanmôre my telling begin doen, maar ek kan nie meer as twee en 'n halwe ry voltooi nie, omdat daar soveel siekes is in Ry 25. Daar is 'n onrusbarende aantal dysenterie- en influenza-pasiënte – Dit is iets vreesliks. Mens hoor van alle kante niks anders as hoes en stikking nie en soms kan ek my eie stem nie hoor nie, wanneer daar in een tent ses of sewe arme skepseltjies tegelyk hoes.

Die mees ontmoedigende van alles is, dat daar geen kans op beter-skap bestaan, solank hulle snags soveel aan die koue blootgestel word nie - die beste verpleging in die wêreld kan hulle nie genees wanneer hulle op die grond moet slaap nie, terwyl die bitter koue wind deur elke skefie van die misrabele tent gaan. Hulle einde word so seker as niks anders longontsteking en longontsteking beteken in hulle teenswoordi-ge halfverhongerde toestand die dood. Dit is my sesde dag en ek het nog geen enkele sterfgeval gehad nie, maar die siekes word heelwat wat erger as wat dit was toe ek eers gekom het en ek voel wel, dat my goeie tyd verby is. Die koue het nou in erns begin en is vannag intens en ek mag môre wel op vele siekes reken. Ek het opgemerk dat my pasiënte altyd erger is na so 'n bitter koue nag. Dit vries nou hard en wanneer ek opstaan sal my tent heeltemal wit wees en selfs my hare sal bevrore wees. Dit is so moeilik om met bevrore vingers die stywe toue van die tent los te trek. Iréne was altyd beskou as 'n warm plek, maar nie deur iemand, wie die ongeluk gehad het, om hier 'n winter onder seildoek deur te bring nie. Die klein Susara leef vanmôre nog, as dit lewe genoem kan word. Ek word voortdurend vervolg deur die oë van daardie kind en haar klaaglike sugte om "water, water,[22]" elke oomblik van die dag. O, God, waarom moet klein kinders so ly?

Ek kan dit nie begryp nie. Dit is erg genoeg om groot mense in ellende te sien, maar hulle het verstand en leer dikwels om geduldig te wees met hulle lyding, maar kinders kan dit nie begryp waarom hulle soveel moet deurstaan nie. Dit is wreed en my hart breek as ek so weinig kan doen om hulle te help.

Mej Malherbe is nog in die bed, baie ongeduldig met haar gedwonge ledigheid.

'n Dankbare pasiënt skenk my twee vierkleur-koppies vanmôre. Sommige van die mense kla altyd en dit is ook heeltemal natuurlik onder die gegewe omstandighede, maar ek is altyd bly om die vrolikes te sien wie hulle ongelukkige omstandighede met moed en dapperheid aandurf. 'n Vrou, wie my kouse gestop het en verstelwerk vir my doen, sê dat sy haar rekening sou stuur, as ek myne stuur vir die verpleging - geen van my argumente kon haar daartoe beweeg om enige betaling aan te neem nie en ek was sterk getref deur haar fyn gevoel en dankbaarheid; want dit is geen kleinigheid vir hierdie arme vrouens om die kans te laat verbygaan om enige geld te verdien, waarmee hulle klein benodigdhede vir hulle kinders kon koop nie.

19 MEI. Daar is vanaand droewige harte in "Klip Laer" (die naam wat Mevr Armstrong aan die deel van die kamp gegee het, om rede die vele rotse rondom ons tente); want ons is byna almal siek en daar is soveel ellende in die kamp. Ek staan op met 'n miserabele gevoel

---

[22] Water-onthouding a.g.v. bygeloof.

en die eerste, wat ek hoor, was dat Mej. Malherbe só siek was, dat Mevr Armstrong haar na haar huis moes neem en môre 'n ander verpleegster vanaf Pretoria saambring. Mej. Dürr is ook nie wel nie. Die hele nag hoor ek haar hoes, 'n kort droë hoes. Die lewe hier is erg genoeg om enige gestel te ruïneer. Ek is heel verontrus deur die groot aantal gevalle van dysenterie in my afdeling en ek het 'n lys daarvan gemaak vir die dokter, omdat die verantwoordlikheid vir my te groot is. Mevr. Armstrong sê dat vele kinders hier sterf aan dysenterie, veral wanneer hulle in die eerste plek verwaarloos was. Maar wat help dit om dit aan die dokter te vermeld? Hy het nie tyd om hulle almal te besoek nie en, as hy hulle nog kan sien is die enigste, wat hy hulle sê, om geen vleis te eet nie en nie van die slegte koffie te drink nie, maar dit genees hulle nie. As daar geen gort in voorraad is nie, kan hulle geen gortwater maak om te drink nie, en is hulle genootsaak om hulle rantsoen te eet. Medisyne alleen kan hulle nie genees nie – hulle moet voedsame etes hê. Die ellende en die lyding sny deur my siel vanoggend. Dit was vannag vreeslik koud en die mense het ontsettend gely. 'n Snyman familie, van die Bosveld, bestaan hoofdsaaklik uit ou, ou mense, wie die hele nag nie warm kon word nie. Hulle sê, dat hulle in die nag uit hulle huise gehaal was en op 'n muilwa gelaai was en voortgejaag was totdat hulle by Eerste Fabrieke aangekom het, waar hulle in 'n trein geplaas was en na Pretoria gebring was. Die weinige dinge, wat hulle op die waens saamgebring het, word snags deursoek en die Engelse laat hulle nie toe om hulle op te hou deur enigiets op te raap nie. Hulle weet nie wat die rede was vir die wanhopige haas nie, maar die arme muile was geheel en al uitgeput toe hulle, hulle bestemming bereik het. En dan word die oue mense in 'n dun tent gestop, sonder voldoende bedekking vir die nag, koud tot in die murg van hulle oue bene. Tensy ek meer kan doen om hierdie mense te help, glo ek nie dat ek die lewe veel langer sal kan uithou nie. Wat baat dit om rond te gaan en simpatie te betuig? Ek wil dat ek hulle matrasse, dekens en warm klere kan gee en die voedsel wat hulle kry moet verander word. Soms is die vleis so sleg, dat hulle selfs nie sop van kan maak nie en gewoonlik het hulle geen rys of gort om sop van te kook nie, selfs al was die vleis goed. Ek weet nie hoe hierdie mense die winter kan deurworstel nie, veral die wie nou net van die Bosveld gekom het nie. Ek voorsien 'n ontsettende sterfte gedurende die eerste paar maande. Daar word van gepraat, om 'n kamp soos hierdie, in Soutpansberg op te rig sodat hulle kan teruggaan na die klimaat waaraan hulle gewoond was. Ek hoop dat dit waar is; Dit sal 'n pragtige inrigting wees, maar ek sou al my mense verloor want my afdeling bestaan hoofsaaklik uit Soutpansbergers, wie alles sou gee wat hulle besit, (dog hulle besit niks om te gee nie) om terug gestuur te word na hulle eie distrik. Die Engelse moes al die mense gelaat het in die distrikte waaraan hulle behoort het, en hulle nie aan sulke groot verskille van klimaat blootgestel het nie.

Gistermiddag word 'n groot kudde vee die kamp ingedryf op die hoogte teenoor my tent. Ons word vanmôre gesê, dat die Engelse dit juis van die Boere afgeneem het en hulle vrees blykbaar vir 'n terugneming want die sein ligte en soekligte werk die hele nag.

Ek wens dat ons meer dokters gehad het; ons weet nooit

wanneer om ons pasiënte na die apteek te stuur om Dr. Green te spreek nie, omdat ons nooit seker kan wees dat hy daar sal wees gedurende die spreekure nie. Dit is onmoontlik vir 'n dokter om die toesig te hê oor die hospitaal, die apteek en sy deel van die werk in die kamp en Dr. Neethling het sy hande vol in die kamp, sodat ons werklik 'n derde dokter moes hê.

20 MEI Vir die eerste keer sedert ek hier is, het ek laat gistermiddag tyd kon vind om die begrafplaas te besoek saam met mej. Celliers. Dit is ongeveer twintig minute se loop van die kamp af en dit is met draad omhein. Daar moet wel honderd grafte wees. In elke graf word twee of drie mense begrawe. Laat gisteraand vra Dr. Green my om in die kamp 'n vrou Venter te laat haal om in die hospitaal by haar suster te waak, aangesien daar een van die proef-susters siek is. Dit was donker en heel koud, maar ek neem 'n lantern en verheug my nogal daarin met die vooruitsig van my eerste ekspedisie na die kamp na donker. Ek vind die Ry en Nommer sonder veel moeite, maar die mense slaap en is erg verskrik deur my laat besoek en dog dat haar suster sterwende was en dat sy geroep was om teer afskeid te neem. Sy is erg siek en ons ver-wag geen beterskap.

Snags is die kamp nogal stil. Die meeste tente is in volslae donker en alleen die geluid van hoes word oral gehoor. In enkele tente brand 'n lig en was die mense aan die psalms sing en bid of word daar 'n jeugdige stem gehoor, wie uit die Bybel lees, meestal 'n jong man of meisie in die familie wie 'n bietjie "geleerd" is. Dit is wonderlik om te sien hoe geduldig die arme mense is.

Soms as ek met dagbreek ontwaak, hoor ek in die kamp gesange en in die aande laat sing en bid hulle in die koue en duisternis. Sondae is daar geen einde aan die musiek nie en omdat hulle in verskillende tente saamkom en 'n half dosyn verskillende psalms tegelyk sing is die geluide, wat van die kamp aangedryf kom, onbeskryflik. Een ou vrou van oor die 60 noemd my gister "my ou moedertjie." Sommige ander name wat ek kry is : "nurse", "suster", "tante", "dokter", "niggie", "my ou sussie" en meer as eenkeer het ek die kinders hoor sê: "Daar loop die Rooi Kruis," of "die dokter se meisie" en eenkeer het ek selfs iemand hoor sê: "Daar gaan die medisyne."

LATER. Ek was juis weggeroep om my tweede nagtelike tog na die kamp te maak. 'n Jong knaap van 12, wie ek vanmôre na die hospitaal laat dra het, is juis oorlede en ek moes aan sy familie die treurige nuus gaan meedeel. Dit was vreeslik om in die koue donkerte in die tent te kruip en die mense wakker te maak om aan hulle sulke nuus mee te deel; maar hulle was heel stil en blyk nie te besef wat daar gebeur het nie. Naderhand kom hulle almal na die hospitaal en dra hulle die lyk na die Kraam-afdeeling, wat juis ledig was. Hy sien lief en rustig daar uit; elke spoor van pyn is weg. Dit spyt my dat ons hom hierheen gebring het want ieder sterfgeval gee die hospitaal weer 'n slegte naam en vermeerder die vrees, wat die mense het vir die hospitaal. Ons doen wat ons kan om die ernstige gevallen hierheen te laat bring; maar die bloedverwante weier hardnekkig en wag meestal totdat daar geen meer hoop op herstel is en met die gevolg kom vele alleen hier om te sterf. Dit is my eerste sterfgeval, sedert ek 'n week gelede hier aangekom het. Vandag was dit net alles dood en graf gewees; die meisies het almal droewige verhale en mens moet wel sterk senuwees hê om so alleen te slaap in so 'n treurige nag. Dit is vanaand nie so koud as gewoonlik nie, maar so aaklig treurig en die wind is erg genoeg om iemand gek te maak. Ek moet beken, dat ek vanaand senuweeagtig was - ek, wie vroeër nooit geweet het wat senuwees was nie. – As die storm maar net wil uitbreek, sou dit my min geskeel het, dog die lang dodelike stiltes met plotselinge vlae, maak my bang. Ek wens ek het geselskap gehad.

Orals om ons heen is groot veldbrande en ek weet vir seker dat as die vonke hierheen waai en ons gras aan die brand steek, die tente ook sou gaan.

Die meisies lag oor my vrees; maar ek weet maar al te goed, wat veldbrande kan doen in 'n winderige nag.

Wel, ons is almal in Gods hand en ons moet vertrou, dat Hy ons veilig sal bewaar, maar ek het gedurende die laaste agt dae genoeg ellende gesien om die sterkste senuweegestel te skok.

22 MEI. Het gister niks ingeskryf nie, maar dis geen wonder in so 'n tyd, as wat ek deurgemaak het sedert eergister nie. Geen enkele oomblik rus nie en ook nog my werk net half gedaan; dit maak dit so onbevredigend. Terwyl ons gister aan ontbyt was, kom Mevr. Armstrong terug van Pretoria en vertel my dat my moeder in my tent was. Ek vlieg na "Klip Laer" in my moeder se arms in en toe ek ophou om haar te kus, vind ek agter my tante Clara, wie wag op 'n omhelsing. Wat 'n verheuging. Dit is heerlijk om gesigte van tuis te sien op 'n eensame plek! Ek neem hulle mee na my wyk en laat hulle by 'n paar ou vriendinne, terwyl

ek my môrewerk doen. Toe ons teen middagete in my tent saamkom,
het ons soveel te vertel dat ons almal tegelyk probeer praat het en niemand iets kon verstaan nie. Ons het wonderbaarlike verhale te vertel en
dit lyk asof hulle meer van die kamp gesien het in een môre, as wat ek
in meer as 'n week gesien het. Mama het monsters suiker, meel en koffie om saam te neem huis toe as "aandenking". In die suiker was 'n hele
kop van 'n akkedis! Hulle was te veel onder die indruk van al die ellende
in die kamp om die uitnodiging na die veldtent te aanvaar en eet in my
tent, waar Dr. Neethling naderhand na ons toe kom. Na wat vir my soos
'n eindelose ballingskap gelyk het, was dit heerlik om nuus van die huis
en van die oorlog te hoor (hier hoor ons nooit iets van die oorlog nie)
en ons praat totdat ek terug moes gaan na my werk toe. Ons maak
planne om op die een of ander wyse die lyding te versag en dit is 'n
troos om te weet dat vriende met geld en met invloed vir ons aan die
werk is in Pretoria. Mama bring my 'n enorme tas met allerlei flanel,
kleeding, voedsel, medisyne, soetlemoene, heuning en vele ander
benodigdhede vir my pasiënte.

My arme klein Susara is dood toe ek gister môre daar kom - sy het
haar laaste asempie uitgehoes om 8 uur die vorige aand. Ek neem Mama
daarheen om die arme wesentjie met haar geknypte gesiggie te sien en
sy is ontstelt toe ek vertel, dat die kind so gelyk het gedurende haar
lewe. Die arme moeder het die skepseltjie drie maande lank in haar
arms gedra en voel nou so verlore en so eensaam. Orals sien ek haar in
die tente; waar siekte is, is sy te vinde met haar liewe moederlike, geduldige gelaat. Sy sê dat dit die derde kind is, wat sy op dieselfde

wyse moes afstaan, sedert sy in die kamp gekom het. Die volle naam
van die kind, soos ek van byna alle gevalle waaroor ek skryf in my dagboek, is aan my bekend, maar ek het dit nie hier genoem nie, omdat dit
vir die meeste van my lesers en leseresse niks sê nie.

My liewe bloedverwante bring 'n besoek aan die begraafplaas en laat
in die middag begelei Mej. Celliers en ek haar na die stasie. Op ons pad
terug snel 'n vrou na my toe om te sê dat haar seun baie pyn het en dat
sy na my gesoek het. Ek vind in 'n heel oorbewone tent 'n jong knaap
van ongeveer 10 jaar wie daar sleg uitsien - heel blou om sy lippe en
kreunend van die pyn. Ek snel na die hospitaal en was so gelukkig om
Dr. Green te kry, wie dadelik met my teruggaan na die kamp. Nadat hy
die knaap ondersoek het, sê hy, dat dit 'n hewige longontsteking was en
dat die pasiënt na die hospitaal moes vervoer word; maar die moeder
wil daar niks van hoor nie en al my oorredingskrag was sonder gevolg.
Die dokter was heel boos en wil niks met die vrou te doen hê nie; maar
sê my om dadelik mosterdpleisters aan te lê en dit gedurende die nag te
vervang. Ek was erg ongelukkig oor die arme knaap, en omdat die moeder hom nie na die hospitaal wou stuur nie, besluit ek om hom te red as
ek kon, in sy eie tent. Ek kry alle voorskrifte van die liewe Mevr. Armstrong, wie nooit te vermoeid of te uitgeput is om ons te help nie, alhoewel sy die hele dag hard gewerk het en veel ly aan indigestie. Dit was
heel laat, toe ek gereed was met my pleister en teruggekom het van die
kamp af, nadat my pasiënt gemaklik gemaak het vir die nag. Sy het selfs
nie eers 'n kers nie en ek moes hulle myne gee en dit was een van die
redes

waarom ek gisteraand niks in my dagboek geskryf het nie. Ek kon slegs
'n heel klein stukkie kers in die hande kry, waarby ek my kon uittrek -
dit is hier 'n heel skaars artikel. Vanmôre was die knaap veel beter, tot
my groot vreugde en tot grenslose dankbaarheid van sy moeder. Ek was
so opgewonde en senuweeagtig na die avontuur van die dag, dat ek die
helfte van die nag wakker lê en seker was, dat daar 'n Kaffer onder my
bed lê; daarom besluit ek om Mej. Celliers te vra, om na my in my tent
te kom en daar lê sy nou teenoor my, rustig en slaap. Dit is vir my my 'n
groot troos om haar te hê en ons was heel bly om haar tent te kon
gebruik as 'n soort van provisie-kamer vir al die goed wat ons uit
Pretoria ontvang het. Vannag hoop ek om vas te slaap - ek sou spoedig
dood gaan as ek alleen moes slaap en geen wonder nie. Mens sien sulke
vreeslike dinge in die kamp. Een van my klein meisies het 'n groot
geswel aan haar agterkop en ek moes haar vanmôre na die hospitaal
neem om dit te laat lans. Vandag was die werk in die kamp eindeloos.
Daar is nuwe orders vir melk uitgee (blou kaarte) en ons moes van tent
tot tent gaan om die oues terug te neem en die nuwes uit te reik.
Daama moes ons 'n lys maak van die verskillende siektegevalle vir die
weeklikse rapport vir môre en eindelik vra Dr. Green ons om pre-sies uit
te vind hoeveel mans, vroue en kinders ons het in ons afdelings; dit alles
bykomstig op ons gewone werk van temperatuur-opneem, medisyne
voorskryf, orders uitskryf vir sago, melk, rys, gort, arrowroot ens. ens.
My onvoltooide telling was vir my tot 'n groot hulp. Ek kry een van my
pasiënte met 'n splinter-nuwe seun, wat met "hoenderkraai" aangekom
het. Daar word heelwat nuwe

wêreld burgers verwag en helaas, in die meeste gevalle is daar nie 'n enkele ding gereed nie en moet ek die moeders voorsien uit ons skamele voorraad.

Ek kon vanmôre nie meer as twee rye voltooi nie en teen donker was my stem geheel en al weg en was ek heeltemal te moeg om na die hospitaal op te kruip. Mej. Celliers is swaar verkoue, ons is feitlik almal siek en ons moet onsself met bloekom-olie (Eucalyptus-olie) ens. dokter. Stel u voor, liewe dagboek, wat die parmantige Boere vanmôre met dagbreek aangevang het! Hulle ry na een van die "koppies" dig by die kamp en dryf 500 stuks vee en 'n paar esels weg. Daar is orals klein komando's om ons heen.

HOOFSTUK III

23 MEI. 'n Nogal bevredigende dag.

Ek het verbasend veel werk afgehandel: my weeklikse rapport gereed vir die dokter, my telling voltooid, al die melkkaartjies uitgegee en bowendien dosyne siek mense behandel. Ek het die grootste gedeelte van die dag deurgebring by 'n sterwende kindjie. Die arme skepseltjie het juis heengegaan, toe ek die kamp verlaat; maar ek kon nie daar bly nie, omdat ek te siek was. My stem het geheel en al verdwyn en ek kon die hele dag nie harder as met 'n fluister praat nie.

Die Boere is soms heel einaardig met nuwe geneesmiddels. Toe ek die eerste keer die sterwende baba gaan besoek, was haar ouers juis besig om haar 'n eetlepel honde-bloed te gee en die arme hond sit buite met 'n gewonde oor, waaruit die bloed nog drup. Ek sê hulle, dat dit geen kwaad kon doen nie, maar ook geen goed sou doen nie en dat hulle die kind liewer nie moes pla nie en tog, toe ek weer 'n uur later kom, was hulle op die punt om hom 'n warm mosterd-voetbad te gee. Ek belet hulle dit en vertel hulle dat niks daaraan te doen was nie. Hulle was ontroostbaar want dit is hulle enigste meisie.

Daar is meer van my kinders wat daar heel sleg uitsien. Vanmôre was daar weer 'n kindjie gebore.

Dit gebeur in 'n tent waar daar reeds elf is en waar armoede, siekte en ellende heers.

0! Ek sou wou, dat daar geen meer kinders gebore word in hierdie kampe nie!

Mevr. Stiemens van Pretoria het gekom om die plek van mej. Malherbe in te neem. Ons is so dankbaar dat sy gekom het, daar is so veel te doen en sy sien daar sterk en gesond uit. Goeie nuus van die veld. Die Boere het weer verskeie treine geneem. Die vee, wat hulle gister geneem het, behoort aan 'n sekere Erasmus, een van die ellendige "handsuppers" in die kamp wie nooit geveg het vir sy vaderland nie, maar slegs probeer het om soveel moontlik te behaal deur munt te slaan waar hy maar kon. Mevr. Armstrong wou een van sy koeie koop vir 'n vriendin in Pretoria, maar hy vra haar £ 20-0-0, waarop sy vir hom sê, dat dit te veel was en dat hy nie so onafhankelik met sy vee hoef te wees nie, want die Boere sou dit nog op 'n goeie dag alles wegvat. Die Boere het dit nou werklik gedoen en ons vreugde daaroor is groot. Hulle het vandag 'n hele paar skape geneem om 'n verandering te maak in hulle kostes.

'n Groot aantal gevangenes uit Kaapstad was hierheen gebring na hulle families toe.

Arme Mej. Findlay is nou siek. Ons dink dat sy masels kry! 'n Sekere Mevrou Nel in my wyk het haar man verloor vlak voor die oorlog en vier van haar seuns is gevangene geneem; sy weet nie waar hulle is nie en sy is hier met drie kleintjies, baie broos en vreeslik arm.

In my weekverslag was daar nie minder as nege en twintig met influenza en meer as dertig met diarrhee. Slegs drie masels gevalle. As ek my telling noukeurig opgeneem het, moet daar ongeveer 710 mense in my wyk wees, waaronder gelukkig nie meer as 100 mans nie. Die ander meisies het baie "handsuppers" in hulle wyke.

24 MEI Die kindjie Pietersen sterf gisteraand, kort nadat ek die kamp verlaat het. Vele ander gaan spoedig :- longontsteking, brongitis, pleuritis, ens., rig groot verwoesting aan onder ons kleintjies. Dit was 'n uitputtende dag gewees en ek is vanaand te moeg en te treurig om te skryf.

25 MEI Liewe dagboek, daar was groot ontevredenheid gewees in "Klip Laer." Die eerste wat ek vanmôre sien, was dat die mans besig was om twee rye tente by my wyk te voeg en ek vlei myself alreeds, dat my klagtes uitwerking gehad het en dat hierdie nuwe tente opgesit word vir my reeds oorbevolkte wyk; maar helaas, dit was nie so nie.

Op my navraag verneem ek dat daar 'n menigte mense aankom vanaf die distrik Rustenburg en die nuwe tente was opgesit om hylle te ont-vang, met die gevolg dat my tente met 16, 17 en 19 mense sal moet bly soos dit is. Ek vrees dat dit nie vir my moontlik sal wees om die nuwe rye by te neem saam met die wat ek reeds het nie. Ek is nou alreeds oorwerk en ek het vandag in die kamp twee vreeselike hoesbuie gehad, wat my heeltemal uitgeput het. Mej. Celliers is bereid om ry 25 oor te neem, maar my pasiënte wil nie verander nou dat hulle aan my ge-woond is nie en miskien is dit maar beter om te wag totdat ek merk dat die werk gans te veel vir my word.

Daar gaan vreemde gerugte rond in die kamp.

Mense sê dat Generaal Pretorius vlak by ons lê met 'n groot kommando en dat hy 'n brief gestuur het na een van die beamptes hier om te sê
dat, indien hulle enige waens sou uitstuur, die Boere hulle 'n goeie hoeveelheid droë hout sou stuur vir die vroue en boonop 'n aansienlike
voorraad van die beste vleis - omdat wat hulle van Erasmus geneem het,
meer was as wat hulle kon gebruik. Ons is almal woedend vir Scholtz,
die Superintendent, wie die grootste niksnuts is wat nog ooit geleef het.

Hy maak die lewe vir ons arme mense 'n las en hy probeer nog steeds
om ons uit die kamp te werk. "Die vrouens en kinders het te veel
kleintjies gemaak, sedert ons ons werk begin het en ons red te veel
lewens en dit mishaag hom." Daarom ontvang die dokter vanmôre 'n
brief van hom, om te sê dat daar in die vervolg geen kaarte vir melk,
medisyne ens. deur die susters uitgegee mag word nie en dat geen
order uitgevoer sal word indien dit deur een van die dokters onderteken
is nie. Natuurlik weet hy wel, dat dit onmoontlik is vir die dokters om die
hele kamp deur te gaan om te sien waar kleinighede nodig is, soos 'n
dosis kasterolie, 'n paar hoes-balletjies of quinine-pille.

Hulle het hulle hande vol om die ernstige gevalle na te gaan en ons
verpleegsters kan maar net sowel teruggaan na Pretoria, as ons nie van
enige praktiese nut kan wees in die kamp nie. "Mediese luukse artikels[23]"

Dit is dikwels genoeg "nie in voorraad nie"; maar, indien daar is moet
ons dit kan kry vir ons pasënte. Die beker loop uiteindelik oor, toe
Scholtz sê dat hy die besondere voorrade moes sien, wat aan ons
gestuur word en moes

---

[23] Dit sluit in Rys, Sago, Gort, Tee, Cacao.

weet, aan wie ons daarvan gee. Dit is hoogs onredelik en ek weet verseker, dat hy geen reg het om daarop aan te dring nie; want die
goedere wat na ons gestuur word deur ons vriende is ons eiendom om
te verdeel soos ons wil. Vanmiddag is een van my pasiënte aan malaria
koors oorlede.

26 MEI. Hoewel dit Sondag is, het ek 'n erge druk dag gehad. Ek
besoek elke tent in my wyk en vind drie nuwe gevalle van masels, 'n
beeldskone nuwe baba, twee arme klein lykies en veel meer vreemde
"dinge". Wat sien mens nie als op hierdie môre rondes nie? As ek 'n
goeie skryfster was, sou ek in staat wees om 'n interessante boek oor
die onderwerp uit te gee, maar vir nou kan ek slegs enkele aantekenings
maak vir eie gebruik later. Ons is almal so bly en opgewonde omdat die
Boere in ons buurt is en omdat vanmôre heelwat skote gehoor word.
Mej. Dürr sê dat sy ook 'n paar kanonskote gehoor het in die nag en dit
kan heel moontlik so wees, want daar word dikwels geveg by helder
maanskyn. Ons het in die laaste dae wonderlike gunstige weer gehad, in
die geheel glad nie koud snags nie, maar erg winderig en onplesierig
gedurende die dag. Die hele middag verdring vrouens en kinders mekaar
by ons tente met bestellings vir mieliemeel, seep, kerse ens., wat ons
nou uitdeel uit ons "provisietent" langsaan, sedert Scholtz 'n einde
gemaak het aan ons uitskryf van orders vir die apteek.

Dit bring 'n massa ekstra werk mee vir ons, omdat ons nou geen rus
kry nie, selfs in ons tente; maar die mense ontvang beter goed en word
nie afgesnou nie

en dit is al genoeg beloning vir ons moeite. Waarom sou Scholtz so daarna verlang om ons hier uit te werk? Dit lyk of dit sy enigste begeerte is en tog is ons hier alleen om die ellende te verlig en indien ons alles wat verkeerd is aan die dag bring en allerlei onaangename gevalle aanmeld, is dit slegs 'n deel van ons werk. Gister was die rantsoen vleis buitengewoon sleg. Ek maak 'n paar kokende potte oop en die stoom, wat daaruit kom, maak my mislik voel; iedereen kon sien dat die vleis bedorwe was. En dan kry die mense nie weer vleis voor Woensdag nie - slegs tweemaal in die week. Ons praat gisteraand oor die rantsoene wat uitgereik word toe Dr. Green sê, dat dit vir 'n gesonde, volwasse mens nouliks genoeg was om van te leef. Stel u voor swak kinders, wat leef van 2 onse meel per dag, met niks om dit smaaklik mee te berei nie. Dit is onmoontlik en daar kwyn dan ook honderde van ons kleintjies weg deur gebrek aan geskikte voeding.

Ek glo dat ons onweer gaan kry. Die hemel is erg swart in die Weste en ek hoor die gerommel van donder in die verte. Reën sou 'n ramp wees in hierdie "lugtige" tente. – Daar word juis geroep : vrou ernstig siek in ry 25.

27 MEI. 'n Betreklike ligte dag. Met die gunstige weer is ons wyke altyd in 'n veel beter toestand en dan word ons vroliker as gevolg van jeugdige veerkrag. Ons sewe Boere kan heel goed saamwerk, Liewe dagboek en dit maak ons vry ure heel genoeglik. As ons maar kon voortgaan sonder verandering! Dit sal so jammer wees indien 'n onsimpatieke siel ons geharmonieerde kring sou binnenkom. "Dandy", soos ons

Dr. Neethling noem, omdat hy altyd so keurig netjies is, is 'n ideale dokter en word deur almal in die kamp vereer.

Hy is altyd besielend en vrolik en so doeltreffend vir ons arme siekes. Mej. Findlay is heel siek en haar wyk word geheel en al verwaarloos omdat ons geensins tyd het om daaroor toesig oor te hou nie. Mevr. Vlok word vandag verwag om haar plek in te neem maar het nie gekom nie, moontlik omdat dit 'n algemene vakansie-dag is en alle kantore in die stad gesluit is. Die ander meisies het 'n paar baie droewige sterfgevalle gehad. Een vrou, genaamd Ruttenberg, het·vanmôre twee kinders verloor en die derde is sterwend. Die eerste sterf 'n week gelede en die vyfde is ook siek. Haar man veg nog en hy weet niks van die vreeselike nuus wat op hom wag nie.

'n Sekere Mevrou Snijman sterf vandag, 'n jong·vrou van 25 jaar, wie drie jong kinders agterlaat, wie se vader ook nog in die veld is. Die treurigste hiervan is, is dat haar suster, Mevrou Oosthuizen, 'n vroutjie van 20 jaar verlede week oorlede is en 'n baba van ses maande agtergelaat het. Al hierdie klein weesies was opgeneem deur verskillende familielede. Mevr. Armstrong vertel my dat sy die baba gaan sien het en toe agterkom dat die mussie met 'n strokie "krip"(swart sy) omgesoom was!

Mevrou Steenberg van Bronkhorstspruit het twee kinders verloor op haar plaas en drie hier in die kamp. Een van die drie was 'n getroude dogter, Mevrou Theunis Christoffel Botha, wie hier gesterf het met haar vyf kinders. Die mans veg nog.

Dr. Green wil dat ons nagaan "vir ons eie wete", hoeveel kinders lewend en dood, die vroue in ons wyke ooit gehad het. Hy vind dat dit 'n goeie kans is wat nie verwaarloos mag word nie, om statistieke op te maak en dit sou ook wel die moeite werd wees, indien ons die tyd daarvoor sou kon vind. Ek weet van twee vroue, wie sewe kinders het onder nege jaar.

Die matrone vertel my 'n aardigheid van 'n jong man, wat voorheen na die hospitaal gebring was. Hy word op sy sy gelê in 'n skoon bed waar hy die ganse dag onbeweeglik lê en toe hy dit uiteindelik nie meer kon uithou nie, vra hy verlof om op die ander sy te kan lê, belowende om die bed nie slordig te maak nie! Geen wonder, dat hulle almal so bang is vir die hospitaal!

28 MEI. Vanmôre skietery gehoor. Ek voel ellendig - erge hoes en koue in my kop; mens skud in hiedie dun tente 'n kwaal nie maklik af nie. Vanmôre was my dekens en klere bedek met ryp wat deur alles blyk te kom. Daar is baie siekte in my wyk en ek moes sewe ernstige gevalle aan die dokter meld. Arme mej. Findlay het baie pyn en slaap sleg vannag. Alles is onbeskryflik treurig. Al my babas is siek, arme klein skattjies en tog lyk hulle so soet en geduldig. Hoeveel medelye het ek nie met hulle nie!

30 MEI. In die bed. Vandag is dit Donderdag en ek het niks bygeskryf sedert Dinsdag nie; maar ek was siek in die bed met 'n hewige aanval van influenza. Ek werk Dinsdag die hele dag met 'n temperatuur van oor 38° en teen die aand was ek so siek dat ek in die bed moes klim. Die koorts styg tot oor 39° gedurende die nag en ek bring 'n vreeslike tyd deur met pynlike ledemate rondwoelende, hoestende en niesende met 'n splitende kopseer.

Mama kom tot my groot verbasing en vreugde maar ek was te siek om haar besig te hou en lê haar stil aan te kyk en luister na al die nuus, wat sy te vertelle het. Sy wil my meeneem na die huis toe, maar ek was nie in staat om te reis nie.

1 Junie. Nou kan ek my 'n goeie voorstelling maak van hoe die mense ly, as hulle siek is. Ek is heel swak en sou kon sterf van melankolie en neerslagtigheid en Dandy het my behandel met 'n opknikker drankie, maar ek vrees dat ek na die huis toe sal moet gaan. Dit baat niks om hier te bly nie - mens word nie beter in hierdie ongelukkige tente nie. Die wind kom nou na binne gestorm op my, 'n koue, stowwerige wind wat my hoes veel erger maak. Om siek te wees op hierdie plek - maar genoeg van my self en my lyding.

3 Junie. Die laaste drie dae was die vreeslikste wat ek ooit deurleef het. 'n Besondere windstorm dag en -nag en die koue was verskriklik en dan die stof! Die woorde ontbreek my. Ek kan die arme vroue en kinders maar net nie uit my gedagte verban nie en dan my verwaarloosde wyk! Die tente word aan flarde geskeur deur die wind wat hom uithuil teen die doek en wolke van fyn, skerp stof wat binne dring deur alles. Ek het nog nie weer my werk begin nie maar kan nie huis toe gaan, terwyl daar soveel siekte is nie. Moet my môre maar weereens inspan om na die kamp te gaan. Gister het ek besoek van Pretoria ontvang, liewe jong vriendinne wie vir my Marie-koekies, koekies, suikergoed, sjokolade, kakao en vleis-ekstrak bring en ons almal opvrolik deur hulle blye gesigte; maar ek glo nie dat hulle ooit hulle dag in die kamp sal vergeet nie. Hulle was die hele dag yskoud en neem sowat 'n ton stof van Iréne saam huis toe.

4 Junie. Die koue is deurdringend en my hande byna te styf om 'n pen vas te hou. Ek het die hele dag gewerk en ek vind my wyk in 'n hopelose toestand. Die weer is nou heerlik, stil en sonnig, maar snags bitter koud met die gevolg dat daar veel meer siekte as gewoonlik is.

Mej. Celliers vind gister in een tent twee kinders dood aan masels en 'n derde sterwende.

My wyk is ontsaglik groot, noudat die nuwe mense gekom het. Ek gaan deur hulle tente, maar vind iedereen gesond en bruin, vars van hulle plase. Ek sal, Goddank, in dié rye vir eers geen werk hê nie. Daar het 'n verandering in ons staf gekom. Mevr. Armstrong en Sophie Dürr is huis toe en Mevr. Vlok en Mary Dürr is in hulle plek. Die eerste twee was totaal uitgeput en moes huis toe gaan om uit te rus.

Daar is 'n kranksinnig meisie van ongeveer 25 jaar in my wyk.

My mandjie bevat 'n eienaardige versameling van dinge wanneer ek smôrens na die kamp gaan: ½ doz.kerse, 'n paar stukke seep, flessies kaster-olie, soet olie, brandewyn, lewertraan, hoesballetjies, soetlemoe-ne, lekkergoed en 'n menigte ander dinge en in my sak, 'n termometer, 'n vulpen, melkkaartjies en twee opskryf boeke. Moeg en belaai is ek dan, want my mandjie is swaar en ek het dikwels nog flanel of 'n kombers boonop om na die een of andere behoeftige pasiënt te neem.

Daar is vele beproewings in ons daaglikse lewens maar die moeilikste van alles is ons absolute hulpeloosheid en dat ons, met al ons harde werk, nog so weinig kan doen om die nood rondom ons te lenig.

5 Junie. Ek sit in my tent en wag op Dr. Green, wie vanmôre met my deur my wyk wil gaan. Hy is nog besig in die hospitaal, waar daar skynbaar veel te doene is en ek het die tyd deurgebring met daardie ellendige boek, getiteld ,"Pretoria from within, during the war", deur te kyk. Die skrywer publiseer veel interessante dinge, maar vreemd genoeg, vergeet hy om 'n afskrif te gee van die eed, wat hy onder ons Regering aflê, sodat hy in Pretoria mag bly gedurende die oorlog. Maar laat my liewer van mans en boeke soos dié afsien op hierdie skone môre. Dit is die heerlikste dag en my hart is vol herinneringe, terwyl ek in my stille tent sit en staar na die landskap voor my : die kamp met sy honderde tente, die verre heuwels bedek met duisende en nog eens duisende weiende skape, die bloue hemel en die skitterende sonskyn.

Dit is die gedenkwaardige 5de Junie, die eerste verjaardag van die intog van die Engelse in Pretoria. Dit is ook die drie-en-twintigste verjaardag van Frits en presies een jaar, sedert ek hom laas gesien het. My dappere broeder! Waar is hy vandag en watter gesigte omring hom nou ? Wanneer sal ons dit weet en wat sal ons hoor, wanneer ons kommando's terugkomen uit die veld?

Later. Die dokter kom my laat haal: daar was so veel te doen in die hospitaal en ons kon alleen na die ernstige gevalle gaan. Dit was 'n onbevredigende dag gewees.

6 Junie. Ek het 'n baie moeilike dag gehad en was dodelik vermoeid vanaand.

Ek begin my oggend deur 'n lys te maak van die verarmde families in my wyk en vind, soos ek verwag, dat dit byna almal gesinne van vegtende burgers is;. Hulle is sonder uitsonderling die behoeftigste, want hulle word vervolg deur die "handsuppers", hulle het geen man-volk om hulle te verdedig en te help nie, hulle ontvang die slegste rantsoene en moet hulle self help sovêr brandhout en kole betref en in iedere denkbare opsig word hulle lot veel moeiliker gemaak as die van die "handsupper"-vrouens en -gesinne. Ek het vanmôre 'n stapel dekens uitgedeel en fianel en warm klere en baal vir rokke en helaas, ons voorraad raak op. Die weer was gunstig vir ons werk - dit was 'n pragtige dag.

Die rantsoen vleis, wat gister uitgedeel was, is meer as skandalig. Geen van die mense kon dit gebruik nie en ek sien dit orals in my wyk op die toue van die tente hang om in die son uit te droog. Sulke aaklige goed! Ongeskik vir 'n hond om te eet en as ons kla, word Scholtz en sy beamptes woedend, asof ons 'n groot sonde begaan. En die melk, wat die siekes mag ontvang, word elke dag meer waterig en as ons protesteer kry ons tot antwoord: "Doen dan maar daarsonder." O, dit is tog 'n droewige wêreld! 'n Arme ou vrou in my wyk, een van die Prinsloo's, het elf seuns en skoonseuns in die veld en heelwat broers en ander familiebetrekkings. Die tent krioel van arme hawelose kinders, siek en honger en die ellende is so groot dat ek hulp beloof het; maar waar moet ek beddegoed en klere vind?

7 Junie. Vrou Fama sê, dat sommige Boere gisteraand in die kamp in gekom het; wie hulle die laatste oorlogs-

nuus meegedeel het aan 'n paar vroue en daarna na die stasie gegaan het, waar hulle die telegraafdrade saboteer het. Waarom het hulle
tog nie in "KlipLaer" 'n koppie koffie kom drink nie? Daar word ook ge-sê
dat meer as honderd manne in die laatste maand uit Pretoria ontsnap
het en dat De la Rey onlangs 'n groot slag gelewer het. Sulke enkele
nuusbrokkies bereik ons nou en dan, maar dit is altyd vaag en teen-
strydig.

Dit is heel koud en die sterftes neem toe.

HOOFSTUK IV

My lesers, nou het ek aan het end gekom van die aangenaamste gedeelte van my verblyf in die kamp en die vyf weke wat volg sal ek hier nie ten volle beskryf nie, want gruwel volg op gruwel en dood en verwoesting en wanhoop regeer in ons midde.

Sommige van ons word hard en onverskillig, andere was verpletter deur die las van verantwoordelikheid, wat op hulle skouers rus en hierdie laaste sal die tekens van hierdie vreeslike tyd dra tot die einde van hulle lewe. 'n Blik op die sterfte sal die waarheid van my woorde bevestig.

In die vier weke, wat ek beskryf het, sterf :

DATUM.	Mans	Vrouens	Kinders	Totaal
11 – 16 MEI.		1	13	14
16 – 23 MEI	1	2	10	13
23 – 31 MEI		3	10	13
31 MEI – 7JUNIE	2	3	10	15
TOTAAL en GROOT TOTAAL	3	9	43	55

In die vyf weke, wat volg :

DATUM	Mans	Vrouens	Kinders	Totaal
7 – 14 Junie	2	3	22	27
14 – 21 Junie	1	3	22	26
21 – 28 Junie.	2	1	42	45
28 Juni – 5 Julie	2	2	35	39
5 – 11 Julie	1	4	40	45
Totaal en Groot Totaal	8	13	161	182

Die endsyfers toon dus aan dat die sterftes werklik so toeneem, dat daar in die laatste weke driemaal soveel mense sterf as in die eerste weke van my verblyf te Iréne.

Dit word hoe langer hoe moeiliker om my dagboek by te hou en veral in die laatste twee weke was dit byna onmoontlik om te skryf, omdat daar op een of ander manier bekend geword het dat ons aantekening hou van die gevalle wat onder ons behandeling kom en van die skandale wat ons ontdek. Ons was bang dat my tent oorrompel en ondersoek sou word en besluit, om my dagboek ter bewaring te gee aan iemand, wie minder gevaar loop van 'n ondersoek as die gevaarlike inwoners van "Klip-Laer." Hierby dank ek hom nog eens vir sy bereidwilligheid om ons te help.

Gelukkig vir ons weet ons in dié vreeslike weke dat daar in Pretoria ryk en invloedryke mense hard aan die werk was om 'n betekenisvolle verbetering in die toestand van die kampe te bring.

Ons tent, wat ons as provisie-kamer gebruik, was nooit leeg nie. Geld word in Pretoria versamel en uitgegee vir voedsel en klere en weekliks kom daar kiste in die kamp aan vol van die dinge, wat ons die meeste nodig het. Welis waar gaan daar dikwels van die kiste verlore en word dit op allerlei wyse so moeilik moontlik gemaak met permitte vir vervoer om redding in die kamp te bring, maar ons vriende was nie af te skrik deur moeilikhede en gevaar nie.

In dié dae was dit nog nooit so moeilik om permitte te kry om die kamp te besoek nie en vele mense maak gebruik van die geleentheid om hulle vriende en verwante te gaan sien.

Een van die persone wie op daardie wyse gewerk het was

my moeder, wie na haar eerste besoek op 23 Mei 1901 so onder die indruk was van wat sy gesien het, dat sy snags nie kon slaap nie en om drie uur die oggend opstaan om 'n petisie te skryf aan die konsuls van die buitelandse moonthede.

Hierdie petisie lui as volg:

Aan zy Eksellensie D. Cinatti, *Konsul Generaal van Portugal en die ander verteenwoordigers van die Buitelandse Moonthede te Pretoria.*

Pretoria, 24 Mei 1901.

Eksellensies,

Die toestand van die vrouens en kinders van ons Burgers veral van die, wie se mans nog veg, is van so 'n aard dat ons, die ondergetekende vroue, dit hoogs nodig ag om die hulp van die Konsuls in te roep.

Die arme, hulpelose wesens ly onbeskryflik.

Hulle is verswak deur slegte en onvoldoende voedsel en kan dus geen weerstand bied teen siekte en koue nie.

Alreeds is dit baie koud te Iréne, wat beskou word as 'n warm klimaat. Hoe moet dit nie wees op die Hoëveld, te Middelburg, Standerton, Vereeniging ens nie?

Alleen aan heel weinige families word dit vergun, om klere mee te neem; die ander het niks meer as wat hulle aan hulle lyf gehad het nie, toe hulle met geweld hulle wonings moes verlaat en dit is nou verslete en vuil.

Enkeles het beddegoed saamgeneem, maar die meerderheid het onvoldoende bedekking en rnoet op die koue grond slaap, alleen beskut teen die bitter koue deur dun seildoek.

Hulle voedsel is meestal onbruikbaar.

Ons weet van een geval, waar die moeder in die tyd van sestien dae moes sien dat drie kinders weggedra word; hulle sterf aan "maagsiekte", veroorsaak deur bedorwe meel, slegte vleis, suiker en koffie. Ander voedsel kry die gevangene vroue en kinders nie. 'n Dogter van dertien jaar lê nog erg siek. Geen seep of kerse het hulle nog ooit in al die tyd ontvang nie. Dit word "weelde-artikels" genoem.

Die Afrikaanse volk kan nie van "meelblom" alleen leef nie, al is dit ook van het beste. Die armstes is gewoond daaraan om volop melk en eenvoudige, maar voedsame kos te eet. Ons glo, dat die treurige toestand van sake veel vererger word deur ruwe en ongeduldige mans, soos Opsiener Scholtz, te Iréne. Die vrouens verkies om liewer te verhonger en te ly met hulle kinders, soos in een geval waar twintig te same in een tent gepak is, as om hulle bloot te stel aan belediging wanneer hulle, hulle nood aanmeld. Word dit dan in die teenswoordige tyd as 'n misdaad beskou om vir jou land en vryheid te stry, dat dit op vrouens en kinders gewreek moet word om sodoende die dappere handjievol leeuharte tot oorgawe te dwing?

Ons smeek u dringend, om ten spoedigste op te tree en daardeur die lyding van die ongelukkiges te versag.

Ons nasie word uitgeroei en vernietig. Nou reeds is menige arme krygsgevangenes te Ceylon of elders, of is vegtende Burgers vroueloos of kinderloos, sonder dat hulle dit weet.

Met die oog op die naderende winter is daar geen tyd te verlore nie. Help ons dan om Gods wil en ter wille van humaniteit. Hy sal u seën en ons sal u ewig dankbaar wees.

Ons het die eer te wees, Eksellensies, ens.

Hierdie petisie word onderteken deur nege Afrikaanse vroue, waarvan slegs vier my gemagtig het om hulle name hier te noem. Dit is die volgende: Mevr. Van Warmelo-Maré, Mevr. Generaal Joubert, Mevr. P. Maritz Botha en Mevr. Brugman-de-la-Rey.(Laasgenoemde, die mooie liewe dogter van Generaal de la Rey, was een van die troue lede van die "Klere-Komitee", wat soveel gedoen het vir die kamp te Iréne en haar sterfte ten gevolge van longontsteking kort na die sluit van die vrede, was vir ons almal 'n rede van groot droefheid en vir Pretoria 'n swaar verlies.)

Die dokument word aan die konsuls opgestuur, wie dit offisieel aanvaar. Hulle het daarop, in 'n gemeenskaplike vergadering, die stuk in Frans vertaal en deur Goeweneur Maxwell aan Lord Kitchener gestuur.

Hulle ontvang geen antwoord nie en nadat hulle vyf weke gewag het, terwyl die kinders in hierdie tyd by die honderde in die kampen sterf, stel my moeder 'n tweede petisie op.

Aan Sy Eksellensie D. Cinatti, Consul-Generaal van Portugal en die andere Verteenwoordigers van die Buitenlandse Moonthede te Pretoria

Pretoria, 1 Juli 1901.

Eksellensies,

Die ondergeteekende Komitee van Boerevroue, in die naam van die Boerevroue van Suid Afrika, het in oorweging geneem die ernstige toestand van die verskillende kampe van die gevangene vroue en kinders, van die verskriklike sterftesyfers ten gevolge van siekte, veroorsaak deur koue en honger; sien die gevaar, wat ons dappere kleine volk loop om geheel en al uitgeroei te word, tensy daar spoedig hulp verleen word, wend ons nogeens tot U, as ons enigste aardse hulp in ons groot en bittere nood.

Ons smeek U ernstig sonder om tyd te verloor u Regering te versoek, om terwille van mensliewendheid hulle vriendskaplike, goeie dienste aan te wend by die Regering van Groot-Brittanje ten gunste van hulpelose vrouens en tere kinders.

Vir ons mans vra ons niks. Hulle is mans en goed in staat om alles te verdra wat die Voorsienigheid behaag om hulle op te lê, maar vir hulle gevangene gesinne eis ons, met gewone reg, van die magtige en ryk Engeland om voldoende en beter voedsel, warm kleeding en dekking; ook dat daar vir ons geen hindernisse in die weg gelê word om die ver-skillende kampe te besoek nie, teneinde te help soveel ons maar enig-sins kan.

Hulle is met geweld van hulle huise gesleep, hulle voedsel en kleding is vernietig deur vuur en hulle sterf nou elke week by die honderde deur gebrek aan hierdie behoeftes. Om ons dappere mans tot overgawe te dwing word hulle gesinne gemartel en is hulle op pad om uitgeroei te word. Hoewel daar nie veel bekend is omtrent die ander kampe wat oor die hele land versprei is nie, is ons voldoende ingelig oor die gebeure in die kamp te Iréne, wat as die beste beskou word en dus in staat om hieroor verslag te doen aan u regering.

Ons bid van God, dat u pogings met sukses bekroon mag word sodat daar spoedig redding mag kom vir hierdie ongelukkige slagoffers van 'n wrede en onregverdige oorlog.

Ons het die eer te wees, Eksellensies, ens.

(Diesefde nege handtekenings as onder die eerste petisie staan.)

Eweneens die eerste petisie word hierdie een deur die Konsuls as een man aangeneem.

Weereens ondervind hulle dat dit nutteloos was, om ons klagtes te rig aan die Engelse outoriteite, het hulle 'n kommissie van drie lede uit hulle midde benoem, bestaande uit die here Cinatti, Konsul-Generaal van Portugal, Baron Pitner, Konsul-Generaal van Oostenrijk en Baron Ostman, Konsul-Generaal van Duitsland, aan wie opgedra word, om die kamp te Iréne te besoek en daarvan verslag te doen. Afskrifte van die verslag, waarin deur statistieke aangetoon word, dat daar nog nooit in enige plek ter wêreld, selfs in die jare van die ergste epidemies, so 'n hoë sterftesyfer bekend was nie en dat, indien dit so voortgaan, die konsentrasiekampe binnen drie jaar uitgesterf sou wees, word deur ieder van die konsuls aan sy regering gestuur, met byvoeging van afskrifte van beide petisies.

Watse diplomatieke korrespondensie hieroor tussen die Moonthede en Engeland gevoerd was, weet ons nie; maar ons vermoed dat na aanleiding hiervan die Engelse regering die bekende komitee van ses dames benoem het en dat sonder om openlijk te erken dat die verslag van die konsuls waarheid bevat, na 'n noukeurige ondersoek van die kampe, vele verbeterings voorstel, wat ook later geleidelik geimplementeer was en sekerlik 'n mede-rede was vir die vermindering van die sterftesyfer. Ongetwyfeld het die onthullings van Mej. Hobhouse veel bygedra tot die benoeming van hierdie Staats-Kommissie, maar deurdat die werk van die konsuls in alle stilte gedaan was en die bestaan van die twee petisies nie vermoed was nie, het die meeste mense die benoeming enkel en alleen aan die invloed van Mej. Hobhouse toegeskryf. Maar die meeste kinders onder 'n jaar het alreeds gesterf en die res van die inwoners van die kampe het 'n knak gekry, waarvan hulle waarskynlik nooit sal herstel nie.

Ek het met opset die uittreksels van my dagboek gekies, waarin ek skryf oor die siekte van die dokters en verpleegsters, om te toon hoe onmoontlik dit was selfs vir mense wat alle gemak gehad het, om gesond te bly onder sulke omstandighede en dat dit dus geen wonder was, dat tere kleine kinders by duisende beswyk het in die konsentra-siekampe nie.

HOOFSTUK V

Voortsitting van my dagboek.

8 Junie. Skryf vanaand in die veldtent, omdat daar 'n deurdringende wind waai en die koue in ons tente nie uit te hou was nie. Selfs hier kan ek my pen nouliks vashou en ons huiwer by die gedagte, dat ons weer na ons tente moet teruggaan. Ek word vandag in een van die groot veldtente geroep om na een van die "handsuppers" om te sien. Daar is ongeveer vyf en dertig in elke veldtent en ek het waarlik nie geweet dat hulle tot my wyk behoort het nie. Dit is 'n aangename toevoeging tot my wyk – "handsuppers" nogal!

Ek vind 'n man in vreeslike pyn en nie in staat om my te sê wat hom skeel nie; daarom soek ek 'n dokter en vind Dandy, wie dadelik teruggaan en die man ondersoek. Dit is 'n geval van stene en Dandy gee hom 'n dosis morphine om hom 'n goeie nagrus te besorg, maar ek veronderstel, dat hy sal moet geopereer word.

Hoewel dit stik donker was en heel koud, toe ek by my tent kom, was daar nog geen rus vir my nie, want daar wag iemand op my in "Klip Laer" en ek moes teruggaan na die kamp om na 'n man om te sien, wie ook heelwat pyn gehad het en niks meer of minder wens as 'n mostert-pap nie. Die een vertel die ander, dat 'n mosterdpap een of ander genesende werking het. Die nuus vlieg deur die kamp en iedereen wil met rnosterd behandel word, onverskillig watse kwaal hy of sy het. Toe ek teruggaan na my tent, staan daar weer verskeie mense en wag met bestellings vir kerse en so gaan dit die hele dag aan. Ons tente word aanhoudend bestorm deur alle moontlike en onmoontlike mense met alle moontlike en onmoontlike kwale en mens moet geduldig voorkom jeens iedereen, nieteenstaande moegheid en siekte. My keel is seer en ek het weer koors. Ons het meer te doen as wat ons kan; want Mej. Findlay het nog nie herstel van haar aanval van masels nie en Mej Dürr werk in die hospitaal, omdat hulle daar hande te kort het. Ons het elkeen iets van haar werk oorgeneem, totdat iemand van Pretoria kan kom om haar plek in te neem.

Ek het twee rye geneem van ongeveer dertig tente behalwe my eie enorme wyk. Geen wonder dat ons ons doodgewerk voel nie en tog onderdruk ons elke nag die gedagte dat nie die helfte van ons dagelikse plig votooi is nie.

In Mej. Dürr se wyk is 'n sekere Mevrou Wolmarans, wie spoedig 'n dogtertjie gaan verloor. Sy het kort gelede masels gehad en teer nou weg soos my klein Susara. Die moeder vertel my, hoe sy met vier klein kinders van Smitsdorp gevlug het van die Kaffers; hoe sy dag en nag aan hewige reëns blootgestel was en drie nagte onder bome en struike moes slaap. Sy moes die jongste kind die hele pad dra en sy dryf 'n paar skape voor haar uit om nog iets te red van haar vee stapel, maar sy word gevang deur die Kaffers, wat alles van haar afneem sodat sy selfs geen druppel melk gehad het vir die kinders nie.

9 Junie. Moes gisteraand ophou skryf voordat ek klaar was omdat dit so koud was.

Ek wil u vertel, liewe dagboek, hoe opgewonde ons was toe ons gister kanonvuur hoor in die rigting van Johannesburg. Daar was blykbaar 'n groot geveg want die kakies kom verstrooid oor die berge in die grootste wanorde, blykbaar in volle vlug. Die hele môre stroom hulle in, in groepies van twee of drie tegelyk en beleer hulle op die heuwel teenoor die hospitaal: Tommies, karre, waens en perde in groot verwarring.

Met sonsopkoms het alles vanmôre weer verdwyn.

Dit is erg winderig en koud; sommige van ons slaag daarin om te ontsnap na die plantasie vanmiddag om 'n uur rus en ontspanning te geniet. Ons was dankbaar en verlig om vir eers weg te kom van siekte, verdriet en dood. Maar naderhand moes ek in die donker na die kamp teruggaan met melk, kerse en dekens vir sommige erge siek mense. Ons moes hulle maar sonder gerusstelling laat, solank alles hier in so 'n vreeslike toestand is.

'n Meisie van veertien jaar sterf vanmiddag plotseling in my wyk – 'n kleinkind van die ou familie Snyman. Sy was lank siek gewees en lyk asof sy half kranksinnig, byna doofstom is en toe ek hoor dat sy erger was, het ek dit nie aan die dokter vermeld nie en tot my spyt haar geheel en al vergeet. Ek was baie bekommerd toe ek haar vanmôre byna sterwend vind. Vir haar is dit egter 'n verlossing.

10 Junie. Het 'n heel swaar dag gehad: 60 tente in Mej. Dürr se wyk en 60 in myne vóór die middagete en daarna die res van my wyk. Kon nie alles doen nie en het geen tyd om die nuwe mense te besoek wie vanmiddag gekom het nie. Arme mense, ek sien hulle staan in verlate groepies voor die leë tente, wagtende op bevele om hulle nuwe kwartiere te betrek.

Om tien uur gisteraand hoor ons die gebulder van swaar geskut. Dit is onmoontlik om die gevoelens te beskryf, wat opgewek word deur die geluid van nagtelike geskut; Dit maak my so onrustig en opgewonde. Ons dink dat die Boere 'n poging aanwend om die vee en die skape naby Iréne in die hande probeer kry.

11 Junie. 'n Goddelike skone dag. Vannag het dit 'n bietjie gereënd en vanmôre was die lug suiwer en alles só wonderlik kalm, dat ons dit nouliks kon glo dat ons in Iréne is. Ek glo, dat God ons nou en dan so 'n dag stuur om ons aan Hom te herhinder, want "God-vergeten" is een woord, wat teenswoordig veel gehoor word in, om en te midde van die kamp. God het h i e r d i e arme mense nie vergeet nie en Hy wil nie dat ons Hom sal vergeet nie.

"Alles sal nog reg kom" met ons, as ons slegs vashou aan ons geloof in die God van ons vaders.

Nadat ek my wyk voltooi het vanmôre vra ek Dr. Green o m met my rond te gaan, omdat daar soveel siekte is en ek so besorg is. Hy is altyd gereed om ons te help, as hy tyd het en waarlik, die toestand van sommige mense in my wyk was erg genoeg om 'n hart van ys te laat smelt.

'n Jong knaap sterf vanmôre in die hospitaal, terwyl ons aan ontbyt was. Daar het 'n nuwe hospitaalverpleegster gekom, suster Fry. Sy sien d a a r lief en aardig uit.

Ek glo dat ons erg treurig sou wees in h i e r d i e donker dae sonder ons Dr. Dandy. Hy is die eenigste een wie ons vrolik hou, wanneer ons dagwerk klaar is.

Die Superintendent wil ons nou uit ons tente sit. Hy sê dat hy dit nodig het vir nuwe aankomelinge en hy wil ons 'n groot veldtent gee, wat ons kan gebruik as slaapsaal vir ons ses en as sitkamer. Ons stel 'n lys op van die voorwaardes, waaronder ons dit goed sou vind om die geselligheid van ons tente op te gee.

a. Nie meer as ses in die veldtent,

b. 'n kokosmat op den grond,

c. 'n tafel en 'n lamp en gordyne vir 'n afskeiding tussen die slaapkamer en sitkamer,

d. 'n ronde tent om as bad- en provisiekamer te gebruik.

Hy sê dat hy ons almal die "sambok" sou gee.

Hy vra sarkasties of ons nie liewer elkeen 'n veldtent wil hê nie. Ons versplil geen liefde aan mekaar nie, liewe dagboek. Wat sou nou sy volgende set wees?

Waarmee ons groot moeite het is om die mense te beweeg en hulle ernstige gevalle na die hospitaal te stuur. Die Boere is almal daarvoor doodsbang, omdat hulle in die hande van Engelse dokters en verpleegsters sal wees dink hulle dat niemand daar weer lewend uit sal kom nie en dat die pasiënte daar dood verhonger word, omdat die typhus- pasiënte geen vaste voedsel mag hê nie.

Mevr. Armstrong het eens 'n typhus-pasiënt gehad in die kamp, wie se temperatuur sy maar nie kon begryp nie, omdat die so veran- derlik was. Sy lewe was 'n lang tyd aan 'n dun draadtjie, maar hy kom uiteindelik daar deur en toe hy heeltemal herstel het, vertel sy bloedverwante haar seëvierend dat hulle sy lewe gered het deur vir hom brood en vleis te gee wanneer daar niks was nie.

Soms smokkel hulle voedsel in die hospitaal in wanneer hulle, hulle vriende besoek.

Suster Walsh wys my 'n paar dae gelede 'n vuil rooi sakdoek, waarin
'n paar stukkies taai vleis, lekkergoed en pasteigebak, so swaar as
lood was, wat sy onder die kopkussing van iemand gekry het, wie ly
aan ingewandssiekte. Geen wonder dat die Engelse mense
ongeduldig word oor hulle hardkoppigheid en onwetendheid nie.

12 Junie. Dit was juis een maand wat ek hier is. Daar het 'n nuwe
dokter aangekom, Woodrooffe, glo ek, is sy naam. Kry ons nou drie,
of gaan Dandy weg, of Dr. Green? Niemand skyn dit te weet nie. Ek het
'n vermoeiende dag gehad en het môre veel te doen; dus goeie nag,
liewe dagboek.

13 Junie. Wat het mens hier veel geduld nodig! Ons tente word die
hele dag beleer deur mense wat kom met die erbarmlikste verhale en
hulle bedel om allerlei dinge. Tog kan ons maar nie met volle hande
kruideniersware en kleeding uitdeel nie en dis so moeilijk om te weet,
wanneer dit 'n geval is, wat hulp verdien. Ons is altyd so bang, om
iemand ledig heen te stuur wie in groot behoefte is en ons hulp werklik
nodig het. In een van my tente vind ek daar elf siek aan masels:
twee vroue en nege kinders. Ek het drie gevallen om aan die dokter te
meld as "dringend", waarvan die een 'n meisie was van omstreeks
twaalf jaar met 'n temperatuur van 41.2°. Dit is 'n geval van malaria
en toe ek vanmiddag laat haar nogeens besoek, sit sy op en eet brood
en drink koffie soos enige ander sterweling. Natuurlik het ek haar dadelik
weer in die bed gestop, maar dit sou my niks verbaas as ek haar môre-
oggend weer kry vleis eet of iets anders, wat

ewe sleg is vir die koors. Hierdie malaria-mense lyk dikwels in die môre op die dood en dan loop hulle weer rond in die middag.

Die aantal maselpasiënte in my wyk was verbasend vanmôre, sodat ek tot laat vanaand gewerk het en voordat ek bed toe gaan, moet ek nog weer terug gaan na die kamp, om 'n sterwende kind op te soek. Mej. Dürr se plek is ingeneem deur Mevr. Preller van Pretoria en ons is dankbaar om weer ons werk tot ons eie wyke te kan beperk. Dr. Green gaan weg, tot ons groot spyt.

14 Junie. Gister was dit een van my mees vermoeiende dae. Ek was op die been van 8 uur srnôrens tot ongeveer half elf, toe ek terugkom van 'n heel treurige sterfbed. Toe ek vanmôre opstaan, was my enkels so geswel, dat ek amper nie kon loop nie; maar ek moes aan die werk, soos gewoonlik en die styfheid gaan na 'n rukkie oor. Daar is soveel droewige gevalle wat deesdae onder ons aandag kom! Ene vrou, Wolmarans van naam, het juis berig ontvang van die sneuweling van haar man in een van die laatste veldslae. Sy het hier reeds twee kinders verloor. 'n Sekere Mevrou Drummond het binne die laatste veertien dae vier kinders verloor. Wanneer mens al hierdie hartverskeurende verhale hoor van lyding en sterfte, kan mens nie nalaat om te vra, waarom dit alles so moet wees nie. Terwijl ek gisteraand in die donker terugkom voel ek erg bitter en ontevrede, so treurig en moeg was ek, toe ek juis by een tent verby gaan, waaruit die tone van 'n welbekende lied klink. Die woorde van die refrein "En die einde sal seker salig wees:" bereik my ore en vertroos my en vervul my met hoop.

Ons het veel vergoeding vir ons moeite en vele siwer rande aan ons donker wolke; maar ons moet dikwels 'n omweg maak om daarby uit te kom en ons moet als moontlik doen om nie te demoraliseer nie. Ons het geen musiek nie en nooit tyd om te lees nie, maar kan nog heelwat verborge poesie vind in die ellendigste omgewing. Die vrou in my wyk b.v. sorg vir die behoeftes van elf masel-pasiënte. Sy het pas self herstel van die siekte. Dit was sy self, wie die balletje aan die rol bring in die tent en sy is self nog swak en siek; maar nou is sy die enigste van die familie, wie op is en sy verpleeg al die ander. En tog kla sy nooit en vra s y nooit iets nie, hoewel ek weet, dat sy buitengewoon armoedig is. Ek het haar kerse, seep, gort, melk, wonderolie, dekens, ens. ens., gegee en sy is heel dankbaar vir alles; maar ek het die grootste moeite om uit te vind, waaraan sy die meeste behoefte het Ek wou dat ek 'n kamera gehad het en 'n paar foto's kon neem van hierdie oorvol tente. Die bepaalde geval was eenig in sy soort. Ek kan nie nalaat om te lag, as ek die tent binnegaan nie; ek moet uitkyk na 'n oop plekkie om my voete te sit en dan, op 'n eerbiedige afstand, ondervra ek elke pasiënt om die beurt, met veel verwysinge na my opskryf boekie. Ek hoop dat hulle amal sal herstel[24]. Ons het vanmid-dag 'n heel interessante geval. 'n Jong vrou in my afdeling, juffrouw Polderman, is so nou en dan na die apteek gewees om Dr. Neethling te spreek oor 'n geswel, wat onder haar tong vorm. Hy sê haar dat sy moes terugkom, as dit verder ontwikkel; maar gister en van môre het sy soveel pyn en was sy so uitgeput deur gebrek aan

[24] Hulle het almal herstel.

voedsel, dat sy nie in staat was om na die apteek te gaan nie. Ek vind haar vanmôre met 'n hoë koors en erge pyn en 'n tong so styf en geswel, dat sy geen woord kon spraat nie en die laaste twee daë en nagte geen voedsel kon inneem nie. Ek gaan dadelik Dandy haal, wie sê, dat dit hom herhinder aan 'n vorige geval en dink, dat hy haar chloroform sou moes gee, omdat 'n operasie noodsaaklik was. Hy dink dat dit in die geheel geen geswel was, maar iets heel seldsaams, of te wel 'n "calculus", 'n soutformasie, so hard as 'n steen. Ek gaan juis terug met twee manne en 'n draagbaar om haar na die hospitaal te neem, toe iemand in grote opwinding aan geloop kom en sê dat daar 'n vreemde steentje uit haar mond geskiet het en dat sy nou beter was. Ons gaan haar dadelik sien en kry haar met weinig of geen pyn en in staat, om heel gemaklik te praat en te sluk en daar langs haar lê die "calculus", 'n langwerpige, geelagtige formasie, presies die vorm en die grootte van 'n dadelpit en heel hard; die mooiste voorbeeld, wat hy ooit gesien het buite 'n museum. Dandy sê dit is sy tweede calculus en hy vra en kry verlof om dit te hou as 'n aandenking.

Tot ons groot spyt het Dr. Green vanmiddag vertrek. Ons gee hom 'n hartelike afskeid by die stasie en was heel vereerd deur die wyse, waarop hy ons dank vir ons hulp. Hy noem ons "wonderbare meisies", om so hard te werk en soveel goed te doen. Ons dank hom vir sy groot hulp en hoop dat hy dit nie so swaar sou hê in die Nylstroom-kamp nie, wat veel kleiner is as Iréne.

Ek is heel besorg oor Mama. Sy het 'n hewige aanval van brongitis gehad en wil dat ek huistoe kom as ek my wyk kan agterlaat; maar ek moet wag, totdat daar iemand in my plek geplaas kan word.

Dit is byna onmoontlik vir my om nou my pasiënte in die steek te laat. Daar is soveel ernstige gevalle wat al my sorg nodig het en 'n nuweling s o u 'n paar weke nodig hê om goed in die werk in te pas. 'n Jong man, genaamd Engelbrecht, is ernstig siek met dubbele longontsteking en tog wil sy moeder daar niks van hoor om hom na die hospitaal te laat neem nie; Ons is dus besig om te probeer om hom, onder heel ongunstige omstandighede, te red. Hulle is "handsuppers" en hulle het twee tente, een om in te slaap en een "woonkamer"; maar tot my skrik hoor ek dat nog agt mense die tent snags met my pasiënt deel. Ek sê aan sy moeder, dat as sy hom wil red, hy alleen met haar moes wees en die mense nie op elk uur van die dag in en uit mag loop nie; daarom slaap die ander nou in hulle "eetkamer" en hulle kan bly wees, dat hulle nog 'n ander uitweg het om te volg. In die meeste tente is daar twee of meer families. Die arme moeder is heel besorgd en daar is geen gevaar dat sy een van my voorskrifte sal oortree nie; maar desnieteenstaande kan niks haar beweeg, om hom na die hospitaal te laat gaan nie.

HOOFSTUK VI

Die ellende neem toe.

15 Junie. Wat 'n vreeslike dag was dit nie gewees nie! Niks anders as siekte en verdriet nie; orals die lang lyste van dooies. Selfs Dandy is stil en neerslagtig en die meisies sien daar somber en besorgd uit. Ek het so hard gewerk vandag en daar is nog twee hele rye wat ek nie kon besoek nie; maar gelukkig was dit die nuwe mense, wie weinig of geen siekte het. Na 'n slaaplose nag gaan ek terug na die kamp, slegs om daar te verneem dat een van my kinders plotseling oorlede was. Ek gaan dadelik na die tent en was erg ontdaan, toe ek bemerk dat dit 'n kleintjie van twee jaar was wie 'n ligte aanval van masels gehad het. Die ergste is dat die moeder, Mevrou Nel, verlede week 'n meisie van sestien jaar verloor het en vier van die ander kinders masels het, waarvan d a a r een in 'n hopelose toestand is.

Ek het vir haar gedoen wat ek kon maar die arme siel is onuitspreeklik wanhopig, waarlik hartverskeurend. Ek neem Dr. Woodrooffe daarheen, maar dit was een van die droewigste tonele, wat ek ooit gesien het, die kleine, stomme liggaampje, gewikkel in 'n ou deken op 'n hout kis aan die een kant van die tent en aan die ander kant die vier jammerende, klaende kinders, smekende om water of melk, en die arme radelose

moeder, te midde van dit alles, treurende oor haar dooies, besorg
oor die siekes, verskeurd deur onsekerheid oor die lot van haar man en
haar seuns en die ergste van alles, binnekort verwag sy om nog 'n
ongelukkige kind in 'n dergelike omgeving in die lewe te bring. O God,
o God! Daar is nog honderde soortgelyke gevalle en daar kan nog
honderde meer kom, voordat hierdie bittere stryd ten einde is. Ek
durf regtig nie vanaand daaraan dink nie.

16 Junie. Sondagaand. Die aantal "nuwe maselgevalle" in my afdeling was vanoggend verbasend groot. Ek werk die grootste gedeelte van die dag, maar vanmiddag ontsnap Mej. Findlay en ek 'n
paar uur na die plantasie om krag en moed te versamel vir die week
wat voorlê. Dit was heel mooi en kalm en ons bring elkeen 'n paar va-
rings en klimop saam om aan sommige lieflingspasiënte te gee. Toe
ek tuis kom, vind ek 'n hele "kommando" mans, vroue en kinders
rondom "Klip-Laer" wagtende, met bestellings vir seep, kerse en
lewertraan. Die dokter sê my dat hy laat haal was om die klein
Danie Cameron wat erg siek was te sien en hy moes aan die ouers sê dat
daar "geen hoop" was nie. Ek gaan dadelik na hulle toe en vind hulle
knielende by die bed, wenend en biddend. Arme siele, hoe aanbid
hulle nie die kêreltjie met sy liewe gesig en innemende maniere
nie. Hy is so soet gewees gedurende die vreeslike typhus, maar nou
is hy slegs 'n geraamte en ek twyfel of hy nog die nag sal deurkom.
Ek bring hom 'n bietjie brandewyn en 'n paar viooltjies, wat hy in sy
kleine vermaarde handjie hou. Mag die Vriend van ons lydende
kleintjes hom dig in Sy arms hou! Vandaar gaan ek na die

bed van 'n ander sterwende kind, die meisie Wolmarans. Sy is die laaste agtien dae heel siek gewees en vanaand glo ek, dat haar verlossing sal kom. Sy het onbeskryflik veel gely, maar die steenharde wanhoop van die moeder was byna nog moeliker om aan te kyk. O, watse lyding het die moeders! Wat moet ons vrouens deurmaak in hierdie dae van verwoesting en ontbering en hoe geduldig en berustend is hulle nie! Dit is vir my 'n voortdurende wonder; elke dag kom dit my voor as 'n nuwe openbaring en ek dank God daarvoor. Hierdie vroue is die moeders en die eggenote van die Transvaalse mans met leeuharte wat tans in die veld is, teen so 'n verskriklike meerderheid, onder soveel ontbering en gevaar. Engeland het dit aan hulle te danke vir die onversetlike teenstand van 'n klein, swak vyand en Engeland weet dit ook en het die vrouens die lydingsbeker laat uitdrink tot op die bodem.

Terwyl ek vanmiddag 'n pasiënt versorg, hoor ek die geluid van vele voetstappe verbygaan. Ek gaan na buite om te sien wat dit was en dit is, wat my oë ontmoet, - 'n groot doodskis, met 'n klein een daarby, op 'n oop draagbaar, moeder en kind; nog 'n groot doodskis, daarna een van gemiddelde grootte en ten laaste die van 'n kind : vyf als te same. Toe 'n samedrom van mense en ses mans met grawe. Dit was 'n vreeslike gesig en so gaan dit elke dag voort en dit breek my hart om te dink aan die uitroeiing van ons ras op so 'n groot skaal, nie alleen op die slagveld, maar ook in die kampe waar vrouens en kinders sterf van koue en verwaarlosing.

17 Junie. Die ander is in die veldtent en ek het

na die vrede en die eensaamheid van my eie tent gevlug om die gebeurtenisse van die dag op te skryf. Ek skryf nooit in u, liewe dagboek, in teenwoordigheid van ander mense nie omdat ek my gedagtes byeen moet versamel en dit is onmoontlik terwyl die meisies
om my heen sit en praat. Bowendien is ek so dikwels in die diepste
melankolie gedompel en is my oë so dikwels verblind deur trane
met die skryf, dat ek wel alleen moet wees. Dit kom nie soveel
daaop aan as ek niks droewig vermeld nie, maar meestal is my onder-
vindinge juis van die allerergste. Vanaand is my hele siel vervul met
droefheid oor iets, wat ek vanmôre hoor van 'n ou vroedvrou in my
wyk, wie in grote nood na my kom om dekens en linne vir 'n bevalling
te kry maar ek kon haar niks gee nie; ons het geen van die goed
oor van enige aard nie; en toe vertel sy my dat haar pasiënt, vrou
T[25] , niks by haar gehad het nie omdat sy vir die Kaffers gevlug het
met drie klein kinders, nog geen sewe weke gelede nie en
onbeskryflike smarte gely het. Met 'n jong kind op haar arm en twee
ander aan haar rok geklem, het die arme vrou in haar swak
gesondheidstoestand gevlug voor die swart monsters; - tevergeefs,
want sy word deur twee van hulle in-gehaal en wat daar toe gebeur
het, kan ek nie hier verder vertel nie.

Vanmiddag laat skenk sy geboorte aan 'n meisie[26] en sonder dat
iemand uitgemaak het dat sy verwag. Ek het gedurende die
laaste maand dikwels by haar gewees en ek het wel altyd gemerk
dat daar iets was wat haar druk, maar sy vertel my nooit iets van wat
sy deurgemaak het.

---

[25] Om verstaanbare redes gee ek nie die naam van my vriendin nie.
[26] Die kindjie is later oorlede.

Daar is vele derglike gevalle wat nooit bekend sal word nie. Haar man is nog in die veld. Wanneer die Engelse die Kaffers van die aansig van die wêreld sou vee, sou dit beter wees as die uitroei van 'n wit volk.

My dag begin met twee dooies, die arme klein Danie Cameron en Jacoba Wolmerans. Danie sterf spoedig, nadat ek hom gisteraand verlaat het en vanmôre gaan ek hom sien - sy arm maar gesiggie, so still en so wit, so anders as sy gewone opgeruimdheid. Hoe hou iedereen van die Kind! Ek het vanmôre geen tyd om Mevrou Wolmarans te besoek nie nadat ons die doodsberig ontvang het, maar vanaand laat kan ek nog daar-heen gaan. Sy ly aan epileptiese aanvalle en toe ek daar aankom , het sy juis een. Die tent was vol mans en vrouens, wie haar hande en voete vryf ; daarop hardloop ek terug na die hospitaal om 'n bietjie brandewyn te gaan haal; die dokter gaan ook na haar toe, maar ek weet nie hoe nou gemaak nie. Arme vrou, solank die kind geleef het, was sy so dapper en moes ek altyd haar krag en moed bewonder en haar ongelooflike uithou-dingsvermoë, maar hierdie weke van waak en geween blyk te veel ge-wees vir haar en nou dat die begrafnis verby is en haar hande ledig is, het sy heeltemal verval.

Dit is te koud om in my tent te sit. Ek moet dus na die veldtent gaan; maar laat my nou eers, liewe dagboek, u vertel van die opwinding wat ons sedert gister gehad het. Die Boere is naby en gister middag het hul-le ongeveer 400 perde en 'n massa esels en vee verower. 'n Jong knaap van ongeveer 12 jaar, Bernard Steenkamp, vertel my vanmôre dat hy gistermiddag in die vlei aan die ander kant van die hoogte besig was om saam met 'n klein Kafferjong ongeveer 400 perde,

50 esels en 'n groot aantal stuks vee op te pas, toe twee Boere
aangery kom, een op 'n pragtige swart perd van Erasmus, wat kort
gelede uit die stal gesteel was. Hulle gee die kafferjong bevel om die
diere aan te dryf tot waar hulle, die Boere, dit wil hê. Die jong knaap
sê hulle, kon huis toe gaan en hulle groete oorbring aan al die "mooi
nooiens" in die kamp. Die kaffertjie kom vannag laat terug, moeg
en deurgeloop. Sommige van die ander Boere steel 'n troep perde,
neem die twee vet en goedversorgde perde af van die kaffers wie dit
opgepas het en stuur hulle huis toe met die nuus, op twee maer en baie
swak versorgde diere. Van der Walt, die oppasser van die hospitaal, sê
dat hy hulle vanmôre in die kamp sien staan het.

18 Junie. Dit is weer een van die druk, vermoeiende dae gewees
en tog is ek nog lank nie klaar met my werk nie. Mej. Findlay en ek gaan
na die aandete terug na my wyk om my ernstigste gevallen te besoek en om vir hulle enkele benodighede vir die nag te neem.
Vanmôre gaan ek na 70 tente. In een tent was 'n sterwende kindjie, waarvan die arme jong moeder alle selfbeheersing verloor het.
Haar wanhoopskrete bring van alle kante die bure saam, sodat ek
hulle daar uit moes jaag. Dit was vreeslik om die arme kind te sien
worstel met die dood, hygend na asem en die ogies rollend. Ons sien
die stryd swakker word en eindelik hoe 'n oneindige kalmte oor
die bleek gesiggie kom. Ek was dankbaar toe alles eindelik stil was
en ons die ogies kon sluit en die mollige armpies op sy bors vou. Dit
was 'n heel plotseling sterfte aan brongitis

en daardom was die kind volstrek nie uitgeteerd nie. Daar is in die laaste tyd veels te veel van die plotseling sterftegevalle en ons word voortdurend geroep na die sterfbeddens van kinders, wie die vorige dag gesond was en nog nooit onder onse behandeling was nie. In dieselfde tent is ook 'n meisie van 10 jaar ernstig siek aan pleuritis; ek vrees dat al die opwinding en drukte sleg vir haar gewees het, alhoewel ek natuurlik alle nuuskierige toeskouers dadelik weggestuur het. Ek neem die dokter laat op die middag daarheen; hy kyk heel ernstig na haar. "Ek hoop maar, dat sy nie ook sal sterf nie"; daar kom al te veel sterfgevallen in my wyk voor. Dit is vreeslik en ek voel, asof my senuwees hierdie spanning nie meer vir lank sal kan uithou nie. Mej. Findlay sê dat ek huistoe moet gaan om uit te rus; maar hoe kan ek my wyk verlaat in hierdie gruwelike toestande?

Mej. Celliers het vanmiddag vir 'n dag huistoe gegaan en het ek beloof om 'n ogie te hou op haar wyk, wat aan myne grens en wat daar ewe sleg aan toe is.

Die Boere het vanmôre die res van Karel Erasmus' se beeste en perde geneem - ongeveer 300 - en nou is hy in der waarheid "Kaal" Erasmus en ek dink dat hy die naam wel sal bly dra, solank as hy leef.

19 Junie. Hoe sal ek my gedagtes genoeg bymekaar kan hou om my gewone dagboek by te skryf?

Ek voel, asof ek gek gaan word van al die verdriet. Toe Mej. Findlay en ek gisteraand terugkom van my wyk, gaan ons in die groot tent, omdat ons eie tente so vriesend koud was en doen ek 'n bietjie naaldwerk en skryf 'n paar briewe. Ons dink juis daaraan om almal bed-toe te gaan, toe daar 'n skoot weerklink deur die stilte van die nag. Hewig ontsteld vlieg ons almal na buite om te luister. Daar volg nog 'n skoot en toe nog een en die eggo's weerklink in die vlei van koppie tot koppie, totdat elke skoot tot honderd vermenigvuldig was. Ons staan buite in asemlose stilte en toe daar nog twee skote volg, was ons spanning ontsettend. Dit is iets vreesliks hierdie nagtelike geskietery; dit versteen die hart en stol die bloed in die are. Die skote kom van die plantasie en die eggo's klink soos salvo's. Ons wag op meer skote, maar niks kom nie en ditt was laat, toe ons bed-toe gaan; tog kon niemand slaap nie.

Dit spyt my baie dat Mej. Celliers weg is, want dit was grieselig om alleen te wees en daar loop 'n groot rot oor my, toe ek aan die slaap wou raak. Tegelyktydig hoorde ek een van die skildwagte uitroep: "Halt, wie's daar?" en ek roep terug: "'n rot", om ook iets te sê en daarop hoor ek die meisies mekaar roep en vra, wat dit was? Die vriendelike stem van Mej. Findlay in die naaste tent was 'n groot troos en verder gerustgestel deur die kalme :"Voorwaarts, vriend en gee die wagwoord!": van die skildwag, val ek spoedig aan die slaap.

Vanmôre hoor ons dat daar in die plantasie skildwagte opgestel was, waar hulle vroeër nooit gewees het nie om te belet dat die Boere elke nag kom en ook dat die Boere selfs besig was om die deur van 'n stal oop te breek, toe daar op hulle gevuur word. Hulle vlug sonder om hulle doel te bereik. Ander sê, dat dit 'n arme esel was, wat so ellendig aan sy einde kom, omdat hy weier om te stop op bevel van die skildwag.

Vanmôre het ek dit weer druk gehad. Ek neem Dr. Woodrooffe na verskeie ernstige gevalle. Hy kan 'n paar woorde Hollands praat en is goed vir die pasiënte, maar hy skryf veel meer brandewyn voor as die ander dokters. Selfs kinders van 'n paar maande oud moet van 10 tot 15 druppels in die uur neem, na dit die geval is. Hy sê dat dit is om hulle oor die krisis te help, maar hulle blyk tog om almal te sterf. Arme sielletjies, miskien sou hulle in ieder geval sterf. Ons kom nog juis betyds by die groot tent om ons te kon was voor die ete en was nog maar half klaar met ons maal, toe 'n man buite uitasem aangehardloop kom en sê dat daar 'n kindjie uit sy mond en neus byna doodbloei. Ons twee gaan dus weer na die kamp terug, sonder om te rus.

Die arme ventjie lê op sy rug, wit en uitgeput en voor hom, 'n af-skuwelike gesig, 'n wit deken, deurtrek met bloed en bedek met groot, dik stukke bloed. Ek was ontstel, maar Dr.Woodrooffe sê dat dit niks was nie, en gee die knaap 'n opwek middel en nadat hy vir hom iets voorgeskryf het, gaan ons die lys van my ernstige gevalle verder na. Die knaap is later aan 'n tweede bloeding oorlede. Daar was minstens tien ernstige gevalle, waarvan drie gevaarlik was, almal klein kinders, ook 'n sussie, die laaste van drie van die kindjie wat gister gesterwe het terwyl ek daarby was en die gesig van die moeder, toe sy die dokter ondervra, sal ek nog menige lange dae onthou. Die kind sterf vier dae later. Die moeder kry nog steeds nie veel bemoediging van hom nie. O heer, hoe lank, hoe lank? - Mag daar dan geen einde kom aan hierdie bittere, bittere stryd nie? Ons kan dit amper nie langer verdra nie!

Ons begin sommige van ons pasiënte so lief te kry dat ons, ons nouliks van hulle kan wegskeur, veral die kleintjies. Hulle klim in ons harte in en o, wat 'n leed as hulle van ons weggeneem word en hoe pynlik is dit om hulle te sien ly! Die kinders het sulke wonderlijke beskouing van ons en sien tot ons op as bonatuurlike wesens en dan troos ek my dikwels met die gedagte dat ons veel meer goed doen as wat ons dink, nie alleen deur stoflike troos en hulp te bring nie, maar ook deur ons invloed en ons voorbeeld. Hoevele sien nie uit na ons daaglikse besoek as hulle enigste helder sonstraal nie; hoe wag en verlang hulle nie na ons koms in hulle ure van lyding en pyn nie! As ons nie hulle moraal op hou in hierdie dae van duisternis en verwoesting nie, tot welke dinge sal hulle dan nie kom nie? Hulle demoraliseer en ontaard as gevolg van die kamplewe, met hulle vuilheid, vernedering en ellende, op 'n ontsettende wyse en indien ons nie medelye met hulle het nie, wie sal dit wel gee? Ons probeer vrolik en opgeruimd te wees, wanneer ons na hulle toe gaan, sodat die herinnering van ons besoeke by hulle bly gedurende die res van die dag; maar dit is heel moeilik om altyd geduldig te wees, veral wanneer die moeders maar nie wil luister en altyd die tente styf dig hou, sodat daar geen vars lug binne kan kom vir hulle arme, hygende kleintjies nie en as hulle weier om aan die koorspasiënte 'n druppel koue water te gee[27] en verskrik kyk met die gedagte aan die was van 'n maselpasiënt.

Ons het veel om teen te stry, maar, Goddank! Daar is ook vele belonings.

---

[27] Bygeloof of "Ou vrou storie"

HOOFSTUK VII

Generaal Maxwell besoek die kamp.

21 Junie "Harmony" Pretoria.

My liewe dagboek! Ek is nou werklik weer tuis, hoewel ek my dit nouliks kan indink. Gistermôre kom Mej. Celliers op Iréne vanaf Pretoria met die boodskap, dat Mama siek was en wens om my te sien. Omdat dit absoluut onmoontlik was om my wyk in sy teenswoordige toestand vir enige tyd agter te laat, besluit ek om my werk flink af te handel en vir 'n dag na Pretoria oor te kom en te probeer om iemand te kry in my plek.

My plan word in die algemeen goed gevind en Dandy gee my 'n permit, wat ek na die kantoor van die Superintendent neem om geteken te word. By die stasie moes dit weer geteken word deur kaptein Pitt, wie my verseker, dat ek heen en weer na Pretoria mag gaan sonder enige moeite. Stel u dus my onsteltenis voor, toe die kondukteur dit van my afneem en sê, dat ek my permit vir die terugreis die volgenden dag by die Permitkantoor in Pretoria sou moes aanvra, omdat daar juis hierdie dag 'n nuwe wet in werking getree het. Ek vertel hom wat kaptein Pitt gesê het en dat ek slegs vir een dag na Sunnyside gaan en geen tyd sou hê om 'n ander permit

aan te vra nie, omdat mens altyd ure daarvoor moes wag. Uiteindelik kry hy medelye met my en beloof om met die stasiehoof te Pretoria
te praat, wat hy wel doen, met die gevolg dat ek my kosbare stukkie
papier terugkry. Dit is heerlik om weer tuis te wees en Mama is byna
herstel. Sy gee my toestemming om na die kamp terug te gaan
vir nog twee of drie weke, of tenminste totdat iemand gevind was om
my te vervang. Die res van my ondervindings sal ek wel môre te
Iréne vertel.

22 Junie. Terug op Iréne. Ek reis terug van Pretoria af met Mevrou
Domela Niewenhuis en verskeie dames van die "Klere-komitee," soos
ons hulle noem. Mevr. Domela Nieuwenhuis wens om my wyk te sien
om uit te vind, wat ons die meeste nodig het. Die kamp was in 'n treurige toestand. Dr. Woodrooffe is siek aan 'n ligte aanval van influenza en Dandy moet nou al sy werk doen en ek weet nie, hoeveel sterfgevalle daar in my wyk gewees het sedert my vertrek nie Tot my ramp-
spoed bemerk ek, dat ek so dom gewees het om my aantekenboekie
by die huis vergeet het, sodat ek die hele dag uit my geheue moes
werk en daardeur natuurlik veel tyd verloor met soek na my ernstige gevalle. Mevr. D. Niewenhuis was heel onder die indruk van al die
ellende wat sy sien en beloof om ons alles te stuur wat sy kon: matrasse, dekens, voedsel, ens. Ek moes met Dandy verskeie van my
ernstige gevalle besoek en hy sê, dat my wyk besonder sleg is en dat
daar meer ontbering en ellende heers as in enige ander deel van die
kamp. Ek weet dit en die rede is, dat ek al die nuwe aankomelinge het
en dit is die meeste mense van Soutpansberg, wie byna

vir 'n jaar van die hele wêreld afgesny was, voordat hulle hierheen gebring was, omdat hulle vir 'n lang tyd aan alles gebrek gehad het, vele selfs sonder 'n draad ekstra klere en bowendien vele moes vlug voor die Kaffers en kon niks s a a m neem nie, sodat h u l l e hier a a n - k o m sonder iets anders as die klere aan hulle lyf nie. Maar in werklik- heid maak dit geen verskil nie, want die mense, wie 'n oorvloed ge- had het, word nie toegelaat om enigiets anders mee te neem nie, op enkele uitsonderings na.

23 Junie. Vanmôre het ek my werk begin om 9 uur en teen half twee vanmiddag het ek nog net drie rye gedoen; daar was so b a i e siekte. Ek het tien ernstige gevalle vir die dokter, maar Mevr. Vlok neem hom na ete na haar wyk en hou hom tot vyf uur, sodat hy haas- tig deur my wyk moes gaan.

Dit is heel ontmoedigend en ek het die hele middag en na aandete gewerk met weinig of geen goeie gevolg nie, want as hulle sterwende is, het die mense beter hulp nodig as wat ek kan gee. Ek moes nog heel laat weer terug na die kamp met antipyrine-poeders vir 'n meisie met 'n temperatuur van 41.6° en met 'n stukkie linne vir die ouers van 'n sterwende kindjie – hulle laaste kind. Dit was vreeslik om aan die moeder te moes sê, dat daar geen hoop was en ek doen alles wat ek kon om haar te troos, maar dit was tevergeefs. Toe ek daar aankom, was daar juis iemand hardop aan die bid en ek bly buite staan, my hart vol van medelye en verdriet. Die toestand word by die dag erger en ons grootste vrees is dat Scholtz ons hier uit sal werk, juis nou dat ons dienste die meeste vereis word. Hy soek altyd na iets bepaald om teen ons te gebruik.

24 Junie. Dit was vandag vir my 'n swart en bittere dag gewees:- vanmôre drie kinders dood en verskeie sterwende; vanmiddag is daar sewe begrawe en vanmôre, meen ek twee.

Ek wil juis die dokter na 'n klein meisie neem, toe die moeder die boodskap stuur dat die dokter nie hoef te kom nie, daar die kind reeds gesterf het. Later gaan ek daarheen en vind die lykie aan een sy van die tent en vier of vyf siek kinders opgehoop aan die ander sy. Aaklig om te dink, dat hulle so die nag moet deurbring; maar wat kan ek daaraan doen? Daar is geen lykshuis nie en as daar 'n kind sterf, te laat om die-selfde dag nog begrawe te word, moet hy die hele nag daar bly lê. 'n Ander kind, 'n jong knaap van ongeveer elf jaar, word teen tien uur vanmôre vanaf my wyk na die hospitaal geneem en voor 12 uur het hy alreeds gesterf. Die derde sterfgeval was die kindjie, wie reeds sterwen-de was, toe ek gisteraand die kamp verlaat het.

Ons is wanhopig oor die vreeslike aantal siekes en die toenemende sterftes. Ons het nog nooit soveel te doen gehad nie en sover ek kan sien, sal dit gedurende die eersvolgende maande so voortgaan. Toe ek pas hier gekom het, was die gemiddelde sterftes twaalf tot vyftien per week, verlede week was dit 27 en ek vrees, dat dit hierdie week nog veel hoër sal wees[28].

25 Junie. Ek het 'n onvergeetlike dag gehad van werk en versorg en onuitspreeklike sielsverdriet. Gister drie kinders dood in my wyk, vanmô-re drie en nog 'n dosyn meer wie sterwende is - geen wonder, dat die

---

[28] Dit was 45 gevalle.

verantwoordelikheid groter word as wat ek kan verdra.

'n Ander voorval, waarvan ek nie kan vertel nie, kom onder my aandag. Ek voel byna flou van die ellende en die afskuwelikheid daarvan en moes mysef aan die tentpaal anker. Hoewel ek dit hier nie kan neerskryf nie, sal die gesig daarvan vir my hele lewe in my hart gebrand wees en, wanneer die Boeke eenmaal geopen sal word waarin al ons dade vermeld staan, sal daar ook die naam gevind word van hierdie een onder die vele ongelukkige slagoffers van Engeland.

26 Junie. Hierdie dag was vol moeite gewees - meer selfs as gewoonlik. Dit sê heelwat. My arme kleintjies sterf by dosyne; daar was gisteraand nie minder as 10 sterfgevalle in die kamp nie en vanaand word daar nog vele verwag. Twee van myne gaan sekerlik vanaand, wat ek aan die moeders moes sê. Die een is die allerliefste kindjie van drie maande, wie daar noual reeds soos 'n lykie uitsien en Goddank, blykbaar nie veel ly nie. Ek sit hier in Mej. Findlay se tent, wat uitgevoer is en dus warmer is as myne en wat ek "Pelgrims Rust" genoem het, omdat ek hier sovele aande deurbring en dit so 'n heerlike rusplek is, veral met die liewe Mej. Findlay as geselskap. Dit is 'n skitterende mooi aand - helder maanskyn en alles ewe kalm en rustig – so in teenstelling met die duisternis in ons siele.

Mej. Mary Dürr is vir 'n dag na Pretoria en het my beloof, Mama op te soek om aan my verslag te doen van haar gesondheid.

27 Junie. Die nuwe Engelse verpleegster, suster Fry, is siek met masels en al die meisies is verkoue

en oor die algemeen ellendig. Ek het 'n heel slegte nag en hoes onop-
houdelik; maar vandag het ek met 'n temperatuur van meer as 38° hard
moes werk omdat ons, ons weeklikse rapporte gereed moes hê. Ek het
honderd en sewe gevalle (van masels alleen) om op te gee en ek weet
nie hoeveel van influenza en sommige vreeslike en wonderlike siektes,
tot nou toe aan my onbekend: laryngitis, peritonitis, ens. en bowendien
'n geval van stuipe en 'n beroerte.

29 Junie. Gister niks bygeskryf nie, maar toe was ek siek en moeg en
nou kry ek onverwags besoek van Mama. Daar waai 'n koue, stowwerige wind en iedereen raai my aan, om my arme wyk aan haar eie lot
oor te laat. Daarom gee ek aan Dr. Woodrooffe 'n lys van die pasiënte,
wie hy moes besoek en bly ek die grootste gedeelte van die dag in my
tent.

Ek verlang geweldig daarna om met Mama huistoe te gaan. Tot oor-
maat van ramp kry mej. Celliers 'n telegram om te sê, dat sy dadelik
huistoe moes gaan. Sy pak inderhaas en gaan met die middagtrein
heen. 'n Meisie uit die kamp, mej. Grobler sal haar vervang, nie alleen in
die kamp nie, maar ook in my tent, sodat ek 'n nuwe tentgenoot sal hê,
tot my onvergenoegdheid.

Ek het u soveel te vertel, liewe Dagboek, van my werk en my ondervindings maar my kop is in die laaste tyd nie besonder helder nie; ek
voel selde of ooit vars genoeg om te skryf.

1 Julie. Ek het die vorige maand so sleg geëindig, dat ek werklik my
beste moet doen om hierdie maand beter te begin. My gesondheid is
sleg en gister was dit so moeilik, dat ek geheel en al uitgeput was toe dit
aand word en ek was nie in staat om te skryf nie. Dit was die laaste dag
van die maand en

ons moes nuwe melkkaartjes uitdeel. Daarom gaan ek na elke tent in my wyk en vind iedereen min of meer verstoord met my "nalatigheid". Die meeste weet nie dat ek siek gewees het en hulle kyk my aan, asof ek hulle 'n groot onreg aangedoen het deur 'n hele dag weg te bly. Oral moes ek dieselfde uitlegging gee en dieselfde vrae word gestel en be-antwoord; maar ek vorder goed met my werk, toe iemand aan gehard-loop kom en sê dat Generaal Maxwell en Majoor Hoskins van Pretoria gekom het en dat hulle my eerste wou sien. Ek gaan daarheen en wys hulle my wyk; die twee dokters, die twee offisiere en ek – 'n troepie van vyf, wat heelwat nuuskierigheid verwek en deur die rnense met die grootste belangstelling aangekyk word. Die Goeweneur vra my, om hom na sommige van my ergste tente te neem en dit doen ek, om hom 'n dosis ellende te gee wat hy nie spoedig sal vergeet nie; maar dit was moeilik om uit sy versigtige opmerkings uit te maak, wat hy werklik daarvan dink. Eers vra hy, waarom hulle hulle nie was nie en toe ek sê, dat hulle geen seep het nie, sê hy dat ek soveel mag bestel as wat hulle nodig het. Hy sê ook dat hy met Scholtz sou praat en hom sou sê dat ek voedsel, klere, dekens ens. mag bestel, waar dit nodig was ; - maar toe ek hom vertel dat die meeste van die dinge gewoonlik nie voorhande was nie, kon hy niks sê nie.

Die twee manne was heel goed en simpatiek en steeds bereid om te luister na al die klagtes wat in hulle ore uitgestort word en ek sou wel verlang om te weet of daar nou iets aan gedoen sou word om die lewe hier meer draaglik te maak. Ek hoop dit van harte, want dit kan so nie langer aangaan nie. Hulle sê dat ek daar erg siek uit sien en raai my aan om huistoe te gaan om goed uit te rus; maar ek sê, "dat ek nie moeg was nie, maar siek was van al die ellende".

Dandy vertel my dat hulle oral rondgegaan het en monsters van die rantsoen bekyk het. Teen die middag gaan hulle weer weg. Vanmiddag doen ek die res van my wyk en het ongeveer tien gevalle vir die dokter; maar hy was nêrens te vinde nie. Ons soek orals en hoor eindelik dat hy gaan tee drink het by die militêre dokters en daar sou bly vir ete, sodat ons hom die dag nie weer sou sien nie. Ek was vreeslik teleurgesteld en moes weer na die kamp gaan om aan al die mense te gaan sê, dat hy nie voor die volgende môre sou kon kom nie. Arme siele, veel gaan dood deur gebrek aan hulp en ek kan niks doen om hulle lyding te versag nie. Vanmôre wag ons weer almal op die dokter maar hy slaap tot 10 uur en moes toe in die hospitaal rondgaan, sodat ons niks uit hom gedoen kon kry voor die namiddag nie.

2 Julie. Daar was gister 'n buitengewone bevalling in my wyk: Mevrou Bodes gee geboorte aan 'n misvormde tweeling - beide dood - twee meisies met koppe so groot as van 'n kind van een jaar en klein mis-maakte ledemate. Die armpies, wat van hulle skouertjies af begin, lyk meer na vinne as iets anders en die eerste gaap selfs en sterf; die tweede gaap nie eens nie. Helaas, gaan ek gister nie na die tent nie en hulle laat my nie roep nie, sodat ek die ongewone gesig mis; maar byna almal anders het dit gesien en Mevrou Bodes sê dat haar tent gister die hele dag na 'n tentoonstelling gelyk het. Die ganse kamp kom toegeloop om die arme skepseltjies te sien en selfs nadat hulle begrawe was, kom die mense aangestroom en kry hulle geen rus nie. Ek vind haar gewone manier van praat nogal amusant. Daar sit sy in die bed om haar ander meisies te borsvoed en niemand sou kon raai, dat sy so 'n beproewing deurgemaak het nie. Gisteraand stap Mej. Findlay en ek 'n bietjie in die maanskyn toe ons 'n buitengewone man opmerk wat tussen die tente loop. Hy was baie lank en het 'n vreemde ding op kop wat lyk soos pluime, wat hom nog langer laat lyk. Hy het 'n dik stok met 'n knop aan die een kant en dra 'n oorjas, wat tot oor sy knieë hang. Ons was onmiddelik getref deur die eienaardige manier waarop hy die stok dra en deur die hoogte stap, terwyl hy vlak langs ons verbygaan, ons geheel en al nie opmerk nie en voortdurend heen en weer kyk[29]. Hy hou eers by die ingang van 'n groot tent stil en toe by 'n andere en verdwyn eindelik tussen die tente. Ons voel dat daar iets verkeerd is en besluit om hom op 'n eerbiedige afstand te volg; maar ons kon hom slegs nou en dan te siene kry en ten slotte verdwyn hy geheel en al tussen die tente in die kamp. Die verskyning was so spookagtig en misterieus, dat ons liwer nie daaroor wou praat nie; maar, toe ons vanmôre die meisies tog daarvan vertel, word ons natuurlik uitgelag. Mense lag altyd oor die vreemde avonture van ander, maar ons is vas van mening dat dit 'n ontsnapte kransinnige was, of een van ons spioene of 'n kafferkaptein.

    4 Julie. Gister het ek niks bygeskryf nie, omdat ek na Pretoria was vir dringende sake en eers môre terugkom. Die rede was, dat ek my gesondheid voel agteruit gaan en iemand gaan soek het om my te

---

[29] Daar was " 'n "Dr." Pretorius kwaksalver" in Irene

vervang, omdat ek vrees dat my wyk aan haar eie lot oorgelaat sal word as ek aangaan met werk in my teenwoordige toestand. Ek was al die tyd siek en word daardeur so verswak, dat ek myself vanmôre nouliks na die stasie kon sleep. My arme moeder smeek my om te bly, maar dit was rapport-dag en ek moes terug gaan. Dit is nie te wonder dat ons allerlei kwale kry van die voedsel wat ons hier kry nie: koffie, brood en vleis, dog geen vrugte en byna geen vars groente nie en tog is ons dieet oorvloedig, vergeleke met wat die mense in die kamp kry.

By die stasie te Iréne sien ek 'n ouerige dame uitstap en weldra swoeg sy met die stowwerige pad na die kamp, 'n klein entjie voor my uit. Ek haal haar in en vra toestemming om sommige van haar vele pakkies te dra; so loop ons saam verder en was spoedig geheel op die hoogte van mekaar. Ek was verras om te hoor, dat sy juis uit Engeland aangekom het met 'n spesiale permit van Lord Kitchener om die verskillende kampe te besoek. Sover as wat ek kan uitmaak, het sy gekom in die naam van die pro-Boer-dames in Engeland om uit te vind, wat daar gedoen kan word om die lyding van ons vrouens en kinders te versag. Die kamp te Johannesburg het sy reeds tweemaal besoek; haar naam is mevrou Rendall-Harris. Sy praat met veel gevoel en simpatie en sy stel blykbaar baie belang in ons werk; daarom vertel ek haar veel daarvan en spreek af, om haar om 2 uur te ontmoet by die hospitaal en saam my wyk deur te gaan om haar die ergste dinge van Iréne te wys. Toe gaan ek aan die werk, maar hoe wanhopig sleg en hoe raak mens deur 'n enkele dag af-wesigheid agter!. Vyf sterfgevalle in die twee rye, wat ek kon besoek sedert my vertrek. Ek was oorweldig, waar ek ook al kom, vind ek siekte en ellende en werk genoeg vir twintig mense. Ek kom te laat vir ete en kon slegs 'n koppie tee kry in die groot tent, waar ek ook mevr Rendall-Harris kry met die ander. Sy was met party van die Engelsgesindes rond gewees en het alleen die goeie kant van die kamp gesien; nou neem ek haar na my wyk en maak haar oë oop vir die ware staat van sake. Sy luister na alles wat ek haar te sê het, terwyl die tranen langs haar wange afrol.

Sy kruip met my in die smerigste hole, streel vuil kinderkoppies, van arme, afgetobde, lydende vrouens, druk die hande vol met simpatie, en van alles wat sy sien en hoor hou sy aantekening. Sy kon nie met die vrouens praat nie maar ek vertolk vir haar en haar bemoedigende woorde verbly hulle asook haar beloftes om hulp, waarna ons teruggaan na die groot tent om 'n lys te maak van die dinge, wat hulle die meeste nodig het in die kamp. Terwyl ons besig was, wandel meneer Scholtz die tent binne en 'n lang gesprek ontstaan, waarin ek opmerk, dat mevr. Harris se moed moes ontbreek het; want sy kom skoorvoetend voor die dag met hoegenaamd niks wat sy so ewe gesien het, en verval eindelik tot stilte, terwyl hy die lyding van die mense lig opneem en hulle foute swaar uitweeg. Ek probeer die dinge in hulle ware lig voor te stel en vang hom op ieder punt met feite vas. Eers word hy woedend en sê: "Die mense sou hier volkome tevrede wees, as daar nie soveel gestook word in Pretoria nie". Daarmee staar hy my aan, maar ek beantwoord hom met die enigste wapen wat 'n vrou teen mans van sy soort het: swygende veragting. Ons is daaraan gewoond om "agitators" en "politieke agente" genoem te word; dit is die ongelukkige lot van almal, wie werk uit hartstogtelike liefde vir hulle vaderland, en ons moet dit stil verdra, soos die vrouens hier armoede, vernedering, belediging en siekte verdra.

Dit spyt my om mevr. Harris te moet verlaat om terug te keer na die kamp, waar ek my wyk se rontes verder voortsit. Ek vind verskeie kinders sterwende; hulle moeders smeek my met trane, om die dokter so spoedig moontlik te gaan haal. Natuurlik beloof ek om dit te doen en teen half vyf gaan ek hom soek; maar niemand weet waar hy was nie. Ek het 'n lys van 10 of meer ernstige gevalle. - Hy het na ete tot 4 uur geslaap, daarna op sy gemak tee gedrink en het toe verdwyn; niemand weet waarheen nie. Ek loop heen en weer, elke oomblik meer ongeduldig en senuweeagtig. Toe die nag daal; was ek in trane oor my arme kinders wie sterwe met gebrek aan enige medisyne; geen wonder dat my gedagtes teenoor Dr. Woodrooffe donker en heel bitter was nie.

Toe ek die spanning glad nie meer kon uithou nie vertel iemand my dat hy gesien was in die rigting van die apteek. Ek gaan hom daar soek en ontmoet hom halfpad, op pad na die groot tent, waar die ander reeds vergader was vir die aandete.

Met moeite kon ek myself voldoende beheers om hom te vra, om saam te gaan na die kamp, en so loop ons daarheen in dodelike stilte, struikelende oor klippe en deur die duisternis soek ons na die nommers van die tente. Ons kon natuurlik niks sien nie en moes op verskillende plekke vra, voordat ons die pasiënte kon vind. Al die tente was bowendien dig gebonde vir die nag, sodat ons heel lank moes staan en wag in die koue en duisternis. Ek glo, dat hy hom werklik skaam, want hy gee veel aandag en moeite aan my arme, lydende lammetjes. Toe hy die mees dringende gevalle gesien het, gaan hy na die hospitaal, terwyl ek alleen na die ander pasiënte gaan om aan hulle te sê, dat die dokter nie voor die volgenden dag sou kon kom nie. In een tent vind ek 'n kind oorlede, nog warm, maar o, so wit en so stil; dood, sonder 'n druppel verkwikkende vog of iets om die laaste oomblikke te versag nie. 0 God, kan 'n moeder ooit die lange ure van hopelose wag vergeet, die langsame dood sonder menslike hulp of medelye? Die gedagte daaraan wil my nie verlaat nie. As Dr. Woodrooffe in 'n goeie luim is, doen hy sy bes, en dan kan ons goed in mekaar vind; maar, o wee! die dae.....

HOOFSTUK VIII

My werk loop ten einde.

5 Junie. Dit is half twaalf en ek probeer in die bed te skryf; maar dit is te koud. My dag was nogal bevredigend, omdat die dokter so vriendelik was na die gebeure van die vorige aand, dat ek hom na 'n groot aantal pasiënte kon neem; maar daar was sommige heel treurige sterfgevalle en net soveel siekte as gewoonlik. Die vrou, met die bevalling van die uitsonderlike tweeling, verloor gisteraand haar enigste seuntjie. Ek vind haar in 'n toestand van volslae wanhoop met een van haar meisies gevaarlijk siek by haar in die bed, met 'n temperatuur van meer as 44.6°. Ek het opgemerk, dat as daar eenmaal 'n sterfgeval is in een gesin, dit meestal die begin was van 'n ganse reeks van ongelukke.

6 Julie. Ek het vandag 'n verbasende hoeveelheid werk afgehandel. As ek dink aan die aantal pasiënte, wat ek vandag besoek het; die aantal temperature wat ek geneem het; die orders wat ek uitgeskryf het en laat teken het deur die dokter vir melk, medisyne, kerse, seep, gort, rys ens.; die klagtes wat ek moes aanhoor; die onregverdighede wat ek moes regstel; die woorde van simpatie, hoop, bemoediging, raad en teregwysing wat ek moes uitspreek en die kleinighede wat ek in eindelose verskeidenheid moes onthou, dan kan ek nie nalaat om te vra hoe ek daartoe in staat was nie. Ons lewe hier elke oomblik van die dag en dit is met grote spyt dat ek my gereed maak om van hierdie plek weg te gaan, maar ek hoop om spoedig met hernuwe krag terug te keer. Soms vergeet ek die name van my pasiënte en die aard van hulle kwale en as ek dan telkens weer dieselfde vrae vra word ek met blikke van verwondering en verwyt aangekyk. Wanneer die kinders by my tent kom om een of ander en ek hulle vra vir wie dit is kom die antwoord gereeld het, "Vir my ma, suster" – en hulle ken my almal so goed, dat hulle nie kan begyp dat ek nie weet wie hulle ma is en wat haar skeel nie. Aangesien ek spoedig weggaan het ek van alles in my tent opruiming gedoen: klere, kouse, flanel, halsdoeke, kindergoed en die honderd en een kleinighede wat ek langsamerhand versamel gehad het. My tent word die hele dag beleer en dit is 'n troos om te weet dat vandag vele harte bly gemaak is.

Ek gee 'n veldbed aan 'n vrou wie op die blote grond gelê het en verskeie matrasse, wat mevr. Domela Nieuwenhuis na ons gestuur het, aan mense, wie in groot nood was.

7 Julie. Daar is nou slegs drie ernstige gevallen in my wyk. Vanmôre sterf daar 'n klein jongetjie en sy arme moeder kom my 'n bietjie wit linne vra vir·'n doodskleed, maar ek het slegs ongeveer twee el vir haar. Sy het 'n bittere tyd deurgemaak. Toe ek pas hier gekom het het sy haar enigste dogtertje verloor en nou een van haar jongens. Nou het sy slegs een seuntjie oor, maar hy sien daar gelukkig sterk en gesond uit. Omdat dit Sondag was gaan ons, Mej. Grobler en ek, teen sonsondergang 'n wandeling maak op die plaas van Iréne en toe ons terugkom, vind ons tot ons skrik die hek gesluit. Daar is 'n omheining van doringdraad om die hele kamp en op 'n sekere uur word die hekke op die paaie gesluit en gegrendel. Daar was ons, afgesny van ons woning, en ons weet nie wat om te doen nie; toe daar gelukkig 'n offisier te perd aankom wie 'n skildwag stuur om ons binne te laat. Dit was al heel laat toe ons die hospitaal bereik, maar ek moes nog na die kamp met soetlemoene en andere dinge vir my siekes. Ek bring 'n bossie viooltjies vir een van my pasiënte, 'n liewe klein meisie, wat waarskynlik nog sal sterwe vannag. Arme Betsy! Sy was so lank siek gewees - eers 'n aanval van malaria, wat haar krag so ondermyn dat sy nie meer weerstand kon bied aan die typhus koors en longontsteking wat volg nie. Dit lyk onmoontlik dat 'n teer meisie van dertien jaar al die vreeselike siektes kon deurmaak, en tog het ek nooit voor hierdie aand gedink dat sy sou sterf nie en die dokter het my nooit gesê dat sy in gevaar was nie. Nou gaan sy vinnig agteruit. Ek het die liewe, sagte meisie lief asof sy my eie suster was. Week op week het sy daar gelê, altyd ewe vrolik en geduldig, altyd met 'n glimlag op die lippe as ek binnekom en nooit kla sy nie. Sy het 'n geaardheid só mooi, as wat ek selde ontmoet het en haar gesig is engelagtig. Sy was so bly vir die blomme, sy gryp dit en druk dit teen haar gesig, terwyl sy 'n paar woorde van dank stamel. En nou gaan sy na die Vriend van vriende en haar arme moeder is te verslae om haar eenigsins tot hulp te kon wees. Twee maande lank was ek elke dag in aanraking gewees met die dodelike smart van beroofde moeders en ek het myself afgevra hoe sy dit kon deurleef, dit was so vreeslik om aan te kyk.

Vanaand is die hele veld om ons heen verlig deur 'n groot veldbrand – 'n pragtige gesig.

8 Julie. Toe ek vanmôre aan die werk gaan vertel die mense my dat ons liewe Betsy in die nag heengegaan het. Ek gaan dadelik haar arme, siels-bedroefde moeder besoek. Arme siele, arme beroofde vader en moeder, broeders en susters! In een hoek van die tent lê die ontsielde liggaam en dit was met groot droefheid dat ek op die sagte gelaat staar. Sy was so mooi, so engelagtig, rein en tevrede dat ek nie kon treur dat sy weggeneem was uit hierdie onreine omgewing na haar Vaders huis daarbo. Ek het nooit iets so natuurlik gevind as die laaste lange slaap van haar nie ek kon my nie indink dat sy dood was nie. Haar kop was effens na haar sy gewend, haar lippe gedeeltelik oop asof sy asemhaal, en die gehele uitdrukking van haar gesig was van oneindige rus.

9 Julie. Gister het ek geen tyd om meer te skryf nie en selfs nou kan ek nouliks 'n vry oomblik vind want ek het dit so druk met pak, klere uitdeel en afskeid neem. My hele wyk weet dat ek weggaan en waar ek ook kom, moet ek klagtes en versugtings aanhoor. Ek kan nie nalaat om te hoop dat iets my opvolgster sal belet om môre te kom nie want dit maak my heel bedroef dat ek al my vriende hier in die kamp moes verlaat. Vanmôre het daar 'n liewe klein kindjie van twee maande gesterf in my wyk, so 'n klein lykie, so skoon en wit en lief, dat ek niks voel van die vrees wat my gewoonlik vervul, wanneer ek 'n dooie sien nie.

Die kind het veertien dae geleden masels gehad maar was volkome herstel, en toe ek haar eergister sien, was daar niks verkeerd nie maar dieselfde nag begin sy te hoes, en toe die mense my gistermiddag kom haal, sê ek nogal dat daar longontsteking bygekom het en dat daar niks aan te doen was nie. Die enigste wat ek kon doen, was om so spoedig moontlik een van die dokters te gaan haal en 'n order vir brandewyn te gee, maar dit was slegs om die laaste oomblikke van die kind gemakliker te maak; ons het geweet dat daar geen kans op herstel was nie.

"Harmony", Pretoria, **12 Julie**. Tuis, tuis, geliefde plek, na 'n ballingskap van twee volle maande! Ek kan dit amper nie glo dat ek veilig uit al die besmetting gekom het nie en uit al die lyding nie en dat my werk vir die oomblik afgehandel was nie.

My laaste inskrywing was op **9 Julie**. Ek verlaat Iréne dan op die **10de** en ek sal nooit al die ellende vergeet nie. Dandy voel siek en sien daar ellendig uit en die meisies was alles behalwe vrolik. Toe ek rond-gaan met my opvolgster, Mej. Westmaas, vind ons vyf kinders sterwen-de en oral soveel siekte dat dit vir my sleg lyk om huis toe te gaan en my wyk in so 'n toestand agter te laat, veral omdat Mej. Westmaas geen ondervinding gehad het nie en slegs agtien jaar oud was. Die skeiding was hartverskeurend, en dit was roerend dat sommige mense my byna versmoor met hulle trane. Toe ek tuis kom, vertel Mama my dat Dr. Kendal-Franks die volgenden dag na Iréne gaan en dat hy my wyk wou sien. Daarom gaan ek na die Portugese konsul, Cinatti, waar Dr. Franks loseer en bied aan om hom 'n lys te gee van my slegste tente. Iedereen sê dadelijk, dat dit veel beter sou wees as ek self met hom saamgaan; daarom stuur Dr. Franks, omdat dit reeds laat was en ek geen permit gehad het nie, 'n boodskap aan Generaal Maxwell om 'n spesiale permit vir my te vra. Die antwoord kom dadelik terug: "Seker, my waarde dokter", en ons spreek af om mekaar by die stasie te ontmoet teen agt uur die volgende môre.

Hoe staar my mense my aan, toe hulle my na die hospitaal sien loop met 'n "heer in khaki" en hoeveel het hulle te vra! Ek stel hom voor aan die matrone en aan Dr. Neethling en laat hom aan hulle oor want hy wou eers die hospitaal, die apteek, die provisies ens. sien en dan sou hy my in my tent opsoek en sou ons saam my wyk besoek. Hy was die hele môre uit en kom net voor ete terug met Dandy, uitgeput en warm na al sy inspanning, maar heel bly met al die aantekeninge wat hy gemaak het. Ons gaan dadelik na ete na my wyk waar ek hom al my monster-tente toon, wat in die laaste tyd so berug geword het. Net soos deur almal anders, was hy getref deur die groot armoede en die swaar lyding van die mense. Hy beloof om sy invloed te gebruik om verbeterings te laat aanbring. In een tent was twee jongetjies sterwende, die enigste kinders van Mevrou Oosthuizen; op die dringende versoek van die weenende moeder gaan ons binne en kniel Dr. Franks langsaan haar om hulle te ondersoek, maar daar was natuurlik niks aan te doen nie. Wat sal die uitwerking van die besoek wees? Sal daar iets gedoen word om die vreeslike sterfte te verminder? Ek vrees niks nie. Daar het nog nooit enige goed gevolg uit hierdie vlietende, oppervlakkige besoeke nie, en Dr. Franks het weer, soos alle Engelse, veel nadruk gelê op die on-reinheid

van die mense in pleks van die wortel van die kwaad na te gaan, nl.
slegte en onvoldoende voedsel, gebrek aan goeie kleding, blootstelling
aan koue en al die ander hardhede en ontberings van die lewe in die
kamp. Ons neem die 3.36 trein terug na die stad, sodat dit Dr. Franks
als tesame nie meer as vyf ure kos om die kamp van Iréne te ondersoek
nie.

HOOFSTUK IX

Blou Boeke en Swarte Leuns.

Nadat ek die kamp verlaat het om tuis vir 'n maand uit te rus, kry ek toestemming van Generaal Maxwell om al die kampe in Transvaal te besoek, ten einde rapporte te skryf vir die Blouboeke.

Die Goewerneur was 'n skaflike en redelike man en toe ek hom in 'n lang onderhoud bewys het dat Iréne werklik in 'n treurige toestand verkeer, het ek hom sy toestemming gevra om vir eens en altyd te sien of die ander kampe ook soveel hulp nodig gehad het, vind hy dit goed en beloof my ook dat my rapporte na die Engelse Regeering gestuur sou word.

So dikwels het ons tevergeefs probeer om ons stem ook in die Blouboeke te laat hoor, dat sy goedkeuring van my plan vir ons alreeds 'n hele oorwinning was.

Mevrou Stiemens sou saam met my reis van kamp tot kamp en saam sou ons ondersoek doen en waar ons kon, redding bring met voedsel en klere; want ons vriende het ons veel gehelp met die insameling vir die nodige artikels en van Generaal Maxwell het ek die toesegging ontvang, dat 'n goederewa tot my beskikking sou wees.

Drie weke na my vertrek van Iréne was al ons voorbereidings vir die lang en moeilike reis gereed en het ons die nodige permitte en

briewe van Generaal Maxwell aan die Superintendente van die verskillende kampe, om hulle te versoek om ons taak te bevorder en te· steun
en om ons reis so gemaklik moontlik te maak.

Daar ons doel was om vir die Engelse regering rapporte te skryf, sou
ons op regeringskoste reis. Alles was gereed en ons sou op 3 Augustus
vertrek na Middelburg, waar volgens gerugte die toestande veel erger
was as in die ander kampe. Generaal Maxwell het my self vertel dat daar
in die maand Julie in Middelburg, van ongeveer 7,000 mense, 503
sterfgevalle was! Die Blouboek noem slegs 413, maar ons glo nie dat die
opgawe ooit juis was nie, en selfs al was daar nie meer as 413 sterfgevalle nie, is dit iets ontsettends en is dit geen wonder dat die mense
met skrik en angs vervul was nie.

En daarnatoe moes ons nou gaan en ons het ons al klaargemaak om
veel verdriet en ellende te sien, maar my lesers, ons het nie gereken
met die Engelse gevoel van eer nie. Twee dae voordat ons sou vertrek,
ontvang ek die volgende brief van Generaal Maxwell:

MILITêRE GOEWERNEUR'S DEPARTEMENT.

Pretoria, 31 Julie 1901.

Geagte Mejuffvouw van Warmelo,
Sedert u vanmiddag by my was vir u permitte om na Middelburg te
gaan, het ek tot die slotsom gekom, dat dit vir u beter sal wees, om nie
te gaan nie.

Ek het mevrou Harris en mevrou Bosman laat gaan en dit sal wel voldoende wees. Ek het heel goeie redes om van mening te verander en
versoek u daarom om die permitten terug te stuur, daar ek u ingetrek
het.

Uw dw.

J. G. MAXWELL.

Daarmee was dit uit. Ek moes die reispermitte terugbring na die Goe-
werments-Gebou, waar ek koel ontvang word en die Goewerneur absoluut weier, om my enige redes te noem vir sy besluit. Dit was vir ons nie
alleen 'n groot teleurstelling nie, maar tegelyktydig 'n ontmoediging,
want ons voel ons hulpeloosheid om nou die kampe te bereik en bekend
te word met die ware stand van saken. Sedert die tyd word dit byna onmoontlik om die kampe te besoek. Geen permit word meer uitgegee nie
en die arme mense moes aan hulle eie lot oorgelaat word, terwyl ons
magteloos in die stede opgesluit was.

Juis toe was die sensuur so streng, dat ons geheel en al van die buite-
wêreld afgesluit was en alleen Engelse berigte ons bereik het en omdat
ons, ons lewens nie meer as nodig wou verbitter met die lees van Engelse koerante nie, weet ons heel weinig van die groot agitasie in Engeland, verwek deur mejuffrou Hobhouse wie die kampen besoek het en
wie die wêreld van al hulle gruweldade ingelig het.

Mejuffrouw Emily Hobhouse, 'n Engelse aristokraat, wie haar lewe in
die agterbuurte van Londen aan liefdadigheid wei, het ons meer gehelp
as al die ander pro-Boers in Engeland tesame, nie alleen deur hard te
werk vir die kampe nie en geld in te samel van alle

kante af om op groot skaal voedsel en klere te stuur na Suid-Afrika,
maar hoofsaaklik deur haar onvermoeide skrywe en blootlegging van die
toestand in die kampe, soos ons dit self gesien het. Haar laatste
werk,"The Brunt of the War and where it fell", is 'n wonderbaarlike versameling van feite en sal van onskatbare waarde wees vir die geskiedenis van hierdie oorlog.

Die uitgave van die boek het aan mej. Hobhouse egter baie moeite en
verdriet besorgd. Vireers word haar boek deur die meeste boekhandelaars in Engeland in die ban gedoen; haar naam word, as 'n slegte voor-
teken, liefs nie genoemd; mense vra mekaar af of die vrou wel Engels
was; die toegang tot vele van haar vroeër vriende en kennisse word
haar ontsê; sy word as 'n landsverraaierr uitgemaak; in een woord: geen
smaad was erg genoeg vir haar nie, die wat die waarheid durf bekend
maak en die feite durf noem van die sogenoemde konsentrasie-kampe,
hierdie onmenslike uitwassing in 'n gruwelike oorlog. (Ethnic cleansing)

Alles het sy met kalmte verdra, oortuig dat dit vir haar groter betekenis het om aan die waarheid getrou te bly as om die lof van mense te
ontvang.

Mejuffrouw Hobhouse is nie deur die laster en die smaad terneerge-
druk nie, maar het rusteloos verder ge-arbei vir die welsyn van ons volk,
wat sy geleer het om lief te hê, en omdat sy geen vaderlandsliefde ken
van die wat in leuens en ongeregtigheid hulle grootheid soek nie, maar
oortuig was, dat alleen geregtigheid aan 'n volk, die Engelse sowel as
die Boerevolk, verhoog moet word. Toe die oorlog verby was en niet-
teenstaande die wyd en syd bekend gemaakte ondersteuning van die
Engelse regeering, het die ellende in sommige dele van die onderworpe
Republieke erger geword in pleks van beter, het sy nie geaarsel nie,
maar het weer in persoon na die plase gegaan waar

daar gely word, en het deur haar laatste rapporte vele harte beweeg tot liefdadigheid en so die nood kon lenig deur stoflike gawens en troos te bring in menige donkere siel.

Waarlik, ons volk is veel te danke aan hierdie moedige vrou, wie al haar kragte vir ons ingespan het, en dit is daarom dat haar naam verdien om orals vermeld te word, sodat vele nageslagte haar in dankbare herinnering mag hou. God beloon haar vir al die weldade wat sy bewys het aan 'n volk, wie haar niks daarvoor kon terug gee nie. Die dankbaarheid van 'n verwoeste en veragte volk mag weinig werd wees in die oë van ons seëvierende vyande, maar solank as wat ons lewe, sal ons dink aan iedere daad van liefde, ieder woord van simpatie, ieder teken van medelye met die nood van onse vrouens en kinders.

Ons dank aan Dr. Green in die besonder, die enigste Engelsman, wie gedurende ons verblyf te Iréne simpatie betoon het en gedoen het wat hy kon om die ellende te verminder; maar sy mag was beperk en sy taak as militêre dokter bomenslik.

In sy rapport van 4 Junie 1901 (Blouboek Cd. 819, bl. 60-61) praat hy van die deurdringende koue en die snydende wind, van die skrale vleisrantsoen en van die lyding van die jong vrouens en kinders deur onvoldoende kleding en gebrek aan bed en kooigoed. Hy stel voor, dat 'n genoegsame voorraad geneeskundige middels verstrek word aan siek mense en swak kinders, raad aan inwoners te gee vir alle tente, en laat deurskemer dat dit nodig was om die hulp van 'n derde dokter vir die kamp in te roep.

Heel vleiend vir die ses vrywilligers, is die paar woorde van waardering,

wat hy uitspreek en die feit dat hy aanraai om die betaalde werkers in
die hospitaal, die leerlinge in die kamp, te vervang deur meer dames uit
Pretoria en sodoende die "ervare verpleegsters van te veel sorg en oor-
matige werk te verlig". Hy beskou ons blykbaar nie as 'n "gevaarlike ele-
mente in die kamp nie", en was ook nie so bevooroordeeld nie, en hy
kon erken dat ons die werk uit liefde vir die mense, meer voldoende
gewees het en ons plig meer nougeset gedoen het as huurlinge.

Die rapport van Dr. Green is gematig en regverdig en vergeleke met
elke ander rapport oor die kamp te Iréne, heel gunstig.

Dit verwonder ons om byna dieselfde gematigdheid te vind in die rapporte van Superintendent Scholtz, wat niks wys van die bitterheid, vy-
andskap en waan van sommige rapporte van Dr. Woodrooffe nie.

As ons dink aan die hartverskeurende toestand, waarin die mense in
die tyd was, verbaas dit ons hoe iemand met 'n greintjie humaniteit so
onbarmhartig en gevoelloos kon wees as Dr. Woodrooffe. Hy skryf die
hoë sterftesyfer vernaamlik toe aan die vuil gewoontes van die mense,
en tog deel hy in dieselfde rapport (Cd. 819, bl. 354-355) aan die publiek mee dat 52 sterfgevalle veroorsaak word deur masels, 9 deur longontsteking en brongitis, 8 deur kinkhoes, 3 deur uitputting en 4 deur
stuipe: 76 in die geheel. Hierteenoor gee hy 1 sterfgeval ten gevolge van
diarrhee, 3 aan typhus ens.. Hoe knap van hom om uit te vind, dat niemand nog ooit opgemerk het dat vuil gewoontes masels, longontsteking,
brongitis en die ander siektes, bogemeld, veroorsaak het nie! Een sin in
sy rapport tref ons in besonder: "Hulle sedes is ongeveer net so rein as
hulle huid". Ek dink dit sou, heel interessant wees om na te gaan, wat
Dr. Woodrooffe "rein" noem, en aan welke maatstaf van sedelikheid hy
die mense beoordeel!

Dr. Woodrooffe het dit aan ons gegun om oorvloedig orders te skryf
vir die luukse-artikels uit die apteek (as dit in voorraad was,) soos rys,

gort, maizena ens. wat alleen aan siekes uitgereik word en daarvoor was ons hom dankbaar; maar ons sou hom as vriendeliker beskou het indien hy meer nougeset gewees het in die vervulling van sy plig, meer regverdig in sy oordeel en meer bedagsaam in sy behandeling van die vrouens en kinders.

Toe ek na die oorlog in Europa kom, het ek die geleentheid om die rapport van Dr. Kendal Franks oor die kamp van Iréne te lees, waarna ek met verlange uitgesien het (Cd. 819, bl. 162 en volg.). Dr. Kendal Franks is een van die vernaamste dokters van die Britse leer.

Sy woord word dus in Engeland as onfeilbaar beskou en die mooi rapporte, wat hy oor die kampe skryf, was genoeg om die wêreldbekende sterfte-getalle weg te syfer; maar, nadat hy saam met my al die ellende van Iréne gesien het, hoop ek, dat uiteindelik die waarheid bekend gemaak sal word. Hoe was ek teleurgesteld, om weer vooroordeel en dieselfde eensydigheid te vind en dieselfde besliste poging om die hoë sterftesyfer toe te skryf aan die onkunde, die vuil gewoontes, die vooroordeel en wantroue van die mense self. Van begin tot einde vind ons, wie al die geheime werkings van die kamp ken, in die rapport foute en verkeerde opgawes, ongetwyfeld die onvermydelike gevolg van 'n oppervlakkige inspeksie van 5 ure. Van 9 tot 1 uur het Dr. Franks die hospitaal, die apteek, die voorrade en enkele wyke gesien, en van 2 tot 3 uur na die middag-maal inspekteer hy my wyk met my. Sy rapport oor my wyk is nie te gunstig nie. Waarom? Omdat ek aan hom die ware staat van sake openbaar het, nie omdat my wyk "die slegste in die kamp" was nie, soos hy sê nie. Mejuffrouw Celliers se wyk grens aan myne, en was feitlik 'n voortsetting daarvan en was niks beter as myne nie; maar mej. Celliers het haar werk in stilte gedoen en werk daagliks alleen en sonder hulp teen die ellende, wat geen pen kan beskryf nie; terwyl ek soveel moontlik bekend maak wat ek in my wyk vind. Gevalle van oorbevolkte tente en groot armoede word deur my stiptelik gerapporteer aan die dokters, die Superintendent, en selfs aan Generaal Maxwell, as niemand anders my wil hoor nie, dog met die enigste gevolg, dat ek vir my self die naam van agitator verwerf en die bewoners van my wyk word aangeteken as van "die allerlaagste soort". Inderdaad was hulle gedeeltelik van die beste families en het ek dosyne gesinne in my wyk, wat ek my hele lewe geken het, lidmate van my vader se gemeente, wie deur hom heel hoog geag was en wie se gasvryheid hy in beter tye dikwels geniet het.

Dr. Franks weet na een besoek van 5 ure veel meer oor die kamp van Iréne as sommige van ons wie vele maande daar gewees het, en daarom kon hy 'n heel mooi rapport skryf vir die Blouboeke, sodat die hele Engelse wêreld mag lees en daarna uit te roep: "Wat ly die Boere in die kampe tog 'n ideale lewe!"

Waarom is daar in die Blouboeke geen enkele rapport deur iemand van ons kant nie? En waarom is ons mededelings, indien dit aangehaal word, onherkenbaar verdraai? Selfs Dr. Neethling, een van die warmste voorstanders van die Boere wat ek ken, word in die rapport gesê dat die hoë sterftes toe te skryf is aan "die onkunde van die Boere vrouens en nie aan enige nalatigheid van hom, wie verantwoordelik was vir die toestand van die kamp en sy bewoners nie". Dr. Franks het ongeveer ses of sewe van die 130 of 140 tente in my wyk gesien en dan durf hy sê dat "slegs een tent in hierdie wyk skoon" was. Dit is 'n bewering wat benede enige teen-spraak van my kant staan.

As voorbeelde van oorbevolking noem hy : 2 vrouens en 11 kinders in een tent, en 3 vrouens en 11 kinders in 'n andere. Dit is waar en reeds erg genoeg, maar selfs voordat Dr. Franks die kamp besigtig het, het ek 5 vrouens en 14 kinders in een tent, en 3 vrouens en 17 kinders in 'n andere, en dosyne tente met 12 of 16 bewoners. In my dagboek kla ek herhaaldelik oor die oorbevolking en my vrugtelose pogings om meer tente te kry. Later kry ek wel 'n groot aantal, meer as wat ek selfs ver-lang, maar ook honderde nuwe inwoners.

Wat Dr. Franks blykbaar besonders getref het, was dat die kinders met hulle klere aan in die bed gestop word; maar waarin wil hy hulle dan an-ders in die bed laat klim?

"Hulle klere word eenkeer in 'n week verwissel," sê hy, maar dit is ook 'n minder noukeurige opmerking; want in die meeste gevalle word hulle klere in die geheel nie verwissel nie, totdat dit in vodde van hulle rug afval, en een of ander liefdadige mense hulle van nuwes voorsien. Hoe kon die arme siele hulle klere verwissel, as hulle niks meer gehad het as die klere aan hulle liggaam? Ek het dikwels na 'n naakte klein kereltje gekyk, weggekruip onder 'n deken, met die vraag: "Wat is verkeerd met hom?" en dan was· menigmaal die antwoord van die moeder: "Ek is besig om sy klere te was", en die vrouens moes gereeld 'n rok en lyfie leen van 'n gelukkige buurvrou, wie wel 'n skoon een gehad het, terwyl hulle eie armoedige kleding-stukke 'n heel gewenste reiniging ondergaan het. Die feit, dat siek kinders, "in hulle klere neergelê word op matte van velle of op dekens," is al erg genoeg en behoort nie gesê te word as 'n verwyt teen die sorg van die Boere-moeder nie. Sterwende kinders sal nie op die grond gelê word, as daar 'n bed met ledekante te kry was nie.

Wat betref die toemaak van die tente om so min vars lug binne te laat, kan ek alleen sê, dat die mense net sowel onder die blote hemel kon geslaap het, soveel beskutting gee die dun tente. Hulle doen alles wat hulle maar kon om die deurdringende naglug tee te hou; Hulle bou selfs lae muurtjies van klippe rondom die tenten om die seil op die grond te anker en elke skrefie stop hulle met sakke en stukke van ou klere, dog sonder sukses. Die woeste wind ruk die tent-penne uit die grond, die klip-muren skeur die tente slegs aan vlarde, en die tente swel en kraak en flap met swaar weer, soms dae en nagte lank.

Dit was die oorsaak van brongitis en longontsteking, nie die versuim van die Boeremoeders, soos Dr. Franks sê nie. Hy skryf die oorsake van dood deur diarrhee en dysenterie toe aan die onreine wyse waarop die Boerevrou haar kinders voed; maar waarom is daar slegs vier sterf-gevalle tengevolg van diarrhee en een van dysenterie in die maand, waarin Dr. Franks Iréne besoek het?

(sien die rapport van Dr. Woodrooffe, wat ek reeds aangehaal het, Cd. 819, bl. 235). Waarlik, dit is 'n armsalige argument teenoor so 'n onge-hoorde sterfte as wat ons in die vreeselike maand gehad het.

Elke departement word deeglik ondersoek deur Dr. Franks.

Die suiker, wat in die tyd daagliks in die kamp gesien word, was swart en suur. Dr. Franks inspekteer die voorraad in die apteek en verklaar dit, "geel, korrelig en uitstekend", sodat die enigste gevolgtrekking, waartoe ons kon kom, was dat daar 'n afsonderlike voorraad bewaar word vir inspeksie. Indien die melk steeds berei was op die wyse soos deur Dr. Franks beskryf, sou die mense geen rede tot klagte gehad het nie; maar daar was in die kamp 'n oorvloed van water en wanneer die vraag na melk die voorraad oortref, was daar altyd genoeg water in die ses yster reservoirs van die kamp om die voorraad aan te vul. Die vleis was 9 van die 10 dae te sleg om aan 'n hond te gee, en selfs Dr. Franks kon niks beter sê as dat "die karkasse, wat oorgebly het van die uitdeeling van die vorige dag, maer, maar gesond was". Stel u voor: hele karkasse gesonde vleis wat oorbly van die vorige dag, in 'n kamp van byna 5,000 half verhongerde mense! Die raaisel kan op twee wyses verklaar word: - óf die mense kry meer vleis as wat hulle kan gebruik, óf hulle kon nie gebruik wat hulle kry nie. My eie ondervinding was, dat die meeste mense nie eens die moeite om hulle vleis-rantsoen te gaan haal nie, omdat hulle dit tog onmoontlik kon eet; en ons moes dikwels die vrouens aanspoor om te gaan, alleen om die kans, dat hulle moontlik iets beters mag ontvang as wat hulle vantevore gehad het. Ek glo nie dat daar ooit opsetlik siek vleis uitgedeel was nie; maar dit is 'n feit wat heel wel bekend was en wat Dr. Franks en die Komitee van Ondersoek in al hulle rapporte vermeld, dat in dié tyd 'n volwasse skaap van 13 tot 14 pond weeg (tweemaal die gewig van 'n nouliks pasgebore kind!) spreek boekdele oor die treurige toestand, waarin die kudde was na lang blootstelling aan honger en dors en wrede mishandeling onder die aandrywing van die vee. As mens weet dat die gemiddelde gewig van 'n volwasse skaap tussen 40 en 45 pond is, is dit maklik om te begryp wat die arme diere moes uitstaan, voordat hulle tot 13 pond teruggebring was. Ons was dikwels gesê dat hulle na die slagplase gedra moes word, omdat hulle te swak was om te loop. Ons wil nie nie onredelijk wees nie en ons weet heel goed, dat daar in dié tyd nêrens in ons land goeie vleis te kry was nie; maar dan moet die Engelse nie sê, dat die Boere dit nooit so goed gehad het op hulle plase as in die konsentrasie kampe nie.

Soos alle ander Engelse, praat Dr. Franks veel oor die verderfelike huismiddele wat die Boere gebruik. Dit is natuurlik onsin want indien dit verderflik was, sou die boere reeds lankal op hulle plase uitgeroei gewees het.

Ek ken die meeste middels wat hulle gebruik, en sommige is werklik heel goed en die andere miskien nutteloos, maar onskadelik. 'n drankie van hondebloed het nog nooit iemand dood gemaak nie, sover ek weet nie, en al die ander drankies van kruie afgekook, was dikwels veel gesonder as die slegte koffie, wat die mense in hulle rantsoen kry. Deur veel te skryf oor die huismiddeltjies, het die Engelse aan die hele wêreld bewys dat die Boeremoeder nie onverskillig en nalatig was, soos hulle so dikwels in die Blouboeke. beweer nie, maar al haar kragte ingespan het om haar kinders van die dood te probeer red. Omdat ek die kamp om gesond-heidsredes verlaat het, toe die dameskomitee van ondersoek

Iréne besoek het, kan ek van hulle rapporte nie veel sê nie; ek weet alleen van die vriendinne, wie ek onder die ses Vrywillige Verpleegsters gehad het, dat die toestand van die kamp toe erger was as ooit te vore en dat alle pogings om dit aan die verstand van die Komitee te bring, tevergeefs was. Hulle houding teenoor die Vrywillige Verpleegsters was van die begin af vyandig en agterdogtig; ongetwyfeld, omdat hulle deur die Superintendent teen ons opgestook was. Nie een van die dames kon Hollands praat nie, nie een was bekend met die gewoontes van ons land en volk nie. Dit is dus heel begryplik, dat hulle nie in aanraking gekom het met die mense wie hulle die waarheid kon vertel het nie. Engelse en Engelsgesinde Afrikaners was die enigste, wie hulle in hierdie saak kon voorlig, en dit is geen wonder dat hulle rapporte eensydig en onregverdig was nie. Hulle het hulle ook dikwels belaglik gemaak deur die dom vrae wat hulle gevra het, en die onsinnige voorstelle, wat hulle gemaak het. Een knap dame b.v. vra mevrou Armstrong, waarom hulle die vrouens geen borsels en seep gee om die vloere van hulle tente mee te skrop nie. Stel u voor, om moeder Aarde te skrop!

'n Ander maak die gevolgtrekking dat dit vir die Boere 'n ongehoorde weelde is om tweemaal in die week vleis te kry, en "dat die meeste Boere vroeër nooit geweet wat dit was om vleis te eet nie." Iedereen, wie selfs weinig kennis van die Boerelewe het, weet dat die Boere hoofsaaklik van vleis leef.

Toe Dr. Neethling probeer om deur toedoen van hierdie dames 'n verbetering aan te bring in die water, waarvan die kamp voorsien was, kry hy ten antwoord, dat dit te veel sou kos om die water met pype aan te

lê van die bron en word daar voorgestel, om die sloot skoon te laat
maak deur die "lui Boere" in die kamp. Hierdie sloot was ongeveer nege
kilometer lank en in sommige gedeeltes van tien tot vyftien meter breed.
Die bodem was bedek met 'n dik laag modder en meer as een keer word
daar dooie skape en beeste in ontdek, in gevorderde staat van ontbinding. 'n Breë pad gaan daardeur, waarlangs die duisende en honderd
duisende skape en beeste van die geplunderde Boere veehoewe na
Pretoria gedryf word. Nêrens was die sloot omhein, geen brug gaan
daaroor nie, en die bedorwe water van hierdie sloot word met pompe in
ses groot yster reservoirs in die kamp gepomp. Oppervlakkig beskou, lyk
die water, wat uit hierdie reservoirs kom, nogal suiver, en in die Blouboeke word die water dan ook altyd beskryf as uitstekend en oorvloedig,
maar ons weet dat die meeste gevalle van typhus en diarrhee, nie veroorsaak was deur die slegte rantsoene, nie, maar hulle ontstaan te danke het aan die bedorwe water waarmee die kamp voorsien was. In die
Blouboeke word natuurlik alles toegeskryf aan die onreinheid van die
mense self, en hierdie gees van onwaarheid, partydigheid en onregver-
digheid heers oor die algemeen in al die Blouboeke van Engeland. Dit is
nie soseer 'n poging om die waarheid wat daar in Suid Afrika gebeur
bekend te maak nie, maar veel eerder om die Regering van elke verwyt
vry te pleit. Ten gevolge hiervan vind ons in hierdie rapporte vele
verontskuldigde verslae van vlugtige en oppervlakkige ondersoeke, nie
die werklike ondervindings van die mense wie self maande in die kampe
deurgebring het nie. Indien dit die geval sou gewees het, sou die
Blouboeke daar heel anders uitgesien het en sou die publieke opinie

in Engeland anders gewees het en sou ook die Engelse volk minder medepligtig gewees het aan die vreeslike lyding van onskuldiges gedurende die oorlog en aan die gevolge daarvan en in die ellende wat nou so 'n lang tyd na die sluiting van die vrede nog geheers het in die Transvaal.

HOOFSTUK X

Die Afrikaanse verpleegsters word uit die kamp gesit.

Ons posisie in die kamp te Iréne was nooit veilig nie. Eers het Superintendent Scholtz geprobeer, om 'n fatsoenlijke rede te kry om van ons ontslae te raak en daarna word ons bestaan byna onmoontlik gemaak deur Superintendent Esselen, wie uiteindelik daarin geslaag het, met die medewerking van die Komitee van Ondersoek, om ons uit die kamp te sit.

Op die 4de Oktober ontvang Mevrou Bosman, ons geagte Sekretaresse, die volgende brief:

Departement konsentrasiekampe

NUWE PALEIS VAN JUSTISIE. Pretoria.

Aan Mevrou Bosman

Adres Ds.Bosman,

PRETORIA, 4 Oktober 1901

Mevrouw,

Die korps verpleegsters in die hospitaal te Iréne is op voldoende sterkte gebring en die Matrone van die kamp, Mevrou Esselen, het volledige maatreels geneem vir die besoek van die tente en vir die voorsiening van die behoeftes van die kampbewoners.

Dit is daarom vir my 'n genot om aan U te kan meld, dat dit nie langer nodig sal wees om gebruik te maak van u vriendelikheid om 'n korps Jong dames te vorm vir die soort van werk te Iréne nie.

Die Militêre Goewerneur dra dit op aan my om u in sy naam te bedank vir die diens wat U kon doen tot verbetering van die lot van die siekes en behoeftiges onder die inwoners van die kamp en aan die jong dames, wie so edelmoedig hulle aangegord het om in die nood hulle vroulike landgenote te voorsien en sy groot dankbaarheid uit te druk vir hulle dienste, waarvan hy oortuig is, dat dit verleen is onder omstandighede, wat veel persoonlike ongemak en selfopoffering meegebring het.

Daar sal dadelik permitte gestuur word na Iréne om die lede van U verpleegsterskorps, wie nog daar is, in staat te stel om terug te keer na Pretoria.

Ek het die eer te wees, Mevrou,

U Dw. Dr.

w. g. w. K. TUCKER,

Superintendent Generaal.

Drie dae daarna ontvang Mevrou Armstrong die volgende brief :

Konsentrasiekamp, Iréne, 7 October 1901.

Aan Mevrou Armstrong	Aan Mejuffrou Findlay
Aan Mejuffrou Westmaas.............Aan Mejuffrou Kruger	
Aan Mejuffrou Malherbe...............Aan Mejuffrou Enslin	

Vrywillige verpleegsters van die komitee van die Nederduitse Hervormde of Gereformeerde Kerk

Dames,

Dit is aan my opgedra deur die Hoofkantoor om aan u te meld; dat daar besluit is, om alle verplegingshulp in die kamp van die departement op te sê en dat derhalwe u werk te Iréne voltooi is.

Ek moet u ook die dank oordra van die Superintendent-Generaal vir die voltooide werk en u meedeel, dat u spoorweg-permitte in die besit is van die heer Roos, wie bereid is om dit uit te reik, sodra dit van hom aangevra word.

Ek het die eer te wees, Dames,

Uw. dw.

w. g. G. F. Esselen,

Superintendent.

Daar ek die kamp toe al verlaat het, was ek nie onder die verpleeg-sters gewees, wie op hierdie ondankbare, onmenslike wyse uit die kamp gesit was nie, juis toe daar so ontsettend gely word en daar soveel be-hoefte was aan hulp. Dit lyk vir ons so onnodig en onbarmhartig, maar die Komitee van Ondersoek het ons beskryf as " 'n gevaarlijk element" in die kamp, en dit was vir Engeland nie veilig om mense in die konsen-trasie-kampe te hê, wie in verbinding staan met Pretoria nie, "waar so-veel onrus gestook word".

Daarmee was dit uit met die werk van die Vrywillige Verpleegsters van Iréne en daar word ook 'n einde gemaak aan die weeklikse besoeke van die "Klere-Komitee", en geen enkele permit word meer gegee aan die in-woners van Pretoria om die kamp te besoek nie, dus weet ons van die verdere toestand van Iréne so goed as niks.

Superintendent Esselen het, tot ons vreugde, ook sy ontslag te danke aan die dames van die Komitee van Ondersoek, wie na hulle eerste be-soek aan Iréne (23, 24:25 Sept. 1901), hom beskryf het as onbekwaam vir sy taak en aan die Militêre Goewerneur voorgestel om hom te ver-vang deur iemand, wie beter geskik was vir die moeilikhede van so 'n pos.

Hierop word geen ag geslaan en toe die Komitee ses weke later onver-wags Iréne weer besoek, vind hulle as die eenigste verbetering die afwesigheid van die ses Afrikaanse verpleegsters en verder die toestand van die kamp ewe sleg as met hulle eerste besoek.

Toe het hulle Generaal Maxwell nog eens dringend versoek om hom te ontslaan as Superintendent wat wel gebeur, tot groot voordeel van die kampbewoners.

Byna 'n jaar later was ek weer in die geleentheid gewees om die kamp te besoek en vind toe alles soveel verbeter, dat ek my nou verplig voel om dit ook te meld, na die vreeslikhede wat ek in die boekie beskryf het. Die verkryging van 'n permit, wat toe nog nodig was vir ons besoek, gebeur op 'n eienaardige wyse.

Eers word dit aan my suster, mevrou Cloete, wie by ons loseer en verlang het om die kamp te sien toegestaan maar onmiddelik weer teruggetrek, toe die outoriteite ontdek, dat sy die suster was van die gevaarlike mejuffrou van Warmelo. Daarna skryf ons self aan die Superintendent-Generaal van die Konsentrasie-Kampe en word uitgenooi om hom persoonlik by sy kantoor te besoek, waar hy 'n lang gesprek met ons voer en noukeurig als nagaan.

Ek vertel hom dat ek van plan was om binnekort na Holland te vertrek en dat dit in die voordeel was van die Engelse regering om nie enige hindernisse in die weg te lê nie, omdat ek Iréne geken het in sy allertreurigste toestand en ek alleen aan die mense sou kon vertel van my ondervindings, indien ek nie in die geleentheid gestel sou word om my self te oortuig van die beweerde verbeterings nie. My suster sê ook, dat wanneer sy, teruggaan na die Kaap-Kolonie, sy iedereen sou vertel, dat die kampe in Transvral so sleg was, dat niemand 'n permit kon kry om dit te besoek nie.

Die einde van die onderhoud was, dat ons nie alleen permitte kry om na Iréne te gaan nie, maar ook 'n vriendelike brief daarby kry vir die Superintendent, om hom te versoek om ons uitstappie aangenaam te maak. Die dag, wat ons daar deurbring, het ek in my Dagboek beskryf en van wat ek daarvan genoteer het, gee ek nou woordeliks verslag.

27 APRIL 1902 (Sondag).

Verlede Vrydag gaan my suster en ek na die kamp van Iréne en bring daar 'n heerlike dag deur. Dit reën snags hard en ons was bang, dat ons na die stasie sou moes swem; maar toe die son opkom, dryf die wolke uiteen en word die lug helder en vars en die hele dag waai daar 'n sterk bries, sodat dit koel bly en daar geen stof was nie. Ons kon onmoontlik mooier weer hê. Eintlik was die dag alles in ons voordeel.

Ons kom as gevolg van 'n misverstand 'n drie kwartier te vroeg aan by die stasie, maar later was ons dankbaar daarvoor; want ons kry 'n hele walading van vrouens en kinders, wat gereed was om na Natal gestuur te word.

Daar was vyf families met pasgebores en klein kinders in 'n oop goederewa, wat die hele nag in die reën gestaan het. Ons staan lank met hulle en praat en hulle vertel ons, dat hulle van hulle plase in die noorde van Soutpansberg gebring was, waar hulle al die tyd in vrede en voorspoed geleef het. Hulle huise was nou verwoes, sodat dit 'n leun was, soos die Engelse verklaar, dat die verwoestingswerk reeds lank gelede opgehou het.

Hulle word selfs sonder voedsel of kleding na Pretoria gebring. Geluk-kig het ek 'n bietjie geld by my en kon ek hulle ongeveer £ 10 gee.

Te Iréne het ons £ 50 om uit te deel, geld wat aan ons uit Switserland gestuur was, en ek het die sak by my en 'n opskryfboekkie en glo my, ons het die dag menige treurige hart verbly. Ons kom tuis sonder 'n stuiwer en ek kon gemaklik £ 1000 uitgee, so groot gebrek was daar, maar alleen aan klere, want die rantsoene, wat hulle ontvang is uit-stekend en meer as voldoende.

Ons vind die kamp verplaas na 'n ander plek en baie verbeter in elke opsig. Daar is nou 2,300 kinders onder 16 jaar en hulle sien daar bruin, gesond en gelukkig uit. Ook merk ek dieselfde gees van tevredenheid en voorspoed in die hele kamp. Ek vind vele van my ou vriende en ek was meer as gelukkig oor wat hulle my vertel van hulle teenswoordige be-handeling. Ons het ook 'n uitstekende maaltyd in die tent van 'n ouder-ling van die kerk:- goeie vleis, gebraai met aartappels, wortels, rys met rosyntjies, beet-slaai, brood en koffie. Hulle het die hele somer 'n oor-vloed van groente gehad en ontvang melk en stroop, goeie meelblom en genoeg bevrore vleis, sodat hulle niks te kla het in die opsig nie. Die kinders kry eenkeer per dag 'n kom goeie bouillon* en meer gesteri-liseerde melk as wat hulle kan gebruik.(* Bouillon = bredie(broth))

Die enigste, waaroor hulle nou nog kan kla is die kleding, wat heel armoedig en verslete is, asook die tente. Die laaste word aaklig geskeur deur die lang staan in weer en wind en met die oog op die naderende winter, is dit sekerlik 'n saak van groot belang.

Na die ete word daar 'n openingsdiens gehou in die nuwe gebou, wat opgerig is; 'n enorme ruimte met 'n yster dak, wat op balke rus, met seildoek aan die kante. Die diens word gelei deur Ds. Bosman en ons was daarby teenwoordig en het aan die regterkant gesit, teenoor die volgepakte gemeente. Daar moes, dink ek, wel 1,500 mense gewees het en dit was 'n hoogs indrukwekkende plegtigheid, wat ek vir niks ter wêreld sou wou misloop nie.

Na die diens praat Ds Bosman 'n paar woorden van dank en waardeering aan die Superintendent, die heer Bruce, die naam wat al die mense blykbaar aanbid. Die heer Bruce antwoord met veel gevoel en toe verkondig Ds Bosman aan die mense, dat hulle in hulle midde die twee dogters van hulle seer geëerde en geliefde leraar Ds van Warmelo, het.

Toe die diens afgeloop het, vra ons om voorgestel te word aan die heer Bruce, wie die allervriendelikste was en ons het die hele kamp deur gery in sy "dog-cart". Hy wys ons die hospitaal met die laatste verbeterings en hy doen alles wat hy kon om ons besoek aangenaam te maak.

Tot sover my dagboek.

Daar is geen twyfel aan, dat die verbeterings opvallend was vir iemand, wie die kamp geken het in die tyd van die Superintendent Scholtz en Esselen; maar my suster, wie nooit te vore in 'n kamp gewees het nie, sê alleen die vernedering van die mense, wie soos 'n kudde diere binne 'n omheining gedryf was, die verskeurde tente, waarin hulle woon, hulle armoedige, verslete kleding en die vervalle toestand, waarin die oues van dae verkeer.

Ek mis onder die mense vele bekende gesigte.

.Sommige was gestorwe en vele families van vegtende burgers was weggestuur na kampe in Natal, maar die gesig wat ek die meeste mis was die van ons goeie vrolike "Dandy" (Dr. Neethling), wie om gesondheidsredes na die Kaap-Kolonie gegaan het.

Die brief waarvan 'n gedeelte hier volg, skryf hy op my versoek, om my mee te deel hoe het gekom het dat hy te Iréne as dokter geplaas was:

DIE GEVANGENISNEMING VAN MY AMBULANS.

In die maand April 1901 kom die Engelse Pietersburg binne en daarna maak hulle 'n vlugte beweging in die rigting van Haenertsburg en Hout-bosdorp, in die buurt waarvan ek gevange geneem word. My ambulans volg die kommando langs 'n moeilike, slingerende, steil pad toe ons bemerk, dat die Engelse probeer om ons af te sny deur 'n kortpad te vat. Die kommando veg met die flanke van die Engelse en die Engelse begin so 'n reën van koels op my wa los te laat, nieteenstaande dat iedere voertuig 'n heel op die oog vallende Rooi-Kruisvlag dra en ons buite die gevegslinie was, dat ek my ambulans vir die veiligheid van die pad af neem na agter 'n klein koppie. Van hier kon ons die geveg sien, twee myl verder, maar nouliks het ons hier 'n half uur gestop, toe ons ongeveer tien Engelse sien afkom, geen 400 Meter van ons af, wie salvo op salvo op ons vuur, en een van die muile swaar wond. Ons lewens word slegs gered deur hulle slegte skiettery.

Ons swaai nog 'n vlaggie en toe hou die salvo's op en kom twee sol-date nader met aangehegte bajonette, wie die skandaligste taal en vloekery na ons slinger. Toe hulle ongeveer 15 Meter van ons was, skree hulle: "hande op !" Ek stap na vore en lê aan hulle uit dat daar geen sprake was van "hande op" vir mense van die Rooi Kruis nie; maar ek kry steeds meer skelwoorde en die bedreiging om 'n bajonet deur my liggaam te kry. Daarna probeer die twee ons van ons geld te beroof en om ons, ons stewels te laat uittrek, wat ons weier. Een van my manne word selfs aangerand om sy beurs te bemagtig. Eers toe ek sê dat hierdie dinge aan die kommanderende offisier gerapporteer sou word, hou hierdie handelinge 'n bietjie op. Twee van ons perde word weggeneem en toe ek my verset teen derglike behandeling, word ek beantwoord dat hulle mag doen wat hulle wou, omdat hulle geen orders gehad het nie. Toe die offisier by ons aankom, vertel ek hom alles en bied hy sy verontskuldiging aan, en sê dat die soldate somtyds geen bevele meer gehoorsaam nie. As dit nou die behandeling is wat ons ontvang, sou ek wou weet hoe dit met die burgers gaan.

Ons word na 'n tydelike kamp gelei vir die nag en die volgenden dag na die hoofkamp om daar tereg te staan voor die kommanderende offisier, wie begin om my te beskuldig van kontraband in die vorm van saals in my waens te hê. Dit word goedgemaak deur die verklaring, dat dit aan die staf behoort. Drie dae later nadat ek daarom versoek het, word ek gesê, dat ek na my kommando kon gaan; maar nie-wetende, waar dit te vinde was en in groot gevaar is van die Kaffers, wie almal vuurwapens dra en nie alleen vee van die Boere wegneem, maar ook Boere gevangene neem en selfs vrouens, stel ek daarop voor aan die kommanderende offisier, dat hy my 'n permit sou gee om na Louis-Trichardt te gaan of deur die bosveld na Ermelo, Dit word geweier op grond daarvan dat Lord Kitchener beveel het, dat geen ambulans deur die Britse linies gestuur mag word nie. Daarom word ons in dieselfde wa met Kaffers na Pretoria gestuur, terwyl al ons goed in Pietersburg gelaat was. Alle verdere onderhandelings om die Boere strydmagte te bereik faal, maar die volgende maand word ek "benoem as dokter in die konsentrasiekamp van Iréne".

Nog eens dank ek Dr. Neethling, in die naam van die bewoners van Iréne, sowel as die van die vrywillige verpleegsters, vir sy belangrike dienste aan ons almal bewys.

Wat volg is die ondervinding van 'n Transvaalse vrou, wie die oorlog ook deurgemaak het.

Ek was in staat gewees om die gebeurtenisse van twee van die belangrikste maande uit die tyd van die konsentrasiekampe te beskryf, maar wat hierin opgeteken staan, is ook die ondervinding van duisende moeders van die Suid-Afrikaanse volk, en hierdie dinge moet bewaar word met al die andere, goed sowel as kwaad, wat meegewerk het om die Afrikaanse stam tot een volk te maak.

0, vrouens van Suid-Afrika, skryf op alles wat julle gely het onder die hande van ons magtige onderdrukkers. Niks mag verlore gaan, niks mag vergeet word nie.

Al is u taal eenvoudig, al is u woorde swak, skryf op al u ondervindings, maak dit bekend aan kinders en kleinkinders en vrees nie, solank julle die God van Waarheid voor oë hou.

SLOTWOORD

DEUR

Ds. L. E. BRANDT.

Vir 'n klein oomblik het Ek u verlaat, maar met groot ontferming sal Ek u vergader; in 'n klein toorn het Ek my aangesig van u 'n oomblik verborg; maar met ewige goedertierenheid sal Ek My oor u ontferm, sê die Here, u Verlosser.

Jes. 54: 7,8

In die boek, waarvan hierdie hoofstuk die slot vorm, word enige male 'n naam genoem, wat vir vele in Transvaal 'n besondere klank het. Dit is die van Ds. N. J. Van Warmelo, in lewe 'n predikant te Heidelberg, die man wie uit Nederland oorgekom het, hom met hart en siel gegee het aan sy nuwe vaderland en wie alles gedoen het wat in sy mag was om die volk, wat hy liefgekry het, te leer om hulle self te wees en hulle beste gawes en kragte te ontwikkel.

Met die deurlees van sommige briewe aan sy dogter gerig, toe sy in Kaapstad op skool was, tref dit my dat hy in elke brief aandring op die bestudeering van die Hollandse taal. Hy het gevoel, dat die taal 'n bol werk was, wat sterker sou blyk as alle andere en dat die Boere dit moes handhaaf, so suiwer moontlik, indien hulle bestand wil wees teen 'n buitenlandse vyand wat voortdurend dreig om hulle te oorweldig.

Ds. N. J. VAN WARMELO.

In die tyd was daar vele moeilikhede verbonde aan die grondige be-
studering van die taal; goeie skole en goeie onderwysers was skaars en
die Engelse taal word heelwat verstaan en selfs heelwat gebruik; die
geskiedenis leer dat daar van die kant gevaar te verwag was. Daarom
was Ds. Van Warmelo een van die mees besliste aanhangers van die
nationale politiek van President Kruger en Pres. Kruger was jare lank sy
vriend en raadsman. Dit was geen wonder, dat almal wie hom ken, hom
geëer en lief gehad het nie, want hy het die gawe om die beste en

hoogste wat iemand besit te leer ken. Hy het 'n blik op persoonlikhede en toestande, waardeur hy begryp wat nodig was om die persoon of die saak tot die grootste moontlike hoogte te voer. Transvaal het in die dae van sy eerste ontwikkeling veel aan die man te danke gehad.

Al sien hy heel spoedig die goeie kant, sien hy ook die gevare en foute van die Afrikaners want sy oë was nie geslote nie, en hy weet ewe goed dat as 'n mens nie deur lyding geheilig word, so ook 'n volk deur beproe-winging gelouter word.

Dat hy hierdie oorlog sou voorsien het is nie te sê nie; maar dit is wel seker, dat hy dit sou aanvaar het as deur God gestuur en sou probeer het om die lesse te leer wat, die Here daardeur aan Sy kinders wou in-prent. Alleen deur ons te buig onder die oordeel van God, kan ons daar-van die geseënde vrugte pluk.

Hierdie oorlog was 'n ontsettende oordeel gewees, swaar om te dra en vele was die slagoffers gewees; maar Gods arm slaan waar Hy weet, dat dit nodig is, en ons kan vertrou dat hy hom nooit vergis nie. Wonderlik was Sy weë gewees met die volk van Suid Afrika gedurende die laaste paar eeue, deur goed en kwaad was Hy hulle hulp en skild gewees, in gevare van swart volke en van wilde diere; te midde van vyande van allerlei aard is nooit Sy naam tevergeefs aangeroep nie. Hy het Hom as 'n Verlosser getoon, so dikwels as iemand tot Hom roep in die nood.

Indien God nou vir 'n oomblik Sy aangesig vir ons verberg het, laat ons nie wanhoop aan Sy liefde en trou; die bewyse daarvan was soveel gewees, dat ons nie kan verstaan dat Hy, by wie Hy geen verandering of skaduwee van bekering sien, ons sou wou bederf om 'n einde te maak aan ons volksbestaan nie.

Indien dit lyk asof die hemel van koper is, ondeurdringbaar vir ons gebede, indien dit lyk asof die ongeregtigheid en die leuens op alle terreine die oorhand te kry, indien ons geen uitkoms sien uit al die moeilikhede, wat ons omring ten gevolg van selfsug en onbekwaamheid, en te belet, dat ons wie so swaar gely het, om ons te herstel en tot welvaart te laat kom, laat ons daarom Hom nie wantrou, wie die gehele wêreld in Sy hand het nie en vir Wie ook ons lewens nie verborge is nie. Solank ons in angs is, lyk dit vir ons asof die druk nooit sal ophou nie; want ons kan die einde nie sien nie, maar dit is daarmee soos 'n onweersbui. Wanneer ons onder die duisternis en die reën is en die son vir ons verdonker is sien ons nie, hoelank die storm sal duur nie; maar die son, wat hoog aan die hemelhoof staan, sien hoe groot die wolke is, en hoe spoedig die hemel vry en helder sal wees.

God straf nie, omdat Hy lus het om te straf nie maar sodat ons, ons sal bekeer en lewe. By Hom is genade en daarom is dit nie die laatste woord, dat Hy ons verlaat het nie en Sy aangesig van ons verberg het nie. Hy sê ons met nadruk: "Met groot ontferming sal Ek u vergader, en met ewige goedertierenheid sal Ek My oor ieder ontferm." Teenoor die oomblik van verlate-wees staan Sy ewige goedertierenheid, teenoor die klein toorn staan Sy groot ontferming. Dit neem van die besware en van die smart alle bitterheid weg. Dit is onse Vader, wie ons oneindig lief het, Van Wie se ewige goedertierenheid ons deel sal wees. Die son bly aan die hemel skyn, ook as ons haar nie sien nie, en haar strale koester ons des te meer, indien ons vir 'n klein oomblik hulle warmte gemis het.

Israel het van die alleroudste tye af ondervind, dat God hulle Verlosser was; verlossing was die groot werk van die Heilige Israeliete vir Sy volk. Daarom noem die Here hulle by die naam, om Sy volk daaraan aan te herhinder, dat daar geen vyand so magtig is, dat God Israel nie uit sy hand kan verlos nie, geen gevaar so groot, dat Jehova nie Sy uitverkorenes daarvan kan beskerm nie.

By God is geen verandering nie en Hy beskou ons in liefde en goeder-tierenheid, ook wanneer Hy ons onder Sy oordeel bring.

Wat sal ons dan doen? Die rampe, wat die donker wêrelddeel getref het het blykbaar nog nie verdwyn nie, droogte, siekte onder die veld-vrugte, en verskillende veesiektes gaan steeds voort om verwoesting te saai en dit is tog nie dinge wat mense ons aandoen nie. Die natuur is meer as iets anders onder Gods onmiddellike bestuur. Gods hand is nog nie van ons opgelig nie, maar sal miskien nog swaarder op ons gaan rus, wanneer, ten gevolge van die invoer van duisende Chinese, die werk wat vele blankes lank na gesoek het en uiteindelik gevind het, weer van hulle sal ontneem word.

Die vrae vermenigvuldig hulle in ons en dit sal steeds meer word en ons weet so dikwels nie die antwoord wanneer weereens "waarom ?" in ons opkom. Dog God weet dit en Hy sien verder as ons. Laat ons dan op Hom bly vertrou. Hy wil, dat ons Hom sal vashou en ons nie te laat verlei tot 'n lewe sonder Hom nie, vergetende wat ons dank aan ons God verskuldig is met die geloof van ons Vaders.

Dit is 'n oordeel van God, wat oor die land gekom het en wat nie weg-geneem sal word voordat Sy doel bereik is nie. Daarom moet ons die toestande aanvaar soos dit is. Ons moet leer om dit goed te vind dat ons onderdrukkers voorspoedig is en die vergelding aan God oorlaat. Die geskiedenis van die volke toon 'n natuurlike ontwikkeling wat nie verhaas kan word deur kunstmatige middels nie, deur ingrype van mense, of daar sal groot skade daaruit voortkom. Die ongeregtigheid moet steeds groter word en hoe spoediger dit gebeur, des te eerder sal hulle ook hulle eie ondergang bewerk. As ons kyk na die kruis van Jesus Christus, dan verstaan ons, hoe die sonde op die oomblik, wanneer dit sy hoogste triomf vier, juis ten gronde gaan en oorwin word.

Die vrugte wat hierdie oorlog afgewerp het, is reeds in menige telbaar en dit sal nog meer word. Opmerklik is die vele voorbeelde van jong mans, wie hulle self oorgegee het om die Here in die werk van die Evangelies en die Sending te dien; karakters word gevorm, ander word gesterk; die geeste sal openbaar word; die gemeenskap is gebore tussen almal wat dieselfde doel voor oë het. Daardeur is veel twisting en tweedrag weggeneem en broederliefde daardeur in die plek getree. Reeds onder die onderdrukking is aan ons getoon, dat Gods goedertierenheid groot en magtig is. Dit sou waarlik sonde wees om nou te twyfel aan die liefde van die Here, ons Verlosser. Was dit nie juis onder die swaar druk in Egipte, dat Israel tot een volk gevorm is nie, en in staat gestel was

Om alleen te staan, hulle self te handhaaf teen alle vyande, en is dit nie die geskiedenis van alle groot manne van die Ou Verbond, wat ons leer dat hoe groter werk God vir iemand stel, des te swaarder die oordeel. Hy moet dit ondergaan om hom te heilig, en des te swaarder straf word hom opgelê, wanneer hy Gods gebooie oortree? Vir seker, die donker wolken is nog nie uit die hemel nie en 1904 is begin met baie dreigende onweerswolke; maar heel in die verte begin daar tog iets deur te breek van 'n heldere sonskyn. Daar is hoop vir die, wie let op die groot gebeurtenisse in die wêreld en dit beskou in die lig van sy geloof, dat dit God is, wie die wêreld bestuur, ook die groot magtige volke, die heersers en die konings lei., Dit is 'n geweldige belangrike tyd waarin ons lewe. Ons sien alles so snel gaan, toestande sal ontwikkel, volke sal opkom en ander agteruitgaan, dat ons met 'n bietjie geduld te beoefen al heel spoedig 'n antwoord sal ontvang op ons vrae en dan leer verstaan, waarom dit moes gaan soos dit gegaan het. So sal indien ons maar sal vertrou en geduld beoefen ook vir ons, miskien spoediger as wat ons verwag, duidelik word wat Gods liefde vir ons bestem en waarom Hy ons deur hierdie weg gelei het.

Ons moeders en susters het veel geduld moes beoefen en menigmaal gevra, sonder om antwoord te ontvang waarom hulle so swaar moes ly, waarom so veel kinders moes sterf, waarom hulle eie lewe gespaar word om nog meer ellende te verduur, terwyl oor ander die engel van die dood as 'n verlosser kom om hulle te red en na die huis te dra. Waarlik, dit alles is nie tevergeefs gewees nie; maar nou is ons, die oorgeblewene dit ook verplig aan die nagedagtenis van die 25,000 vrouens en kinders, wie in die kampe gesterf het, dat ons nie verslap in ons geloof en nie moed verloor nie, maar deur 'n waardige handhawing van wat oorgebly het en hulle wie na ons sal kom in staat te stel om die vrugte te pluk van hierdie tyd. Dit is die natuurlike ontwikkeling van die dinge wat na aan die liefde van God vir ons is, dat Hy ons weer sal aanneem in genade en tot heerlikheid terugbring.

Daar is egter een voorwaarde aan verbonde en dit is dat hierdie nuwe lewe, wat ons dan van God sal ontvang, ook aan Hom gewy word.

Hy kan ons nie herstel tot ons vroeër voorspoed nie en nog minder bring tot groter welstand, indien ons dit sou wou gebruik as wapens teen God nie. Voorspoed en geluk, geld en goed, lyk na heerlike gawes, maar dit lei maklik tot 'n lewe sonder God, en dit sou die ondergang wees van ons volk, selfs na alles wat ons deurgemaak het.

Daarom is nodig, dat ons weet om self die eiendom van ons Here en verlosser te wees en met als wat ons het aan Hom behoort.

Indien dit so is, sal ons veilig wees. Dan sal ons ryk wees in God en vir Hom en Sy Koninkryk arbei, dan sal daar nie meer gekla word oor toenemende ongodsdienstigheid van ons jong manne en groeiende onverskilligheid van ons jong vroue nie; dan sal ons volk sterk wees, omdat hy steun op die krag van die Almagtige Lewende God.[30]

Kaap Die Goeie Hoop, Suid Afrika.

January 1904.

---

[30] Hierdie preek was baie vrylik vertaal omdat die letterlike vertaling geen sin gemaak het nie en te veel herhalings voorgekom het..

ENGLISH

THE CONCENTRATION — CAMP OF IRÉNE.

CHAPTER I

The Concentration Camp of Iréne, situated about 20 Kilometre South West of Pretoria, was founded in the beginning of the year 1901.

Earlier Iréne was only known as the first railway station between Pretoria and Johannesburg and as one of the most beautiful plantations in the region of our capital city; but now we have to learn to know it from a different and more tragic point of view. Previously we frequently went there with wagons, tents and riding vehicles to spend days on end between wonderful bushes and Iréne was then known as one of the most striking picnic places to be found.

Now we have to spend our time in totally different circumstances in tents and wagons, not only days and nights but months and years. The word "Iréne" means "peace" and we only thought about pleasure and joy, but now it sends a chill of shock with all the terrible tragedies we have to endure at the same place.

. "Iréne" was the name of the daughter of the rich owner, the gentleman Nelmapius, who created big gardens with trees and shrubs, so that the farm became well known for its wonderful fruit, vegetables and beautiful bushes, shrubs and flowers. After the death of the gentleman Nelmapius, the farm was sold to the gentleman

van der Byl, who enthusiastically continued the development, started
by the gentleman Nelmapius. When the English started the barbaric
work of putting families of our citizens into camps, they chose as many
farms as possible, that bordered the railway line and that was well pro-
visioned with water and wood. As Iréne satisfied all these requirements,
an enormous camp was planned.

From the early days of Iréne we don't know much. The first official
notice only reported that in February 1901, there were 891 residents
(186 men, 315 women and 390 children) (Reports etc. on the working of
the Refugee-Camps etc. Cd. 819, Nov.1901, p.23) who lived in tents and
frequently suffered from diarrhoea and measles.

The camp was then under the management of an English officer,
Captain Rime-Haycock, who was interested in the welfare of his
prisoners (or protected people), but afterwards the gentleman N. J.
Scholtz was appointed as Superintendent of the camp, and under his
iron hand the people had to suffer for five months. Against his own
nation there is no one more cruel and uncharitable than an English
orientated South African and that the English knew very well, when they
appointed people like Scholtz and later Esselen in most of the "murder"
camps like Iréne and gave them power over the unfortunate occupants.
How frequently we pleaded with the head officials to replace them with
English men. It was all in vain, the beaker of endurance had to be
emptied to the bottom and more than 20,000 women and children had
to die in utmost misery, before salvation arrived. The work of
destruction and imprisonment progressed so quickly, that within three
weeks the number of prisoners at

Iréne almost doubled and instead of 891 occupants there were 1324, amongst whom there were no less than 154 ill. (Reports etc. on the working of the Refugee Camps etc. Cd. 819 Nov. 1901, P. 28). From 6 February to 3 March 14 children and 2 adults died– that equates 15% yearly (see t.a.p. P. 28); but it had to become much worse as my readers will notice with reading on in my book. It still had to increase to 10 – 15 deaths daily when the camp increased in size. The occupants became exhausted by the continual lack of good food and they were no longer able to resist illness and misery.

Gradually we got reports in Pretoria of the utmost suffering of our sisters in the camp and a few energetic women started involving themselves with the task, e.g. Mrs Bosman, wife of Ds Bosman from Pretoria, Mrs Joubert, the widow of our previous Commandant-General, and her daughter, Mrs Abraham Malan, Mrs Armstrong, who fervently loved the Boers, even though her husband had been a British subject, Mrs Brugman, Mrs Liebenberg, Mrs Celliers, Miss Eloff, Miss du Toit, Miss Malherbe and the other ladies, who feature in my diary. The work only began at the end of March with a commission consisting of three ladies, Mrs Armstrong, Malan and Malherbe, who acquired permission from the English Government to go to Iréne once per week to take orders from the people, who had money for what they needed. That was already a large comfort for the women because the most had some money that they could salvage from the flames but were not able to buy anything. These ladies then came back weekly from the camp with long lists of articles they required, clothes, shoes soap and candles. It was no small task to keep track of it all and to know later to whom the different items belonged. We called them the clothing committee and we owe them many thanks. Through them we became aware of the true state of affairs in the camp. Mrs Armstrong said quite early on that if we should do something useful and important for the people, we should work in the camp ourselves. It was decided to write to the Superintendent-General of the camps to get permission to stay in the camp with the people to nurse them. The offer was accepted with gratitude and on 6 April 1901 she departed with Miss Malherbe to the camp. We frequently heard from these ladies how difficult it was at the beginning of their life there. It rained almost every day during the first week, everything was sopping wet in the thin tents and the people sometimes could not make a fire to prepare their meat and flour ration for days. Everyone went about stooped under the burden of Superintendent Scholtz, who advised the British government that no good coffee should be given to the people as part of the rations as they were used to mealy flour and pea coffee. "That was untrue as the Boers used good coffee and could barely do without their favourite drink." It made them very unhappy to do without coffee and now they had to use something terrible. We do not know exactly what it was, but some thought it was ground up acorns or something like that from which almost everyone developed diarrhoea or dysentery.

Mrs Armstrong gave the English no rest

until the people got Coffee beans to prepare themselves, but everything was of the meanest and cheapest quality, sugar, flour, everything.

Miss Du Toit stayed behind in Pretoria as Secretary, but later Mrs Bosman replaced her, and it remained like that until the English pushed the voluntary nurses out of the camp six months later.

When Mrs Armstrong realised it was impossible for two women to do all the work on their own, she wrote to Mrs Bosman for assistance and Miss Findlay and Miss Dürr were sent to Iréne on 3 May and on 12 May Miss Celliers and me. For every one of us we had to obtain a permit, which became more and more difficult. Why we could not tell, as the English should have been thankful for the voluntary help of interested parties and there was enough work for sixty nurses instead of six. But no, we had to be thankful and to regard it as a big favour from our enemy that anyone got permission at all to soften the misery and suffering. When Mrs Bosman got the last two permits it was made clear to her that she could not expect any further favours. It is true that we could send six nurses in rotation, but not more than six at any one time. Then our honoured secretary made the following rules for the Voluntary sisters in the camp of Iréne :

REGULATIONS FOR THE SISTERS OF THE IRéNE-CAMP.

1. Nobody can stay longer than one month without the permission of the Secretary.

2. Nobody can vacate their position except in case of serious illness, and

then, not without notice to the Secretary.

3. Politics may not be spoken and if someone is reported the transgressor will be removed immediately.

4. No preferential treatment may be given and no favouritism may be shown in your work.

5. One of the sisters shall be chosen as Matron.

6. No quack-medicine may be administered by the sisters without permission from the doctors.

7. When the permit of a sister has expired, the replacement sister will depart from her domicile on the morning train, while the other returning sister will depart on the afternoon train

w. g. A. H. Bosman, Secretary, Pretoria.

Concerning articles. 3 and 4, I can only say that politics were regularly discussed in the absence of the English doctors and nurses and that we without exception have been very preferential in our work, at least if we in any way could. The women and children of our fighting faction have the friendliest smiles, the warmest bedspreads and the best of everything that we have been given, not only because their men were in the Commandos, but mainly because their plight was the heaviest and the most unbearable. Nobody else looked after them. Their rations were always so sparse and as bad as possible. They get shouted and snarled at by everyone and even by their own nationals, the "hands uppers" and their wives, who taunted and persecuted them.

It is not a well-known fact that in the first months of the concentration camps, only half rations were given to the families of the fighting commando's by order of the authorities. In this way the supreme fulfilment of the duty of the commando's was paid for by their innocent women and children. No wonder that we became preferential and were doing our best to soften their plight; the sight of one of the "hands uppers" caused our blood to boil. But the women and children of the "hands uppers" also became ill and also died by the hundreds and got faithfully nursed by us. Yes the "hands uppers" themselves frequently come under our care and have to receive favours from our hands although they know how we feel about them. In this way I got to know several of those men very well, and later when we were on a more personal footing with them, it was a great pleasure to learn that they were very sorry about their conduct and that they would give anything not to have laid down their weapons. Some told me how it actually happened and it was no longer a mystery to me, as there don't seem to be many men who loved their fatherland more than their wives and children.

The "burger" commando's hear such awful stories of the suffering in the concentration camps, stories that actually have not been exaggerated. They thought that if they fought to the death, they would have it on their conscience if they indirectly caused the death of their own wife and children. Such men meant well and were not embittered against the innocent women and children of the men that kept on fighting to the last. They also suffered greatly, by coming to terms with their conscience with every report that we got from the field. When the thunder of cannons sometimes come to us over the mountains, I have seen these men with heads bowed and eyes cast on the ground and then my heart is filled with sincere sympathy, and fury that they have been so weak and unwise in their deeds.

There were three kinds of hands uppers: firstly, the good ones, secondly the ones that don't care, and thirdly the bad ones.

The good ones thinking that they have done their duty by laying down their arms. They have remorse over their deeds and stay faithful to their country and nation under all circumstances.

The ones who don't care have lost interest in the cause after long months of commando-life, and tired of all its deprivations and exhaustion and only long for peace. They don't care if the Boers or the English become the conquerors.

The bad ones have never been good, because a true patriot becomes strengthened in his love for the fatherland, if he has to suffer and fight. Those men that became part of the commando's with dishonourable motives to plunder and steal or to look for adventure, and when life began to bore them they had nothing more to gain by staying with the Boers. So he laid down his arms and swore the oath of neutrality, which played such a terrible role in this war!

An English oath of neutrality means this – no communication with the Boer commando's, not harbouring spies or helping them with food or clothes, speaking no word against the English and even spreading no war reports, except English victories.

To report any person, that is doing so, to expose any plans of the Boers when they become known; to accompany panzer train trucks and provision trains to protect them, to accompany the English to farms where ammunition, weapons or farm stock and sheep were hidden, to protect the farm stock of the English against the Boer commando's with weapons, even to take up arms against the Boers to make an end to the aimless and hopeless war. In one word, to help the English fight the Boers. There you see my readers "An English oath of neutrality".

It starts quite gradually.

A national scout was usually first a "hands-upper[31]" and a "cattle ranger", before he started doing scouting work for the enemy on his own nation, but then he was still lost, despised by the English, who use him for their own purposes, hated by the Boers, his good name, his honour and self-respect gone.

Between the women there was also a division, even the children knew quite well if their parents were on the side of the Boers or the English.

There also were different types of "hands-upper" women.

Some distance themselves from their husbands and take no part in the infighting, others blame the wives of the fighting party for not persuading their husbands to lay down arms and making an end to the war and ultimately others were spies who walked amongst them, listening to their conversations and

---

[31] Name given to Boers or their wives, that has laid down their arms.

betray them by reporting every unfavourable word to the English officials, with the result that women and children got sent away to camps in Natal far away from their own countryside and folks.

The other punishment was the reduction of their rations, which were already sparse to live from, but the most humiliating punishment was to be locked in a pen of barbed wire. The pen or punishment area was one of most dreaded things of the camp, a barbaric way to humiliate the women into their deepest soul. It was a fenced in area of barbed wire on dry land and bare rocks where the women had to stay up to a day without food or water and where they were to serve as an example for the other rebellious occupants.

It once happened in the time of the brave Superintendent Esselen, that a certain Mrs Lotter, a woman from the same neighbourhood than Mrs Armstrong, had harmful consequences of such treatment. One of the civil police saw her washing a small table cloth and then sprinkling the water around her tent. She was immediately reported and taken to the punishment area by two civil police agents, where she had to spend the whole day with one Black man and two Indians.

It had been raining the previous day and after the poor woman endured her punishment time on the wet ground without food and on returning to her tent she gave birth to a dead child. This happened after the voluntarily nurses were banned from the camp and when Mrs Armstrong heard this, she went with Mrs Joubert to General Maxwell to protest against such scandalous deeds, but only got the reply that it was necessary to let the woman serve as an example and as warning to the rest. What a way it must have been for a woman, a respectable daughter from Transvaal, to be locked up with coloureds and with mocking from all in passing, nobody can imagine. England can't blame us if such atrocities have been burnt into our hearts for ever. In the report in the English Blue Book of January 1902 Esselen unashamedly gave notice to his government that he has made use of his barbed wire pen several times in the neighbourhood of the toilets[32], with much success! Oh, the Blue-Books of England! I would be able to write a thick book about it. Maybe its turn will come, but for now only a few words, as the time is now past and it won't help now to rake up all the old buried things.

It was an awful life in the camp. We were surrounded by enemies, betraying people and spies eagerly eaves dropping every conversation. Nobody was safe or at ease; nobody could trust anyone and everywhere were mothers with bleeding hearts, who had to see their children die. Women in anxiety and tension over their fighting husbands and sons, but the longer we lived amongst them, the more we became aware of our honour and respect for their heroism, faith and patience, their fixed trust in the God of their fathers. Their spirit will never be broken. The excerpts from my diary that follows deal more with myself than I would have liked mainly because I had the need to open my heart, having nobody in the camp in whom I could confide, I have taken my refuge in pen and ink.

---

[32] Out door toilet – 3 walls and a door.

Did I think in those days that I would later publish my diary, I would have written it in more detail and more precisely, but for now I only kept my diary for my own use and I have written more about my own affairs, my own exhaustion and sorrows, than I would have done otherwise. Thus I can now only give excerpts, which only comprise half of my original diary.

CHAPTER II

Excerpts from my Diary.

IRENE-CAMP, **12 May 1901**.

Dear Diary,

I am starting my new life with hundreds of new resolutions, one of which is to make notes in my diary every evening, but as I am writing in the warmest place I can find, that is my bed with the dull candle light throwing shadows on the white walls of the tent, I am afraid that my writing will frequently be illegible.

Yesterday evening I was still at home, surrounded by comforts and now?

I am quite well organised, but it still isn't home and everything is new and unfamiliar. The girls are looking healthy and sunburnt and they are saying that I will quickly become accustomed to the life if I can bear the exposure.

There was nobody at the station to receive me as I was expected with the train that departed without me yesterday, although one of the doctors saw me and offered to accompany me to the camp. On the way he pointed several things out to me and told me what my work here will comprise of. The camp is enormous. There is about 5,000 people and what I believe more than 500 cases of illness. On average 3 deaths per day.

Dr Hamilton told us this evening that since 2 May 29 people died.

We walked along the "main street" to the top of the height where the hospital was. Someone asked me if I am the new nurse and when I answered in the affirmative, she took me to Miss Dürr, who introduced me to the other sisters.

All six of us are South African nurses and we have nothing to do with the hospital that is under the care of an English Matron. We have light duties in the camp, where we are going from tent to tent to see where there are illnesses to report to the doctor. Only the serious cases go to the hospital, the rest are treated in their tents, where their relatives are helping to nurse them. We don't have any night duty as we are on the go the whole day. Miss Celliers and I together, will have a round tent between us that will be erected in the morning. In the meanwhile we are in the hospital barracks, which is an enormous field tent that is warm and comfortable. Such luxury, alas, is only temporary and tomorrow evening we will be cold.

Now I am shivering at the thought and have to shake it off quickly.

We are all getting rations, that is prepared in a small kitchen of galvanised iron close by and we South Africans have our meal in a large field tent with the English doctors and sisters. Our supper this evening comprised of cold rump, bread and "stormjagers", a kind of oil dumpling, jam, tea and coffee. I enjoy all the news. Tomorrow my work starts.

There are two doctors, Green and Hamilton. The first one is the one who accompanied me from the station and I will be working under him.

Now I am going to sleep – My hands are frozen.

13 MAY The first adventurous day is past and without mishap, but alas the conditions in the camp are a hundred times worse than I expected, there is much more to do than I had foreseen. Let me try, dear diary, to tell you what my work is.

The camp is divided into sections and the sections into rows of tents. The tents in the row are numbered. At present I am having row 25, 26, 27 and 28 and what is ready from row 29. Each row consists of 30 tents, so that I would inspect more or less 140 tents and seeing that in every other tent there are one or more ill, you will understand how much I have to do. I ask in each tent if anyone is ill, and where there is someone I write the number of the tent in my pocket book, the name and age of the patient, the nature of his complaint, etc. The serious cases I report to the doctor but for the less serious cases I give prescriptions under my own responsibility. My pocket book this evening shows a list, awful and amazing to see.

In the camp there is a small dispensary, where the people can get milk, sago, maizina, arrowroot, castor oil, ointments, cough medicine, etc. on presenting a written order from one of the sisters, but the girls say that quite frequently the only thing in stock is "Nothing" That is not very encouraging and I have written an amazingly large amount of orders, likely in vain. Tomorrow I will know for certain if the people have received anything. The poor people, they have to wait so long, sometimes hours, before they get helped and then it is terrible to be sent away empty handed. There are two excitable, over worked Dutch people in the dispensary The tents are thin and transparent and only a few people have beds, some don't even have mattresses and sleep on the bare ground, so that they suffer more from cold than anything else and in every tent there is thus croup, influenza or whooping cough. They would stand the cold better if they got wholesome meals and there is a terrible lot of dysentery and diarrhoea due to the atrocious things they have to eat and drink in the form of rotten maize flour, tough and frequently contaminated meat, blackened sugar and the rubbish that people here call coffee, nobody know what it really is and there is a lot of difference of opinion on this question. The menu carries the name of ration but there is a lot that anyone simply cannot eat, from the small children to toothless adults and if a child is unwell he simply dies of hunger. Hundreds have gone this way and hundreds more will follow in the rough weather, unless something gets done for them. This evening it is bitterly cold and I would have liked to know how some of my patients with a searing cough survive.

As soon as I have more time, I will make notes about it if I hear something extraordinary. Today for example I heard that one woman has lost ten of her twelve children - I have to get hold of her name to find out if the story is true.

Oh! our little ones suffer tremendously, but even so they are so patient and stare at me with eyes full of agony like mute animals suffering from pain. It breaks my heart and we are so helpless. I am still not used to my work. The doctor was cross with me, because I brought patients to him that looked quite ill and he said that anyone that can still possibly walk has to go to the dispensary during his consultation hours as he doesn't have time to go round the camp. It is true that the doctors have more to do than they are capable of, but then there are just two? Fault no. 2 was that I, not satisfied with my own work, am doing a part of Miss Cellier's work who curiously enquired who her good Samaritan was. After I had done row 25 I did the whole row 24, thinking that it was row 26 and introduce myself as the new sister to everyone. When I discovered my fault I still had to do all my own work and I didn't finish with it until late in the afternoon. In some sections the tents are not even numbered and it causes a general confusion.

Dr Hamilton went to Volksrust and a new doctor is coming in his place. Miss Celliers and I are still in the veld tent, for which I am quite thankful. Today the wind and dust has been terrible, everything is full of sand. One is getting so dirty here, we feel as if we will never become clean again as the water is ice cold and warm water is an unheard of luxury.

We stole a moment out in the kitchen, such a nice kitchen, almost as big as a matchbox, but so cosy with two stoves (braziers). Our meals are good and I am ashamed to eat, while so many have a lack of food; but the girls are saying, that I will overcome the feeling. We must have nutritious food, if we want to remain strong enough to do our work.

My frozen hands refuse to hold the pen any longer and I will have to get under the bedspread as quickly as possible.

14 May. I finished early with my work to supervise the transfer of our belongings. Now, I have a round tent completely on my own in the entrance of which I am now sitting on a wooden box, my wash table, turned upside down. I wish that I could describe the landscape in front of me. I am on the top of the ridge and our tents are on the extreme opposite side of the hospital. In the valley in front of me is the camp with its rows upon rows of white tents, far off is the railway station, to my right the Iréne plantation and hills with valleys softly flowing as far as the eyes can see. Behind our tents are veld and nothing but veld. I hope that it will be safe for young girls to sleep on their own, so far from everyone else. The only thing of which I am afraid is black natives; as there are no snakes and spiders in the winter. Miss Celliers has a tent on my right and Miss Findlay on my left and before us are the tents of the other three sisters. It has been a heavy day for me but I still had time to think and the misery of everything is too much to bear. I am dying of desire to hear a word from home. While I am writing, there is a pitiful parade slowly on its way to the funeral grounds, the daily funeral

I can imagine it all, twenty men, two or three small coffins on an open bier, and a pair of crying women and so it carries on every day, sometimes even four or five, never less than two. The children cannot tolerate this life and they die by the thousands throughout the whole country. If I think about it, that Iréne is called the model camp, there are other camps in cold districts, Potchefstroom, Vereeniging, Volksrust, Middelburg etc., to where nobody ever goes to soften the distress, where there are no voluntary sisters and the people have to live from their rations and nothing more. It's enough to drive me insane. This morning I saw samples of the rations that are issued in the camp. The meat was reasonable but in the flour there were big clumps, full of live worms. I see how the children play with it, catching it and squeeze it fine between their little fingers! But then I have to add that the flour this week has been exceptionally bad and the doctor will send a complaint and request a fresh supply. Request is one thing but to get it is another and if it is refused the people will have to die of hunger as they have sieved it and more than half is inedible. As far as the sugar and coffee are concerned, now that is scandalous and I think it is the cause of terrible number of diarrhoea cases in the camp. In one of my tents six children are ill from dysentery and the poor mother sitting up the whole night without a piece of candle and she doesn't have a piece of soap to wash their clothes with. The English don't issue any soap or candles to the people, two of the most essential requirements in the case of illness and what they do receive was due to our volunteers. We may supply orders for such things in cases of utter emergency, but these articles are invariably not in supply. I have actually just written to Mrs Domela Niewenhuis[33], begging her to send all she can, soap, candles bales of flannel, woollen bedspreads and mattresses. She has a fund from Holland, from where she can draw and asked me to let her know what we need the most. I barely know where to start, there are so many things we need but will be thankful for anything, even if we did not ask for it.

Tuesday evening: I have unpacked all my belongings to make my new quarters cosier. Bed, dear bed is the cosiest of all and how thankful am I, that I brought all my own bed linen, bedspreads and pillows. All so delightfully clean after the dust and dirt of the day and it is ecstatic to lay down my exhausted body after running around from early morning to late evening in the sun, over rocks and grass. But for the tired out soul there is no rest. I will either have to get used to it or die from it. Nobody can endure such tension for long. I don't complain over the physical tiredness, that is nothing, but this gnawing pain on my heart! The thought of the future is pressing on me. What must happen to all these people when they are sent back to their destroyed farms. Only a few will have a roof over their heads, no house furniture, no money, no clothes. In my section they are all Soutpansbergers and it is terrible to hear how some had to flee to the cities for protection against the black natives, who were quite peaceful until the English approached.

[33] Wife of the Consul General.

One old man named Herbst, over 60 years old was hit with knobkieries[34] until there has been barely one bone unbroken in his body and then the natives left him for dead.

Too cold and tired and too miserable to write this evening.

15 May: Another hard day of work passed uneventfully. There are a few quite serious cases in my section but on the whole I have been lucky, still no mortalities, while the other girls had one or two to report each evening. I have a lovely little girl, Poppie van Tonder, with a seriously burnt leg: She is so sweet and allows me to dress her wounds without making a sound. This morning I was upset when I came to one tent where they were busy with their midday meal; I found no less than five married women and fourteen children, nineteen souls in a single round tent. Even so the prescriptions say that no more than six must be allowed! Of course I reported it to the doctor and he promised me to ask the Superintendent to give me two extra tents. Some cases are terrible. There is a small girl, skin and bone. I have in all the days of my life not seen something like that except on the photos of the famine in India. She had measles three months ago and now she is just fading away. This morning a baby came into the world with twelve fingers. One extra, as big as a pea, that is hanging on a piece of skin on the side of her pinkie on each hand[35], a weird sight. The doctor will tie it off. This morning we were quite excited when we heard cannon blasts in the distance. Opposite the door of my tent,

---

[34] Stick with Bulge on one end.
[35] A Pretorius hallmark 12 "Fingers" Translater had the same which were tied off.

far away, there is a hill from which light signalling can be seen. Sometimes in the evening we look at the signal lights and we would like to be able to decipher them. Frequently search lights cover the whole landscape, to change the night to bright daylight in an instant.

It is bitterly cold, even in bed. I can barely hold my pen and crawl underneath my bedspread every now and then, to get a little bit warmer and then it is a battle to get out again that takes all my willpower. How the people in the camp stands this cold is more than I can grasp. My first night in these thin tents was terrible after the warm veld tent. The whole night I couldn't get warm and had a form of rheumatism in my knees – If I manage to straighten them, I could not bend them again and when I got them bent, I could not straighten them again. I get along better with Dr Green, now that I grasp my work. He is quite good to the patients and is quite conscientious, but he has more work than he can handle and therefore always behind.

The people gradually grasp that I am the daughter of their beloved minister of church and they follow me from row to row to press my hand and enquire about my family and tell me what they remember of their honoured minister. How they love his name and how they honour him and how warm do they accept me for his sake!

The tears come into my eyes and I long to keep on talking with them when they awake my tender memories, but mostly I do not have any time left and I have to speed from one tent to the other. How thankful they all seem that this sight of misery of the nation, who he loved more than his own life, has been spared him. I must write up the other things: -to make note of everything that is needed the most, and of the cases that needs reporting to the doctor and in the afternoon after a hasty meal I need to go back to the camp with a basket, filled with a curious collection of things - quinine-pills, cough medicines, soup tablets, white sugar, rusks, castor oil, soap, candles, etc.

The serious cases I visit a second time and go round with the doctor when I can get hold of him, but they all need his services and he has to divide his time between us six. One has to be quite careful and systematic with your notes. At first I forgot half of it and I could not find the tents and did a lot of unnecessary walking. I only have one measles case, but she has now carried it over to her two children and now all three are lying on the ground in a very small and thin tent.

16 May. An unusual tiresome and busy day. At breakfast we told the doctor that he must have all our reports this evening. Thus we worked hard the whole morning and this afternoon I had to help at an operation, a swelling on the liver as I was the only one of the sisters that had any experience of a hospital. It was a serious swelling: the patient a young man in a seriously emaciated state and eventually I had to stay with him so that my section became neglected the whole afternoon.

The reports, that we compile weekly get sent to the headquarters, in Pretoria and we must state the number of patients in our section, their age and sex and the nature of their illness.

I find it quite difficult to determine who are

ill enough to be viewed as a patient, As almost everyone has some or other complaint and there are whole families with diarrhoea or something else, that are not mentioned as serious but under these terrible conditions can cause death within a few days or weeks.

Miss Malherbe is ill today - one or our best workers. We think that she has influenza or measles. No wonder after six weeks of such a life and with her present exhausted condition. God, give us all health and strength for our difficult work! This afternoon four coffins are carried past. I could hear the men sing one or our impressive hymns, while they went on their way to the cemetery. Sounds and sights as these go through your core. My emaciated little girl will soon follow the same way, I am afraid or rather I hope. She now has dysentery and influenza and is fading away. She has become a complete idiot and doesn't know what she is doing. The whole day she keeps picking her skin on her nose, eyes, nails and teeth. Yesterday evening she had worked out one tooth and now is she is busy with the rest; she has no more nails left. Her eyelashes, everything is bleeding, and her whole body is full of wounds. And then the look in her eyes! It persecutes me day and night and I pray continually to our Child friend that He just takes her. The mother has already lost two children and now she battles for the life of this poor child, but we know that it is all in vain. There seems to be so many children in the camp in a similar condition. The winter is approaching and if God doesn't help us, the mortality in these camps will become enormous.

This morning I find another overfull tent in my section, three women and seventeen children: twenty people in one single tent!

I notice that it doesn't help to report these cases to the Superintendent; he takes no notice of it - Scholtz is hated and feared by everyone.

Sometimes there is a funny side to life. Miss Findlay tells me, that she one day lost her scissors in the camp, and then an old little woman walked after her and said: "I hear, you have lost your scissors. Oh yes I can see, I am psychic. Now listen to me - you will never see your scissors again". She must have been very clever to be able to forecast that.

When we gather together, we have all our different experiences to relate, and some of us seem to be joyful all the time notwithstanding the bitterness around our daily life in the camp.

This morning it is Friday again and the ladies from Pretoria are coming on their weekly visit to the camp. Their arrival gets greeted with joy by the sisters and Friday is our festival day. Tomorrow I hope, Miss Eloff will come, and I hope that she has news from home. It seems like years since I left our dear "Harmony."

Some of the men in the camp absconded yesterday evening and now a large number of them will be sent to Bombay. How we rejoice if the men try to rejoin the Boere-commando's!

17 May. Not feeling well this morning - burning throat, trembling all over influenza, I am afraid. We must apparently get "salted", and then everything will be well. Miss Malherbe is somewhat better, but still in bed. Ds Bosman is here with the ladies of the "clothes committee". It is lunch time and I wander around our own tents in the hope to see our guests.

I am having my burnt little girl of the camp, carried to the children section to have her wounds examined by Dr Green. She had burnt herself quite bad and seems to be getting worse rather than better.

Ds Bosman tells me that General Maxwell refuse to allow us more than six nursing sisters at one time. "We may relieve each other each month, but there won't be allowed more than six at a time". There is enough work for sixty, and that is hard enough, especially when one of us gets ill and her section is divided between the rest, but we must be thankful that we are still allowed to stay. Dr Green said that he can't do without our help.

I have such empathy with an old woman here. Her son died in the camp yesterday and she did not even know that he was here. The first she heard was that there was a Coetzee who died and on enquiry, she found out that it was her son.

This evening. Letters from home, with a chest of eggs, tomatoes, loquats and limes and above all, a thermometer that I needed badly. Our new doctor came. His name is Neethling, he is a South African and a great friend of the Boers, he is young and in good health. He is one of the medical students, that came from Edinburgh with a veld-ambulance, when war was declared and he has had various interesting experiences.

My poor little Susara is going backwards and I hope that her end will come today. The mother still seems to think that there is hope of recovery. Poor soul! At the moment it is my most serious case and, if I have time in the morning, I will make a count in my section to know how many men, women and children I have under my care. A few of us will be going to the station to see off our guests from Pretoria. The walk will do us good and we have learnt to appreciate every chance of relaxation.

18 May. Been doing my count this morning, but I couldn't do more than two and a half rows, as there were so many illness in Row 25. There are an alarming number of dysentery- and influenza-patients - it is something terrible. One hear from all sides nothing but coughing and choking, and sometimes I can't hear my own voice, when six or seven poor little ones are coughing simultaneously in one tent.

The most discouraging of everything is, that there is no chance of improvements while they suffer so much from the coldness - the best nursing in the world can't cure them if they have to lie on the ground, while the bitter cold reach through each crevice of the miserable tents, and in the end it will become pneumonia and pneumonia in their present state of starvation means death. It is my sixth day and I haven't had a single case of death, but the amount of illness become much worse than when I arrived, and I am well aware that my good time has come to an end. The cold has begun in earnest and is intense at night and I may expect plenty illnesses tomorrow. I have noticed that my patients are always worse after such a bitter cold night. It is now frosting hard and when I wake up, my whole tent will be white and even my hair will be frozen and it is, oh so difficult to untie the ropes of the tent. Iréne has always been viewed as a warm place, but not by someone who had the misfortune of enduring a winter under sail cloth. The small Susara is still living this morning, if it can be called living. I am continually pursued by the eyes of that child and her continual sighing for "water, water[36]" each moment of the day. Oh, God, why must small children suffer that much? I cannot understand it, it is bad enough to see adults in misery but they have intelligence, but children can't understand why they must undergo it. It is cruel and my heart is breaking, when I can do so little to help them. Miss Malherbe is still in bed, very impatient about her forced idleness.

One thankful patient gave me a gift this morning of two four-colour cups. Some of the people complain all the time and it is understandable under the given circumstances, but I am always pleased to see those who tackle their misfortune with courage and valour. One woman, who darned my stockings and did refitting for me say that she will send her account if I send mine for the nursing. - None of my arguments could move her to accept any payment and I was struck by her proud feeling of thankfulness as it is not a small thing for these poor women to let a chance of money slip by, with which she could buy some small needs for her children.

Walls" (The name that Mrs Armstrong gave to this part of the camp due to the multitude of rocks around our tents.); as we almost all seem to be ill and there is so much misery in the camp. I got up with a miserable feeling.

---

[36] Water denial due to superstition.

and the first I heard, was that Miss Malherbe was so ill, that Mrs Armstrong had to take her home and will bring another sister from Pretoria with her tomorrow morning. Miss Dürr is also not well. The whole night I am hearing her cough, a sharp dry cough. This life is bad enough to ruin any constitution. I am very ill at ease over the large number of dysentery cases in my section and I made a list for the doctor, because the responsibility is too large for me. Mrs Armstrong says that large numbers of children here die of dysentery, especially when they are neglected in the beginning, but what does it help to report it to the doctor? He has no time to visit them all and, even if he can still see them the only thing he say to them is to eat no meat and not to drink any of the bad coffee, but that doesn't cure them. If there is no barley in supply they can't make barley water to drink and they are compelled to eat their rations. Medicine alone can not cure them - they must have wholesome meals. Their misery and suffering cuts me to the core this morning. The night was terribly cold and the people have suffered tremendously. One Snyman family, from the Bushveld, consist mainly of old, old people, who could not get warm the whole night. They say, that they have been taken out of their homes in the night and been put onto a mule wagon that was chased on until they arrived at "First Factory" ("Eerste Fabrie-ke"), where they were put onto a train and brought to Pretoria. The few things that they brought with them on the wagons were searched through during the night and they did not allow them to gather anything. They don't know what the reason was for their desperate haste, but the poor mules were completely exhausted, when they reached

their destination and then the old people got forced into a thin tent, without enough bedspreads for the night, cold to their old cores. Unless I can do more to help these people, I don't believe that I will be able to stand this life much longer, what purpose is there in going about and sympathise? I would like to give them mattresses and bedspreads and warm clothing and the food they are getting must be changed.
Sometimes the meat is so bad, that they can't even make soup out of it, and usually they have no rice or barley to make soup with, even if the meat was good. I don't know how these people will struggle through the winter, especially when newly arrived from the bushveld. I foresee a remarkable mortality during the first few months. There are rumours of erecting a similar camp in Soutpansberg, so that they can go back to a climate they are used to. I hope, that it is true; that would be a beautiful institution; but I would lose all my people, as my section consist mainly out of Soutpansbergers, who would give everything that they own (though they have nothing to give) to be sent to their own district. The English should have left all the people in the districts where they belong and not exposed them to such big differences in climates.
Yesterday afternoon a big herd of livestock was driven into the camp on the height opposite my tent. We were told this morning, that the English have just taken it from the Boers and they are apparently afraid of a recapture, and as a result the signs and search light working the whole night.
I wish that we had more doctors; we never know when to send our patients

to the dispensary to see Dr Green, because we can never be sure, that he will be there during consultation times. It is impossible for one doctor to supervise the hospital, the dispensary and a part of the work in the camp, and Dr Neethling has his hands full in the camp so that we really should have a third doctor.

20 May. For the first time since I have been here, I could find time yesterday at midday to visit the cemetery with Miss Celliers. It is approximately twenty minutes' walk from the camp and it is surrounded with barbed wire. There must be close to hundred graves. In each grave two or three people are buried. Late yesterday evening Dr Green asked me to fetch a Venter woman in the camp to stand by her sister as one of the trial sisters is ill. It was dark and quite cold, but I took a lantern and gladden myself in the prospect of my first expedition to the camp after dusk. I found the row and number without much difficulty, but the people slept and, very alarmed by my late visit, they thought that their sister was dying, and that they were called to give her a tender farewell. She is badly ill and we don't expect any improvement.

At night time the camp is quite quiet. The most tents seem in total darkness and only the sound of coughing is heard all over. In single tents a light is burning and the people were singing psalms and praying or you hear a youthful voice, reading from the bible, mostly a young lad or young girl in the family, who has a bit of learning. It is wonderful to see how patient the people are.

Sometimes, when I awake at day break, I hear singing in the camp, and in the evenings they sing and pray in the cold and darkness. Sundays there is no end to the music and where they gather in different tents and sing half a dozen different hymns simultaneously, the sounds that come from the camp seems indescribable. One old woman of over 60 yesterday called me "my old little mother." Some other names that I get are: nurse, sister, auntie, doctor, niece, my old sissy, and more than once I heard the children say: "There walks the Red Cross" or "the doctor's girl", and once I even heard someone say: "There goes the Medicine"

Later. I have just been called away to make my second nightly visit to the camp. One youth of almost 12 who I had carried to the hospital has only now died and I had to break the sad news to the family. It was terrible to crawl into the dark tent to wake up the people and tell them such bad news; but they were quite quiet and don't seem to grasp what has just happened. Eventually they all went to the hospital and we carried the corpse to the maternity section that happened to be empty and it looks serene and quiet, any trace of pain is gone. I regret that we have brought him here because each death case gives the hospital a bad name and increases the fear that the people have for the hospital. We do what we can to take the serious cases there, but the relatives refuse steadfastly and wait mostly until there is no hope of recovery left and as a result many come here just to die. It is my first death case since

I came here one week ago. Today everything is death and grave, the girls all had dismal tales, and one has to have strong nerves to sleep on your own in such a mournful night. This evening it is not as cold as usual, but so awfully miserable and the wind is bad enough to make one insane. I have to admit that I am nervous this evening, I, who earlier did not know, what nerves were. - If the storm will just break loose it would not worry me; but the deadly long silence, with sudden,. Fierce spells, scares me. I wish that I have company. Everywhere around us there seems to be big grass fires, and I know for sure that if the wind blows the sparks towards us and ignites our grass, the tents will go as well. The girls laugh at my fear but I know all too well what field fires can be on a windy night.

Well, we all seem to be in Gods hand and we have to trust that he will keep us safe, but I have seen enough misery to shock the strongest nervous system.

22 May. Did not write anything yesterday, but any wonder in such a time, that I have experienced since the day before yesterday, not a single moment's rest and still only done half of my work; that makes it so unsatisfactorily. While we were at breakfast yesterday, Mrs Armstrong came back from Pretoria and told me that my mother was in my tent. I flew towards "Stone Walls" into my mother's arms, and when I stopped kissing her, I found my aunt Clara waiting for a hug. What a pleasure and how nice to see faces from home at such a lonely place! I take them along to my work and leave them at an old friend, while I am doing my morning work. When we came together in my tent at the time for midday meal, we had so much to tell that we were trying to speak simultaneously and nobody could understand a thing. She had the most wonderful stories to tell and seems to have seen more in one morning in the camp than I did in a whole week. Mama had samples of sugar, flour and coffee to take home as souvenirs. In the sugar there was the whole head of a lizard! She was too affected by all the misery in the camp to accept the invitation to the veld tent and took her lunch in my tent, where Dr Neethling eventually joined us. After what seemed to me an unending ban from home it was rapturous, to hear news from home and the war. (Here we never hear anything about the war) and we talk, until I had to go back to my work, we make plans to soften the suffering in some or way or other and it is a comfort to know that friends with money and influence seem to be at work in Pretoria. Mama brought me an enormous suitcase with all sorts: flannel, clothing, food, medicine, sweet lemon, honey, and plenty other articles for my patients.

My poor little Susara has died. When I went there yesterday morning I heard that she coughed out her last little breath at 8 o'clock the previous evening. I took Mama to see the poor little soul with her pinched face, and she was upset, when I told her that the child looked like that during her life. The poor mother carried the little soul in her arms for three months and felt herself so lost and so lonely. Everywhere I am seeing her in the tents. Where there is illness, there she is with her lovely motherly patient face. She says that it is her third child that she had to give up in the same way since she came into the camp. The full names of the child of almost all cases about whom I write is known to me but I did not mention it here as it will not mean anything for the most of my readers.

My dear relatives paid a visit to the cemetery and late midday Miss Celliers and I accompany them to the station. On our way back a woman rushed to me to tell me that her son has a lot of pain and that she has been looking for me. I found an overpopulated tent with a young boy of about 10 years that doesn't seem well at all. He was completely blue around his lips and groaning of pain. I hastened to the hospital and was so fortunate to find Dr Green, who immediately went back with me to the camp. After he examined the boy he said that it was a serious pneumonia case and that the patient must be transported to the hospital, but the mother didn't want to hear of it and all my pleading was to no avail. The doctor was very cross and doesn't want anything to do with the woman; but tells me to apply mustard plasters and to renew it during the night. I was very unhappy about the poor boy, and because the mother doesn't want to send him to the hospital I decided to save him, if I can, in his own tent. I got all prescriptions from the dear Mrs Armstrong, who are never too tired or exhausted to help us, although she worked hard the whole day and is suffering a lot from indigestion. It was quite late when I was ready with my plasters and when I came back to the camp, after I made my patient comfortable for the night. She did not even had a candle and I had to give her mine, and that was one of the reasons, why I didn't write anything yesterday evening. I could only find a very small portion of candle, to enable me to undress - that is a very scarce article here. In the morning the boy was much better, to my huge delight and to the thankfulness of the mother. I was so excited and nervous after the adventure of the day, that I laid awake half the night, and I was certain that a native was lying under my bed. Due to that I decided to ask Miss Celliers, to join me in my tent, and there she is lying now, sleeping restfully opposite me. It is a big comfort to me to have her and we are quite glad to have her tent to use for all the provisions that we receive from Pretoria. Tonight I hope to sleep tight. - I would soon collapse, if I had to sleep on my own, and no wonder. One sees such terrible things in the camp. One of my little girls had a huge swelling on the back of her ear I had to take her to the hospital in the morning to have it lanced. Today the work in the camp was endless. There are now new orders for giving out milk (blue tickets). We had to go from tent to tent to collect the old and issue the new ones. Afterwards we had to make a list of all the illnesses for the weekly report before tomorrow. And lastly Dr Green asked us to find out exactly how many men, woman and children we have in our sections. That all on top of our normal work of taking temperatures, medicine-prescribing writing orders for sago, milk, rice, barley, arrowroot etc. etc. My count was a big help to me. I found one of my patients with a brand new son who arrived when the cocks started crowing. A large contingent of new burgers is expected but alas in the most cases not a single thing is ready and I have to supply the mothers from our own sparse supply.

I could not finish more than two rows this morning and at nightfall my voice was completely gone, but I was way too tired to crawl up to the hospital. Miss Celliers has a heavy cold, about all of us seem to be ill and we have to doctor ourselves with blue gum oil etc. Imagine dear diary, what the cheeky Boers have done at day break this morning! They rode to one of the "koppies" close to the camp and drove away 500 livestock and a few donkeys. There seems to be little commando's all around us.

CHAPTER III

23 May. One quite satisfying day.

I have finished an amazing amount of work, my weekly report ready for the doctor, my count completed, all the milk tickets given out, as well as treating dozens of ill people and I spent the largest part of the day with one dying little child. The poor little soul had just gone, when I left the camp, but I could not stay, because I was too ill. My voice has disappeared completely. The whole day I could not speak louder than a whisper.

The Boers sometimes seem to be quite strange with new medicines. When I first went to visit a dying baby her parents were in the act of giving her a spoonful of dog blood and the poor dog sat outside with a bleeding ear. I told them that it can do no harm, but it will also do no good, and that she must rather not interfere with the child. Still when I came back an hour later she was on the point of giving her a warm mustard foot bath. I prohibit it and tell them that there is nothing they can do. She was inconsolable as it was their only girl.

There seems to be more of my children that are quite ill. This morning there was another child born.

This happens in a tent where there already are eleven and where poverty, illness and misery reign.

Oh! I wish, that no more children will get born in these camps!

Mrs Stiemens of Pretoria has come in place of Miss Malherbe. We are so thankful that she came, there is so much to do, and she seems strong and healthy. Good news from the veld. The Boers have taken several trains again. The livestock that they took yesterday belongs to a certain Erasmus, one of the detested "hands-uppers" in the camp, who has never fought for his fatherland, but only tried to achieve as much as possible by profiting where-ever he could. Mrs Armstrong wanted to buy one of his cows for a friend in Pretoria, but he asked her £ 20.-.-, whereupon she told him that it was too much and that he should not be so independent of the market with his livestock, because the Boers on one sunny day will take everything. The Boers have now actually done it and our joy about it is great. They have taken a number of sheep to make a difference in their food cost.

A large number of prisoners from Cape Town have been brought here on request of their families.

Poor Miss Findlay is now ill. We think that she is getting the measles! A certain Mrs Nel in my section had lost her husband just before the war and four of her sons seem to be caught; she doesn't know where they are and she is here with three little ones, very tender and very poor.

In my weekly report there were not less than twenty nine with influenza and more than thirty with diarrhoea. There were only three measles cases. If I have done my count accurately there must be approximately 710 people in my section, amongst whom fortunately not more than 100 men. The other girls have plenty of "hands-uppers" in their sections.

24 May. The little child Petersen died yesterday evening, shortly after I left the camp. Many more will follow shortly - pneumonia, bronchitis, pleurisy, etc. is wreaking havoc amongst our little ones. It was a hard day and this evening I have been too tired to write.

25 May. Dear diary, there has been large dissatisfaction in "Stone Walls." the first, that I saw this morning, was that the men were busy, to add two rows of tents to my section and I patted myself on the shoulder that my complaints had an effect and that these new tents have been erected for my already over populated section; but, alas, it was not to be.

On my questioning I learnt that a multitude of people are entering from the Rustenburg district and these new tents were erected to receive them, so that my tents with 16, 17 and 19 people I regret to say, shall stay as they are. I am afraid that it shall not be possible to take the new rows in addition to what I have already. I am now already overworked and I had two terrible coughing bouts that exhausted me completely. Miss Celliers is willing to take over row 25, but my patients don't want to change, now that they are accustomed to me and maybe it is better to wait, until I find that the work gets too much for me.

There are strange rumours in the camp.

People say, that General Pretorius is lying close to us with a big commando unit and that he sent a letter to one of the officials here to say that, if they want to send out some wagons, the Boers will give them good quantity dry wood for the women and a good supply of the best meat; because, what they took from Erasmus, was more than they could use. We all seem very cross with Scholtz, the Superintendent, who is the worst "good for nothing" that ever lived.

He is making the life of our poor people a burden -and he has already tried on several occasions, to work us out of the camp. The women and children have very little comforts; since we started our work we saved too many lives, and that grieves him. As a result the doctors received a letter from him this morning, saying that in future the nurses may not issue any tickets for milk or medicines, etc. and that no order will be carried out, unless it is signed by one of the doctors. He knows very well that it will be impossible for the doctors, to go through the whole camp to see, where small items are needed, such as a dose of castor oil, a few cough lozenges or quinine pills.

They have their hands full with following up the serious cases, and we, nurses, can just as well go back to Pretoria, if we are not of any practical use in the camp.

"Medical Comforts[37]" seems to be frequently enough "not in supply"; but if they are, we can't get it for our patients. It was the last straw when Scholtz said that he must see the particular supply that we get supplied with, and must know

---

[37] This include Rice, Sago, Barley, Tea and Cocao.

to whom we give it to. This is most unreasonable and I know for certain that he has no right to insist on it; because the items that get sent to us by our friends are our property to divide as we please. This afternoon one of my patients died from malaria fever.

26 May. Although it is Sunday, I had a very busy day. I visited every tent in my section and I found three new cases of measles, one beautiful new baby, two poor little corpses, and many more strange things. What do you not see on these morning-rounds? If I have been a good writer, I would have been able to publish an interesting book about the subject, but now I can only make single notes for my own use later.

We are all so glad and excited, because the Boers seem to be in our area and this morning we heard quite a lot of shooting. Miss Dürr said, that she also heard a few cannon shots in the night and that very well could be, because fighting frequently takes place in bright moonlight. The last few days we had wonderful mild weather, on the whole not as cold at night, but very windy and unpleasant during the day. The whole afternoon women and children were treading on each other around our tents with orders for corn flour, soap, candles, etc. that we now share out from our "provision tent", next to us, since Scholtz made an end to our prescription issuing for dispensary orders.

It creates a mass of extra work for us, because we are now not getting any rest, even in our tents; but the people get better goods and don't get abused or reprimanded and that is already enough reward for our troubles. Why would Scholtz be so eager to worm us out of the camps? It seems to be his one and only desire, and still we are here only to soften the misery and if we expose any wrongdoing and report various unpleasant cases, it is only part of our work. Yesterday the meat ration was exceptionally bad. I opened several cooking pots and the steam that arises made me nauseous, anyone could see that the meat was off. And then the people won't get any more meat before Wednesday, only twice a week. We discussed the rations that got issued yesterday evening, when Dr Green said, that it was barely enough for a healthy, adult person to live from. Imagine weak children, who live on 2 ounces of flour per day, with nothing to make it tasty with. - It is impossible, and so hundreds of our little ones fade away through lack of suitable nutrition.

I believe that we will be getting bad weather. The sky is black to the west and I hear the rumble of thunder in the distance. Rain would seem to be a disaster in these airy tents. - There has just been a call that a woman is seriously ill in row 25.

27 May. It is a fairly light day. With the mild weather our sections seems in a much improved condition, and then we become merrier by youthful rebound. We seven Boers get along very well, dear diary, and it make our free hours quite pleasant. If we just could continue without change! It would be such a pity if an unsympathetic soul should enter our harmonised circle. "Dandy", as we call Dr Neethling, because he is always so tidy and neat, is an ideal doctor and gets honoured by all in the camp.

He is always in high spirits and merry and so very good to our poor ill patients. Miss Findlay is quite ill and her section is getting neglected, because we have so little time to supervise there. Mrs Vlok is expected today to replace her, but has not come, maybe because it is a public holiday and all offices in the city seem to be closed. One of the other girls had a very dismal death case. A woman, called Ruttenberg, lost two children this morning and a third is dying. The first died one week ago and her fifth is also ill. Her husband is still fighting and knows nothing of the terrible news that is awaiting him.

A certain Mrs Snyman died today, a young woman of 25 years, leaving three young children behind, whose father is also still in the veld. The worst of this is that her sister, Mrs Oosthuizen, a young woman of 20 years, died last week, who left a baby of six months behind. All these little orphans seem to be adopted by various family members. Mrs Armstrong told me, that she went to see the baby and then found, that the bonnet was seamed with a piece of black crape!

Mrs Steenberg of Bronkhorstspruit has lost two children on her farm and three here in the camp. One of the three was a married daughter, Mrs Theunis Christoffel Botha, who died here with her five children. The husbands are still fighting.

Dr Green wants us to investigate, "for our own insight", how many children, alive or dead, the women in our section ever had. He finds it a good opportunity, that should not be neglected, to compile statistics, and it would be worth our trouble if we can make time for it. I know of two women, who have seven children under the age of nine years.

The matron tells me of a peculiar case of a young man, who was brought into the hospital some time ago. He was laid upon his side in a clean bed, where he laid motionless, the whole day and when he could not tolerate it any more he asked permission to lay on the other side, promising that he won't make the bed untidy. No wonder, that they all seem so afraid for the hospital.

28 May. This morning we heard shooting. I am feeling very poorly - bad cough and cold in my head. One doesn't shake off a malady easily in these thin tents. This morning my bedspread and clothes were covered with frost that seems to penetrate through everything. There is plenty of illness in my section and I had to report seven serious cases to the doctor. Poor Miss Findlay has a lot of pain and sleeps poorly at night. Everything is indescribable miserable. All my babies seem ill, poor little darlings, and still they seem so good and patient. How much compassion I have for them!

30 May. In Bed. Today is Thursday and I haven't added any notes since Tuesday, but I have been ill in bed with a heavy bout of influenza. I worked Tuesday the whole day with a temperature of $+38°$ and by the evening I was so ill, that I had to go to bed. My temperature rose to over $39°$ during the night and I endured a terrible time, restless with my painful limbs, coughing and sneezing and with a splitting head ache.

Mama came to my great surprise and joy but I was too ill to entertain her and I just lay still, staring at her, listening to all the news she had to tell. She wanted to take me home but I wasn't able to rise.

1 June. Now I can empathise and form a picture of how the people suffer, when they are ill. I am quite weak and would have been able to die of melancholy and depression. Dandy treated me with a tonic, but I am afraid that I will have to go home. It makes no sense to stay here; one doesn't get better in these unhappy tents. The wind comes storming in onto me, a cold dusty wind that makes my cough much worse. Oh to be ill in this place - but enough of myself and my suffering.

3 June. The last three days seems the most terrible days that I ever lived through. A sharp wind is storming day and night and the cold was terrible, and then the dust! The words escape me. I can't get the poor women and children out of my mind at all, and then my neglected section! The tents seem to be ripped to shreds by the wind that howl against the sail cloth, allowing clouds of fine sharp dust to penetrate through everything. I am still not working yet, but cannot go home while there is so much illness here. I must make an effort in the morning to go to the camp. Yesterday I had a visit of some dear young lady friends of mine, who brought me Marie biscuits, small cakes, sugar things, chocolate, cacao meat-extract and they made us all merry by their happy faces; but I don't think that they will ever forget their day. They were ice cold the whole day and took home almost a ton of dust from Iréne.

4 June. The cold is penetrating and my hands almost too stiff to hold a pen. I have worked the whole day and I found my section in a hopeless condition. The weather is now lovely still and sunny, but bitter cold at night and as a result there is more illness than usual.

Miss Celliers found two children dead from measles in one tent and a third dying.

Since the new people came, my section seems enormously large. I made a round in their tents, but found everyone healthy and brown, fresh from their farmsteads. I will, thank God, not have much work at first in these rows. There came a change in our staff. Mrs Armstrong and Sophie Dürr have gone home and Mrs Vlok and Mary Dürr are here in their places. The first two were totally exhausted and had to go home to rest out. There is an insane girl of approximately 25 years old in my section.

My basket contain an unusual collection of things, when I go to camp in the mornings : ½ dozen candles, a few pieces of soap, flasks castor-oil, sweet oil, brandy, cod liver oil, cough balls, sweet oranges, sweets and a multitude of other things, and in my pocket a thermometer, a fountain pen, milk tickets and two note book pads: Tired and loaded I am, because my basket is heavy and frequently I also have flannel or a blanket on top as well to give to some or other needy patient.

There seems to be so many hardships in our daily life, but the most difficult of everything is our absolute helplessness and even with all our hard work, we still do so little to relieve the emergencies around us.

5 June. I sit in my tent waiting on Dr Green, who wants to go with me through my tents, this morning. He is still busy in the hospital, where there seems to be plenty to do and I have made up the time paging through that detested book, titled "Pretoria from within during the war". The writer publishes a great many interesting things, but strangely enough, forget to include a copy of the oath that he made under the English Government, so that he can remain in Pretoria during the war. But let me rather push men and books like these away from me on this bright clean morning! It is a tremendously lovely day and my heart is full of memories while I sit and stare at the landscape in front of me. The camp with its hundreds of tents, the far off hills covered with thousands and thousands of grazing sheep, the blue sky and the shimmering sunshine.

It is the memorable 5th June, the first birthday of the annexing of Pretoria by the English. It is also the twenty-third birthday of Frits and exactly one year, since I saw him the last time. My brave brother! Where is he today and what faces are surrounding him now? When shall we know and what shall we hear, when our commando's come back out of the veld?

LATER: The doctor sent for me: There was so much to do in the hospital, we could only go to the serious cases. It has been an unsatisfactorily day.

6 June. I had a quite heavy day and am deadly tired this evening.

I began my morning by making a list of the impoverished families in my section and find, as expected, that almost all families were those of fighting burgers. They seem to be without exception the most needy, because they are getting persecuted by the "hands-uppers", they don't have any menfolk to defend or help them. They get the worst rations and they have to help themselves as far as firewood and coals are concerned. In every aspect their lives are made more difficult than that of the "hands-uppers"-women and families. I have given out a heap of bedding this morning as well as flannel, warm clothes, a bale of fabric for dresses and alas our supply is getting depleted. The weather was favourable for our work - it was a beautiful day.

The ration meat, that was given out yesterday was more than scandalous. None of the people could use it and I see all over in my section it hung up on the ropes of the tents to dry out in the sun, such awful things!- unsuitable for a dog to eat. If we complain, Scholtz and his officials seems to get furious, as if we committed a big sin. And the milk that the ill may receive gets more watery by the day, and if we protest we get the answer "Do without it then." Oh, it is such a dismal world! One poor old woman in my section, one of the Prinsloo's, has eleven sons and sons in law in the veld and many more brothers and other relations. The tents swarm with poor orphaned children, ill and hungry, and the misery is so large, that I promised aid; but where must I get hold of bedding and clothes?

7 June. Woman Fama said, that some Boers came into the camp yesterday and that she shared the latest war news with a few woman, and afterwards they went to the station where they sabotaged the telegraph wires. Why did they not come and drink a cup of coffee in "Stone Walls"? There was also said, that more than hundred men escaped out of Pretoria in the last month. It seems as if De la Rey recently delivered a big blow. Such single news stories reached us now and then but it always seems vague and contradictory. It is quite cold and the deaths are increasing.

CHAPTER IV

My readers, now I have come to the end of the most pleasant portion of my stay in the camp, and in the five weeks that follows I will not describe fully because evil follows on evil and death, destruction and despair reign in our midst.

Some of us get hard and distant, others are downtrodden by the burden of the responsibility that rest on their shoulders and will carry the picture of this terrible time to the end of their lives. One glance on the death figures will confirm my words.

In the four weeks, that I describe the deaths were :

	Men	women	children	Total
11 – 16 MAY.	0	1	13	14
16 – 23 MAY.	1	2	10	13
23 – 31 MEI	0	3	10	13
31 MAY – 7JUNE.	2	3	10	15
TOTAL and GRAND TOTAL	3	9	43	55

In the five weeks that follows :

	Men	women	children	Total
7 – 14 June.	2	3	22	27
14 – 21 June.	1	3	22	26
21 – 28 June.	2	1	42	45
28 June – 5 July.	2	2	35	39
5 – 11 July.	1	4	40	45
Total and Grand Total	8	13	161	182

The end figures show thus, that the deaths really increase so much that three times as many people die, as in the first week of my stay at Iréne. It became more difficult to keep my diary up to date and especially in the last two weeks it was almost impossible to write, as by some way or other it became known, that we make notes of the cases that come under our treatment and of the scandals that we discover. We were afraid that my tent will be subdued and searched and I decided to give my diary to someone for preservation, who will be in less danger of being searched than the dangerous occupants of "Stone Walls".

Herewith I thank him for his willingness to help us.

Fortunately for us we knew that in the terrible weeks, that there were rich and influential people in Pretoria, working hard to bring about significant improvement to the conditions in the camps.

Our tent that we use as provision room was never empty. Money is collected in Pretoria and used for buying food and clothes, and weekly chests arrive in the camp full of the things we need the most. It is true that frequently some of the chests got lost. In various ways it is made so difficult to get permits for transport of the chests to bring about salvation in the camp, but our friends are not put off by the difficulties and dangers.

In these days it has never been so difficult to get permits to visit the camp, and plenty of the people make use of the opportunity, to go and see their friends and relatives.

One of the people, that made use of it in this way, was

my mother, who after her first visit of 23 May 1901, became so under the influence of what she has seen, that she could not sleep at night and stood up at three at night to write a petition to the consuls of the overseas embassy's.

This petition sounds as following:

To the Excellency D. Cinatti, *Consul General of Portugal, and the other representatives of the Overseas Embassy's at Pretoria.*

Pretoria, 24 May 1901.

Excellences',

The *condition of the wives and children of our Burgers* especially those whose husbands are still fighting, is of such a nature, that we, the undersigned women, regard it highly needed to call on the aid of the Consuls.

The poor helpless beings suffer indescribably.

They seem to be weakened through bad and insufficient nutrition and as a result can pose no resistance to illness and the cold.

Already it is fast becoming cold at Iréne that is viewed as a warm climate. How must it not seem on the High veld, at Middelburg, Standerton, Vereeniging etc. ?

Only to a very few families has it been granted, to take clothes with them; others have nothing more, than what they had on their bodies, when they were taken by force to leave their homes, and that is now in tatters and dirty.

Single people could take bedding, but the majority have inadequate bedding and have to sleep on the cold bare ground only sheltered against the bitter cold by a thin sail cloth.

Their food is mostly unusable.

We know of one case where the mother in the time of sixteen days had to see three of her children carried away, who died from stomach illness caused by spoiled flour, spoiled meat, sugar and coffee. Other nutrition the poor captured woman and children don't get.

One daughter of thirteen years old is still lying very ill and not receiving any soap or candles in all this time. They get called "Luxury Items".

The South African nation cannot live on flour, even if it is of the best. The poorest are used to having plentiful milk and simple but nutritious meals. We believe that the sorrowful state of affairs is getting worsened by harsh and impatient men like overseer Scholtz at Iréne. The women prefer to be starved and to suffer with their children, as in a case where twenty are packed in one tent, than to subject themselves to insults, when they approach with their needs. Does it then, in the present time, get viewed as a crime to fight for your country, so that it gets avenged on women and children in order to force the hand full brave lion-hearts to surrender?

We beg you urgently, to act in the quickest time and thereby alleviate the suffering of these unfortunates.

Our nation is getting destroyed and annihilated. Already a multitude of miserable prisoners of war went to Ceylon or somewhere else, or fighting Burgers are woman-less or childless without them knowing.

With the approaching winter in view there is no time to be lost. Help us then in God's name or for the sake of humanity. He will bless you and we will be thankful for ever.

We have the honour to be, excellences, etc.

This petition got signed by nine South African women, of whom only four authorised me to mention their names. They are the following : Mrs Warmelo-Maré, Mrs General Joubert, Mrs P. Maritz Botha and Mrs Brugman-de-la-Rey. (Last mentioned, the pretty, dear daughter of General de la Rey, was one of the committee members of the "Clothes Committee", that has done so much for the camp of Iréne, and her death as a result of pneumonia shortly after peace was signed, was to all of us a reason for great grief and to Pretoria a heavy loss.)

The document got forwarded to the consuls, who accepted it officially. They in turn in a general meeting translated the document into French and sent it to Lord Kitchener via Governor Maxwell.

She received no reply, and after waiting five weeks, while the children in this time die by their hundreds in the camps, my mother compiled a second petition.

To Excellency D. Cinatti, *Consul-General or Portugal, and the other dignitaries of the Oversees Embassies of Pretoria*

Pretoria, 1 July 1901.

Excellences,

The signed Committee of Boer-women, in name the Boer-women of South Africa, in consideration of the serious condition of the different camps of the captive women and children and the terrible death rate figures as a result of illness, caused by cold and hunger, are seeing the danger that our brave little nation are running the risk to be totally wiped out, unless speedy help is offered, we turn to you once more as our only earthly help in our big and bitter emergency.

We beg you earnestly, without losing time to request your governments, for the sake of humanitarianism to apply their friendly good services towards the Government of Great Britain in favour of the helpless women and tender children.

For our men we ask nothing; they are men and capable to withstand everything that pleases the Provider to lay before them, but for their imprisoned family members we claim under common law of the powerful and rich England, enough and better nutrition, warm clothing and bedding; also that there will be no obstacles laid in our way to visit the various camps in order to help as much as we can to any extent.

They were dragged out of their houses with force, their food and clothing seems to be damaged by fire and they are dying each week by the hundreds through lack of these requirements. To force our brave men to surrender their family members get tortured and they are on their way to be exterminated. Although we are not familiar with the other camps, that seems to be spread over the whole country, we are informed enough about what is happening in the camp of Iréne, which is viewed as the best and we are able to report about it to your government.

We pray to God, that your efforts be crowned with success, so that there can come hasty rescue for these unfortunate victims of a cruel and unjust war.

We have the honour to be, excellences', etc.

(The same nine signatures as under the first petition stand.)

The same as with the first petition these are accepted by the Consuls as one man.

As they once experienced, that it was worthless to complain to the English authorities, they named a commission of three members out of their own staff, consisting of the honourable Cinatti, the Consul-General of Portugal, Baron Pitner, the Consul-General of Oostenryk and Pn. Baron Ostman, the Consul-General of Germany, to whom the task has been given to visit the camp of Iréne and to publish a report about it. This report illustrated by statistics that there has never been any place in the world, even in the years of the worst epidemics, where such high death rates occurred. If it continues like this the inhabitants of the concentration camps will have died out in three years. A copy of this report was sent by each of the consuls to their respective governments, with the addition of copies of both petitions.

What diplomatic correspondence about this between these Nations and England took place, we don't know, but we suspect that the English government appointed the well-known committee of six ladies, and that without openly admitting it, acknowledged that the report contained truth. After a meticulous investigation of the camps, they proposed a number of improvements, which later have been implemented gradually, and were certainly the reason for the lessening of the death rates. Unquestionably the disclosures of Miss Hobhouse had contributed much to the appointment of this standing Commission, but as the work of the consuls was done in all secrecy, they did not suspect the existence of these two petitions. The most people ascribed the appointment solely to the influence of Miss Hobhouse, but most children under one year were already dead and the rest of the occupants of the camps already had a blow from which they were unlikely to ever overcome.

I have chosen extracts from my diary wherein I wrote about the illnesses of the doctors and nurses on purpose, to show how impossible it was, even for people who had all comforts to stay healthy under such conditions and that it was no wonder that tender little children died by their thousands in the concentration camps.

CHAPTER V

Continuation of my diary.

8 June. I am writing in the heavier veld tent this evening, because a penetrating wind was blowing and the coldness in our own tents was unbearable. Even here I can barely hold my pen and we hesitate at the thought that we must go back to our own tents again. I was called today to one of the large veld tents to see one of the "hands-uppers". There seems to be approximately thirty five in each veld tent and I truly did not know that it belonged to my section. It is one pleasant addition to my section – "hands-uppers" to be precise as well!

I found a man in terrible pain and unable to tell me, what is wrong with him; therefore I searched for a doctor and found Dandy, who immediately went back and examined the man. It is a case of stones and Dandy gave him some morphine to ensure him a good night's rest, but I suppose that he will have to be operated on.

Although it was pitch dark and very cold when I came back to my tent, but there was still no rest for me as there was someone waiting for me in "Stone Walls". I had to go back to the camp to see a man, who also had a lot of pain and wanting nothing more or less than a mustard poultice. The one tells the other, that a mustard poultice cured the one or other; and the news is flying through the camp, and everyone wants to be treated with mustard, irrespective what complaint he or she has. When I went back to my tent once more, there stood various people with orders for candles and so it went on the whole day. Our tents got overwhelmed by all possible and impossible people with all possible and impossible maladies and one must be patient with everyone, irrespective of tiredness and illness. My throat is painful and I have fever again. We have more to do than we can, because Miss Findlay has still not recovered from her episode of measles and Miss Dürr is working in the hospital, as there were extra hands needed. We all have something to do from her share of work, until someone from Pretoria arrives to replace her.

I have taken the two rows, each approximately thirty tents on top of my own enormous section, no wonder, that we are feeling worked to death and still the thought that we have not done half of our work, adding to our burden.

In Miss Dürr's section there is a certain Mrs Wolmarans, who soon will lose her little girl; she recently had measles and is now fading away, the same as my little Susara. The mother told me how she fled from Smitsdorp from the natives with four little children; how she was exposed day and night to heavy rains and had to sleep underneath trees and shrubs. She had to carry the youngest child all the way and was herding a few sheep to salvage something of her livestock, but she got caught by the natives who took everything from her so that she did not have a drop of milk for the children.

9 June. I had to stop writing yesterday evening before I was ready to do so, because it was so cold.

I want to tell you dear diary how excited we were, when we heard cannon fire yesterday evening in the direction of Johannesburg. There apparently was a big fight, because the Khaki's came over the mountains, spread out in the biggest disorder, apparently in full flight. The whole morning they streamed in, in groups of two or three simultaneously and reformed themselves on the hill opposite the hospital - Tommie's, carts wagons and horses in large confusion. With sunrise this morning everything was gone.

It is very windy and cold. A few of us managed to escape to the plantation this afternoon to enjoy one hour rest and relaxation. We were thankful and delighted to get away from the illness; sorrow and death, but eventually had to go back to the camp in the dark to take milk, candles and bedding for some seriously ill people. We have to put their minds at rest, as long as everything here is in such a terrible condition. A girl of fourteen years in my section died suddenly this afternoon - a grandchild of the old Snyman family. She has been ill for a long time and been out of her mind, almost mute and when I heard that she was worse, I did not mention it to the doctor and to my regret I completely forgot. I was very worried when I found her this morning moribund. For her it actually is an escape.

10 June. I had a heavy day of working: 60 tents in Miss Dürr's section and 60 in mine before midday meal and afterwards the rest of my section. I could not do everything and I had no time to visit the new people that arrived at midday. Poor people, I see them stand in lost groups before the empty tents, waiting on orders to occupy their new quarters.

At ten o'clock yesterday evening we heard the bellowing of heavy cannon fire. It is impossible to describe the feelings that get awakened by the sound of nightly shooting; it makes me so ill at ease and excited. We think that the Boers will make an effort to capture the livestock and sheep close to Iréne.

11 June. It is a Godly, beautiful day. During the night it rained a bit and this morning the air was pure and everything so wonderfully calm, that we could hardly believe that we were in Iréne. I believe that God sends us such a day now and then to remind us of Him, because God forsaken is a word that presently get heard frequently in our midst. God has not left these poor people and He does not want that they will forget Him. "Everything will be rectified", if we only hang on to our faith in the God of our Fathers.

After I finished my section this morning, I asked Dr Green to go with me on my round, because there is so much illness and I am concerned. He is always ready to help us, when he has time, and truly the condition of some people in my section was bad enough to melt a heart of ice.

One young boy died in hospital this morning, while we were at breakfast. A new hospital sister arrived, Sister Fry. She seems lovely and unusual.

I believe that we will be very sad in these dark days without our Dr Dandy. He is the only one that keeps us in high spirits, when our days' work is done.

The Superintendent wants to put us out of our tents. He said that he needs them for the new arrivals, and he will give us a big veld tent, that we can use as "sleeping hall " for the six of us and as "sitting room". We compiled a list of conditions under which we will be prepared to give up our cosy tents:

a. Not more than six in the veld tent,

b. One coconut mat on the ground,

c. One table, one lamp and curtains for a partition between the sleeping space and sitting room,

d. One round tent to serve as bathroom and provision room.

He said, that he will give us all the "sjambok", he sarcastically asked, if we would rather each have a veld tent – there is no love lost between us dear diary, "what will his next game be?"

We have great difficulty moving the people, and getting their serious cases to the hospital. The Boers seem dead scared of the hospital, because they will be in the hands of English doctors and nurses. They think, that nobody will ever come out alive again and that the patients get starved out, because the typhus patients may not have any solid foods.

Mrs Armstrong once had a typhus-patient in the camp, whose temperature she could not understand, because it was so changeable. His life hung on a thin thread, but he eventually got through, and after he recovered completely, his family members told her triumphantly, that they saved his life by giving him bread and meat when there wasn't any. Sometimes they smuggle food into the hospital when they visit their friends.

A few days ago Sister Walsh showed me a dirty red handkerchief, in which there were a few pieces tough meat, some sweets and pastry as heavy as lead, which she found under the pillow of someone that suffer from gut illness - no wonder that the English people become so impatient with their stubbornness and lack of knowledge.

12 June. I have now been here for one month. A new doctor has arrived, Woodrooffe I believe, is his name. Are we getting three now, or is Dandy going or Dr Green? Nobody seems to know. I had a tiring day and have a lot to do tomorrow; thus good night, dear diary.

13 June. What patience one needs here! Our tents get swamped by people that come with the most unbelievable stories, and beg for various things. But still with full hands we could not help to share out groceries and clothing and it is so difficult to know, when it is a case that deserve help. We are always so afraid to send someone home who are in great need with empty hands and really need our help. In one of my tents I found eleven ill from measles, two women and nine children. I had three cases to report to the doctor as urgent, from whom one was a young girl of twelve with a temperature of 41,2°. It is a case of malaria, and when I visited her late midday once more, she was sitting up and ate bread and drank coffee like any other mortal. Naturally I forced her back into bed immediately, but it would not surprise me in the least if I find in the morning eating meat or something else, that is equally bad for the fever. These malaria-people frequently are on death's door and then they are walking around again in the midday. The numbers of measles patients in my section were amazing this morning, with the result that I worked until late the evening. Before I went to bed, I had to go back to the camp once more, to visit a dying child. Miss Dürr's place was taken by Mrs Preller of Pretoria, and we all are thankful, to be able to confine our work to our own sections. It is Dr Green- that leaves to our big regret.

14 June. Yesterday was one of my most tiring days. I was on my legs from 8 o'clock in the morning to approximately half past ten, when I came back from a very pitiful and sad deathbed. When I got up in the morning, my ankles were swollen so much that I almost could not walk; but I had to work as usual, and the stiffness went after a while. There seems to be so many dismal cases these days that come to our attention.

One woman, Wolmarans by name, had just this morning received a message that her husband died during one of the latest field battles. She has already lost two children.

A certain Mrs Drummond has lost four children in the last fourteen days. When one hear all these heart-rendering tales of suffering and death, one cannot help to ask, why everything must be like that. While I was coming back in the dark yesterday evening, I felt badly bitter and unsatisfied, so sad and tired was I, and when I passed one tent from where the notes of a well-known hymn sounded. The words of the chorus "And the end will certainly be graceful" reached my ears and comforted me and filled me with hope.

We have a plenty of rewards for our trouble and plenty of silver linings
to our dark clouds; but we frequently have to take a deviation to reach
it. We must do everything possible not to get demoralised. We have no
mail and never any time to read, but can still find a lot of hidden prose
in the most detested surroundings. The woman in my section for
example has taken over the care of the eleven measles-patients. She
has just recovered from the illness. It was she herself, who started
rolling the ball in the tent. She is still weak and ill; but now she is the
only one of the family who is on her legs and she nurses all the others.
And still she never complains and never asks for anything although I
know that she is exceptionally needy. I have given her candles, soap,
barley, milk wonder oil, bedding etc. She was very thankful for
everything and I have the greatest difficulty to find out of what else she
has a need. I wished that I had a camera and that I could make some
recordings of these over full tents. This particular case is unique. I
cannot help but laugh when I enter the tent; I have to look for a place
to put my feet, and then from a respectable distance I question each
patient in turn with plenty of referrals to my pocket book. I hope that
they will all recover[38].

At midday we had a quite interesting case. A young woman in my
section, Miss Polderman, has been to the dispensary every now and then
to consult Dr Neethling over a swelling that seems to form under her
tongue. He told her that she must come back, if it develops any further,
but yesterday and this morning she had so much pain and she has been
so exhausted by lack of

---

[38] They did recover.

food that she was unable to go to the dispensary. I found her this morning with a high fever and bad pain and a tongue so stiff and swollen that she could not speak a word. I immediately went to fetch Dandy, who said that this case remind him of a similar case and think that he will have to give her chloroform, as an operation needed. He thought that it was not at all a swelling but a case of something much more rare, named a "calculus", a salt formation as hard as stone. I just came back with two men and a stretcher to take her to the hospital, when someone in great excitement came walking along, saying that a strange little stone jumped out of her mouth and that she is now very much better. We immediately went to see her and found that she had very little pain and able to speak quite easily and to swallow, and there next to her lie the "calculus", a long, yellowish formation precisely the form and size of a date stone and quite hard; "the nicest example, that I have ever seen outside a museum", said Dandy. It is his second calculus and he asked her permission and kept it, to keep the stone as a curiosity.

To our big regret it is Dr Green that departs this afternoon. We gave a hearty farewell from him at the station and we were very honoured by the way in which he thanked us for our help and called us "wonderful girls" to work so hard and doing so much good. We thanked him for his big help and hope that he would not have it so difficult in the Nylstroom camp that is much smaller than Iréne.

I am very concerned over Mama. She had a serious attack of bronchitis and wants me to go home, if I can leave my section; but I have to wait, until someone can be found to replace me.

It is almost impossible for me, to let my patients down. There are so many serious cases, which need all my care, and a novice would need a few weeks to get into the swing of things. A young man, named Engelbrecht, is seriously ill with double pneumonia and still his mother won't let him be transported to hospital; we thus have to try and save him under very unfavourable conditions. They seem to be "hands-uppers" and they have two tents, one to sleep in and one as living area; but to my fright I gathered that another eight people share the tent at night with my patient. I said to his mother that if she wants to save him, he has to be on his own with her and that the other people must not walk in and out every hour of the day; therefore the others now sleep in the other tent, their eating room. She must be grateful that they still have another option to exercise. In the most tents there seems to be two or more families. The poor mother is very concerned, and there is no danger that one of my prescriptions will be neglected; but either way I could not move her to allow him to go to hospital.

CHAPTER VI

The misery Increases.

15 June. What a terrible day it was! Nothing but illness and sorrow all along and long lists of deaths. Even Dandy is still and depressed, and the girls are sombre and concerned. I have worked so hard today and there are still two whole rows that I could not visit; but luckily they were the new people, who still have little or no illness. After a sleepless night I went back to the camp, only to hear that one of my children died suddenly. I immediately went to the tent and was badly upset, when I noticed that the one was a little child of two years, who had a light dose of measles. The worst was that the mother, Mrs Nel, had lost a girl of 16 years old last week, and four other children have measles, one is in a hopeless condition.

I have done what I could, but the poor soul is in such an indescribable despair, truly heart rendering. I brought Dr Woodrooffe to her, but it was one of the most dismal pictures that I have ever seen. The little mute body, wrapped in an old bedspread, upon a wooden chest, on the one side of the tent, and on the other side the other four pitiful complaining children, begging for water or milk, and the poor desperate mother, in the midst of it all, mourning over her dead ones, concerned over the ill, torn apart over the uncertainty of the plight of her husband and her sons and the worst of all expecting to deliver another unhappy child soon. Oh God, oh God! There still seems to be hundreds of similar cases and there can still be hundreds more, before this bitter fight comes to an end. I don't dare to think about it this evening.

16 June. Sunday evening. The number "new measles cases" in my section this morning was amazingly large. I worked the largest part of the day, but this afternoon Miss Findlay and I escaped a few hours to the plantation to summon strength and courage for the week ahead. It was very pretty and calm, and we each brought a few fern fronds and some climbing plant branches along to give to some of our darling patients. When I came home, I found a whole "commando" of men, women and children around "Stone Walls" waiting, with orders for soap, candles and cod-liver oil. The doctor told me that he was summoned to the little Danie Cameron who was badly ill and he had to tell the parents, that there was "no hope". I immediately went to them and found them kneeling at the bed crying and praying. The poor souls. How they worship the little chap with his dear face and well-behaved manners. He has been so good during the terrible typhus, but now he is only a skeleton and I doubt if he will get through the night. I brought him some brandy and a few violets, that he held in his wasted little hand. May the Friend of our little ones hold him tight in His arms! Then I went to the bed of another dying child, the girl Wolmarans. She has been very ill the last eighteen days and this evening I believe that her salvation is near... she has suffered indescribably, but the stone hard despair of the mother was almost worse to look at. Oh, how the mothers suffer! What must our women undergo in these days of destruction and hardship and how patient and resigned are they! For me it is a continual wonder; every day a new revelation, and I thank God for it. These women seems to be the mothers and women of the Transvaal's men with lion hearts who are still fighting in the veld against such a terrible majority, under so much deprivation and danger, and England must thank them for the unyielding opposition of such a little small enemy. England must know that as well, the women must empty the suffering beaker down to the bottom.

While I nursed one patient this afternoon I heard the sound of many footsteps pass by. I went outside to see what it was and what met my eyes was one large coffin, with a little one next to it an open stretcher, mother and child; another large coffin, then an average sized coffin and at the end a coffin for a child - five all together, then a group of people with spades. It was a terrible sight and in this way it continues every day and it breaks my heart, to think of the decimation of our race on a large scale, not alone on the battle field, but also in the camps, where women and children die from cold and starvation.

17 June. The others are in the veld tent and I have fled to the confined space, peace and loneliness of my own tent to write up the events of the day. I never write in you, dear diary, in the presence of other people, because I have to gather my thoughts together and that is impossible while the girls talk around me. Apart from that I am carried into such a melancholy and my eyes are so frequently blinded by tears while I am writing, that I must be alone It is not so bad if I don't have anything dismal to report, but mostly my experience is the utter worst. This evening my complete soul is filled with sadness over something that I heard from one of the old midwifes in my section who came to me in need for bedspreads and linen for a delivery. I could not give her anything; we had nothing of any nature and then she told me that her patient, a woman T[39], had nothing with her because she fled before the natives with three little children, not more than seven weeks ago and had suffered indescribable grief. With one child on her arm and two other clasping to her dress the poor woman, in her poor health condition, had fled before the black monsters in vain, because they caught up with her and what happened then, I can't describe any further here.

This afternoon she delivered a girl[40], after making out that she dared to be pregnant. I have been to see her frequently in the last month and I noticed the whole time that there was something that is pressing on her mind, but she never told me anything of what she went through.

---

[39] For understandable reasons, I don't give the name of my friend
[40] She later died.

There seems to be many similar cases that will never be known. Her husband is still in the veld. If the English would wipe the blacks from the face of the earth it will be better than the decimation of one white nation.

My day began with two deaths; the poor little Danie Cameron and Jacoba Wolmerans. Danie died soon after I left him yesterday evening and this morning I went to see him with his wasted little face, so still and so white, so dissimilar to his usual joyfulness. "What everyone remembers of that child" I had no time to visit Mrs Wolmarans this morning after we had notice of Jacoba's death, but late this evening I can still go there. She suffers from epileptic attacks and when I went this evening she was actually just having one. The tent was full of men and women who were rubbing her hands and feet; where upon I ran back to the hospital to get some brandy. The doctor also went to her, but I don't know how she has made it until now. Poor woman, as long as the child lived, she was so brave and I admired her strength and courage and her unbelievable stamina, but these weeks of vigil and crying for once seemed too much for her and now that the funeral has past and her hands empty, she completely collapsed.

It is too cold to sit in my tent, I therefore had to go to the veld tent; but let me first dear diary tell you of the excitement that we had since yesterday. The Boers seem to be close by and yesterday midday they captured approximately 400 horses and a mass of donkeys and livestock. A young youth of approximately 12 years, Bernard Steenkamp, tells me this morning, that he was busy together with a little native youth looking after approximately 400 horses, 50 donkeys and a large number of livestock on the other side of the hill in the coomb yesterday afternoon, when two Boers came riding along, one on the beautiful black horse of Erasmus that recently got stolen from the stables and they ordered the native youth to drive the animals to where they, the Boers, wanted them. The youth, they said, could go home and convey greetings to all the pretty damsels[41] in the camp. The native youth came back late at night, tired and with his legs walked off. Some other Boers stole a group of horses, and took the two fat and well looked after horses of the natives who looked after the livestock, and send them home with the news on two horses, wasted and in poor condition. Van der Walt, the guard of the hospital, said that he saw them standing in the camp this morning.

18 June. It has again been one of the busy tiring days, and still on a long shot, I have not finished my work. Miss Findlay and I went back to my section after evening meal to visit my serious cases and to take some utensils for the night. This morning I did 70 tents. In one tent was a dying little child, where the poor young mother lost all self-control. Her desperate, cries brought the neighbours from all sides together so that I had to chase them out. It was terrible, to see the poor child fighting with death, gasping for breath and the little eyes rolling. We saw the fight getting weaker and eventually an unending calm coming over the pale little face. I was thankful, when eventually everything was still and we could close the little eyes and fold the puffy little arms over his chest. It was a sudden death from bronchitis,

---

[41] Pretty young girls.

and as a result the child was definitely not emaciated. Lately there seem to be much too much sudden deaths and we continuously get called to the deathbeds of children, who were healthy the previous day and never have been under our treatment. In the same tent is a girl of 10 years as well, seriously ill from pleurisy, I am afraid, that all the anxiety and pressure were bad for her, although I naturally sent all the curious spectators away immediately. I brought the doctor late midday; he looked very stern. "I really hope that she won't die as well"; there are much too many deaths in my section. It is terrible and I feel as if my nerves wouldn't stand this tension much longer. Miss Findlay said that I must go home to rest out; but how can I leave my section in this awful condition?

Miss Celliers has gone home this afternoon for one day and I promised to keep an eye on her section, that borders on mine, and is equally bad compared to mine.

The Boers have taken the rest of Barend Erasmus' cattle and horses, approximately 300 - and now is truly "Bare[42]" Erasmus, and I think that he will keep this name as long as he lives.

19 June. How will I keep my thoughts together enough to keep my diary up to date as usual? I feel as if I am losing my mind and am forgetting everything. When Miss Findlay and I came back yesterday evening from my section we went to the big tent, because our own tents were so freezing cold, and I did some needle work, and wrote a few letters. We just thought of going to bed, when a shot sounds through

---

[42] Translated as "bare" Literally in Afrikaans translated as naked "Kaal" to rhime with Karel - Name changed to Barend to rhime with "Bare" to portray the humour.

the silence of the night. Utterly upset, we flew outside to listen. There followed another shot and then another and the echo's bounced from hill to hill until each shot sounded like hundred. We stood outside in breathless silence and when another two shots followed our tension was enormous. There is something terrible in these shootings at night: It makes your heart turn to stone and freezes the blood in your veins. The shots came from the direction of the plantation and the echoes sound like salvos. We waited on more shots but nothing came and it was late before we went to bed; still nobody could sleep.

It grieves me badly, that Miss Celliers is away, because it was awful to be alone, and a big rat walked over me when I got to sleep. At the same time I heard one of the guards calling out "Halt. Who's there?" and I called back "A rat", to also say something, and following that I heard the girls asking each other, what it was? The friendly voice of Miss Findlay in the closest tent was a big comfort. Further put to rest by the calm "Go on mate, give the password" by the guard, and I soon fell asleep.

This morning we heard that guards have been placed in the plantation, where there have not been any, prior to today, to prevent the Boers from coming each night. They were actually busy breaking open the stable door when they have been fired upon. They fled without achieving their goal. Others say that it was a poor donkey that came to its miserable end, because he refused to come to a halt on the order of the guard.

This morning I had been under pressure again. I brought Dr Woodrooffe to several serious cases. He could speak a word or two of Dutch and is good for the patients, but he prescribes much more brandy than the other doctors. Even children of a few months old must get 10 to 15 drops in the hour, to whatever applies. He says that it is to help them over the crisis, but they still all die. Poor little souls may be they would have died either way. We just came to the big tent in time to wash before the meal and we were only half finished with our meal, when a man came running out of breath saying that there was a little child who is bleeding to death from his mouth and nose. The two of us went back to the camp, without having rest.

The poor little child was laying on his back, white and exhausted and before us is an ugly sight, a white bedspread, saturated with blood and covered with large thick pieces of blood clot. I was alarmed, but Dr Woodrooffe said that it was nothing, and gave the youth a tonic and after he prescribed him something, we recapped the list of my serious cases. The youth died later from a second bleeding episode. There were at least ten serious cases, from which three dangerous - all little children, and also a sister, the latest of three of the little child that died yesterday while I was there, and the sight of the mother, when she interrogated the doctor, shall remain with me for many long days. The child died four days later. The mother even then did not receive much comfort from him. "Oh Lord, how long, how long? - May there come an end to this bitter, bitter battle?" We can not carry the burden any longer!

We are beginning to love some of our patients so much that we can barely tear ourselves away, especially the small ones. We are holding them to our heart and oh what a suffering if they get taken away from us and how painful it is to see them suffer! The children have such wonderful thoughts of us and are looking up to us as supernatural beings, and then I frequently comfort myself with the thought, that we are doing much more good than we think, not alone through the material comfort and help, but also through our influence and our example. How much they look forward to our daily visit as their only bright sun ray; how they wait and long for our arrival in their hours of suffering and pain! If we can't lift their moral in these days of darkness and destruction, to what level will they not descend? They are demoralised and denatured by the camp life, dirt, humiliation and misery to an overwhelming degree and if we do not have sympathy with them, who will have it? We endeavour to be joyful and jovial when we go to them, so that the reminder of our visit stays with them during the rest of the day; but it is quite difficult to always be patient, especially when the mothers will just not listen and always keep the tents so tightly closed so that no fresh air can enter for the poor gasping little ones. When they refuse to give a drop of cold water[43] to the fever patients, and are shocked at the idea of washing of a measles patient. We have plenty to fight against, but, "thank God", there also seems to be plenty of rewards!

---

[43] Due to superstition or "Old wive's tale"
Fever patients do need plenty of fluid, small amounts frequently.

CHAPTER VII

General Maxwell visits the camp.

21 June "Harmony" Pretoria.

My dear diary! I am now really home again, although I can hardly imagine it. Yesterday morning Miss Celliers came to Iréne from Pretoria with the message that Mama was ill and wished to see me. As it was absolutely impossible to leave my section in its present condition behind for any extended period, I decided to finish my work quickly and to go over to Pretoria for one day to try to find someone to take my place. My plan got general approval and Dandy gave me a permit, that I took to the office of the Superintendent to get signed. At the station it had to be signed again by Captain Pitt, who ensured me that I may go to and from Pretoria without any difficulty. You can imagine my distress, when the conductor took it off me, saying that I must request my permit for the return journey the following day from the permit office in Pretoria, as just this day, a new law came into effect. I told him what Captain Pitt said and that I am only going to Sunnyside for one day and will have no time for requesting another because one will have to wait there for hours. Eventually he took pity on me and promised to have a word with the station chief at Pretoria, which he did, with the result that I got my precious piece of paper back. It is lovely to be home again and Mama has almost recovered. She gave me permission to go back to the camp for another two or three weeks, or at least until someone was found to replace me. The rest of my experience I will tell tomorrow at Iréne.

22 June. Back at Iréne: I journeyed back from Pretoria with Mrs Domela Niewenhuis and several ladies of the "Clothes-committee", as we call it. Mrs Domela Niewenhuis wished to see my section to find out what we needed the most. The camp was in a sorrowful state. Dr Woodrooffe is ill from a light affliction of influenza and Dandy now has to do all his work and I don't know how many death cases there has been in my section since my departure. To my calamity and ruin I gathered that I have been so stupid to leave my note book at home, so that I had to work the whole day from memory and as a result I lost much time by having to search for my serious cases. Mrs D. Niewenhuis was very much taken aback with all the misery that she saw and promised to send us everything that she could: mattresses, bedspreads, food, etc. I had to visit several of my serious cases with Dandy and he mentioned that my section was particularly bad and that more destitute and misery reigned there, than in any other part of the camp. I know that and the reason is, that I have all the new arrivals and they all seem to be people from Soutpansberg, who were cut off from the world for almost one year, before they were brought here, so that they had deficiency of everything, many even without a thread of extra clothes and on top of that many had to flee before the blacks and could take nothing along, so that they arrived here with nothing more than their clothes on their bodies. In reality that doesn't make any difference as the people that had everything in excess, were not allowed to take anything along without exception.

23 June. This morning I started my work at 9 o'clock and at half past two in the afternoon I have just done three rows; there was so much illness. I had ten serious cases for the doctor but Mrs Vlok took him to her section after lunch and kept him until 5 o'clock, so that he had to go through my section hastily.

It is rather discouraging and I worked the whole afternoon and also after evening meal with little or no effect, because as they all seem to be dying, the people need better support than I can give. I had to go back to the camp again very late, with anti pyretic powders for one girl with a temperature of 41.6° and with a piece of linen for the parents of a dying little child – their last child. It was terrible to say to the mother that there was no hope and I did everything that I could to console her, but it was in vain. When I arrived there, someone was very busy praying and I kept on standing outside, my heart full of sympathy, empathy and sorrow. The conditions are getting worse by the day and our biggest fear is that Scholtz will work us out, just now when our services are needed the most. He always try to find something particular against us.

24 June. Today it was a black and bitter day for me:- This morning three children died and several more are dying; At midday seven had been buried and this morning, I think there were two.

I just wanted to take the doctor to a small girl, when the mother sent the message that the child had already died. Later I went to the tent and found the body on one side and four or five ill children heaped up on the other side. Awful to think, that the mother must endure the night like that; but what can I do about it? There is no mortuary, and if a child dies too late to be buried the same day, the body has to remain there the whole night. Another child, a youth of approximately eleven years old, got taken to the hospital from my section at ten o'clock this morning and before 12 o'clock he had died. The third death was a child that was already dying when I left the camp yesterday evening.

We seem to be in despair over the terrible number of ill and the increasing mortality. We never had so much to do, and as far as I can see, it will go on like that during the coming months. When I just arrived here, the average deaths were twelve to fifteen per week, last week it was twenty seven and I am afraid, that this week it will be even higher[44].

25 June. I had an unforgettable day of working, caring and unspeakable sorrow. Yesterday three children died in my section, this morning three and still a dozen more busy dying - no wonder, that the

---

[44] It has been 45.

responsibility is becoming bigger than what I can bear.

One other incident, that I cannot repeat, came under my attention. I almost fainted from the misery and the horror of it, I had to hold onto the tent pole. Although I cannot write it down here, the event has been burnt into my heart, and when one day the Books will be opened wherein all our deeds are written down, there will be found the names of these amongst the many unfortunate victims of England.

26 June. This day was full of difficulty - more even than usual, but that doesn't say much. My poor little ones die by the dozen. By yesterday evening not less than ten deaths in the camp, this evening much more are expected. Two of my cases will certainly die this evening and I had to tell the mothers. The one is a most lovely child of three months old, that already looks like a corpse, and thank God, doesn't seem to suffer much. I am sitting here in Miss Findlay's tent that is lined and thus warmer than mine and what I call "Pilgrims Rest", because I spend so many evenings here. It is such a lovely resting place, especially with the dear Miss Findlay for conversation. It is an exceptional beautiful evening - bright moonshine and everything is calm and restful - such a contradiction with the darkness in our souls.

Miss Mary Dürr has gone to Pretoria for one day and promised me to call on Mama in order to give me an account of her health.

27 June. The new English nurse, Sister Fry, is ill with measles and all the girls seem to have a cold and are generally miserable. I had a very bad night and cough continually; but today with a temperature of more than 38°, I had to work hard because we had to have our weekly reports ready. I had to report hundred and seven cases of measles alone, and I don't know how many influenza and other terrible and wonderful illnesses, up to now unknown to me: laryngitis, peritonitis, etc. and on top of that a case of convulsions and a case of a stroke.

29 June. Yesterday I've not made any notes, but then I was ill and tired, and I received an unexpected visit from Mama. A cold, dusty wind were blowing and everyone advised me to leave my section over to its own destiny. Therefore I gave Dr Woodrooffe a list of the patients that he had to visit, and stayed the largest part of the day in my tent.

I am longing to go home with Mama, terribly. To an excess of calamity Miss Celliers received a telegram to say, that she must go home immediately. She packed in haste to go home with the midday train. A girl from the camp, Miss Grobler, will replace her, not only in the camp itself, but also in my tent, so that I will have a new tent partner, much to my regret.

I have to tell you so much, dear diary, of my work experience; but my mind in the latest time was not particularly clear and I feel myself never fresh enough to write.

1 July. I ended the previous month so badly, that I really must do my best to begin this month better. My health is bad and yesterday it was so bad that I was completely exhausted by the time it became evening and I was not able to write. It was the last day of the month and we had to issue new milk tickets. Therefore I went to each tent in my section and found everyone more or less disturbed over my "negligence". The most don't know that I have been ill, and they looked at me as if I have done them a big injustice by staying away one day and I gave the same answers; but I progressed well with my work, when someone came running to say that General Maxwell and Major Hoskins of Pretoria had arrived and that they wish to see me first. I went over and showed them my section; the two doctors, the two officers and me, - a company of five, that elicited much curiosity and we got stared at by the people with the greatest interest. The Governor asked me, to take him to my very worst tents and that I did, to give him a dose of misery that he will not soon forget, but it was difficult to make out from his careful remarks what he really thought. One time he asked why they don't wash and when I said that they don't have any soap, he said that I may order as much as they need, he also said that he will speak with Scholtz and tell him that I may order food clothes bedding etc. where it was needed; but when I told him that the most things usually were not available, he could not say anything.

The two men on the whole were quite good and sympathetic and ever willing to listen to all the complaints that I poured out to their ears and I would have liked to know if something will be done now, to make life more bearable. I sincerely hope so because it can't go on like this any longer. They said that I looked quite ill and advised me to go home to rest out well, but I said that I was not tired but ill from all the misery.

Dandy told me that they went round everywhere to examine samples of the rations. By midday they went home again. This afternoon I finished the rest of my section and had about ten cases for the doctor; but he was nowhere to be found. We searched all over and eventually heard that he went to drink tea with the military doctor and will stay there to have his meal, so that we will not see him for the rest of the day. I was terribly disappointed and had to go back to the camp to tell all the people that he will not be able to come before the next morning. Poor souls, many died for lack of help and I can do nothing to alleviate their suffering. This morning we all were waiting on the doctor but he slept till 10 o'clock and then had to do rounds at the hospital, so that we could get nothing done by him before the late afternoon.

2 July. Yesterday there was a curious delivery in my section: Mrs Bodes delivered malformed twins. Both dead - two girls with heads as big as one year olds and little malformed limbs. The arms that hung from their shoulders looked more like fins than anything else. The first gasped and died; the second didn't even gasp. Alas, I didn't go to the tent yesterday and she didn't call for me, so that I missed the curious sight; but almost everyone else had seen it and Mrs Bodes said, that her tent yesterday looked like a road show the whole day. The whole camp paraded to see the poor beings and even after they were buried the people streamed to the tent so that she received no rest. I find her usual manner of speaking amusing. There she sat in the bed, to breast feed some of her other little girls and nobody would guess, that she had gone through such an ordeal.

Yesterday evening Miss Findlay and I walked a bit in the moonlight, when we noticed a curious looking man, who walked between the tents. He was very tall and had a strange thing on his head, looking like feather plumes that made him seem even taller. He had a thick stick with a knob on one end and wore an overcoat that came over his knees. We were immediately drawn by the peculiar manner, with which he carried the stick, and walked.Then he went closely past us, not noticing us at all and looking continually to and fro. He stopped first at the entrance of a large tent and then at another and disappear eventually between the tents. We felt that there was something wrong, and decided to follow on at a respectful distance, but we could only see him now and then and at last he disappeared completely between the tents of the camp. The appearance was so ghostly and mysterious, that we did not speak about it, but when we eventually did tell the girls about it, we naturally got laughed at. People always laugh about the strange adventures of others, but we seem to be steadfastly convinced that it was an escaped madman, one of our spies or a kaffer Captain[45].

4 July. Yesterday I did not write anything, because I have been to Pretoria for urgent matters and would only return in the morning. The reason being, that I felt that my health is deteriorating and went to look for someone to replace me,

---

[45] Thwere has been a "Dr" Pretorius quack in Irene.

as I am scared that my section will be left to its own destiny, if I
continue working in my present condition. I was ill all the time and am
so weakened by it, that I could barely drag myself to the station. My
poor Mother begged me to stay but it was report day and I had to go. It
is no wonder that we get all kinds of maladies from the food that we
have here, coffee, bread and meat, but no fruit and almost no fresh
vegetables. However our diet is more than enough compared to what
the people get in the camps.

At the station of Iréne I saw an elderly lady walking along, who went on
the dusty road to the camp, a short way ahead of me. I caught up with
her and asked permission to carry some of her many parcels; so we
walked together and soon we were acquainted with each other. I was
pleasantly surprised to hear that she had newly arrived from England,
with a special permit from Lord Kitchener to visit the different camps. As
far as I could make out she came in the name of the Pro-Boer-ladies in
England to find out what can be done to alleviate the suffering of our
women and children. She has visited the camp at Johannesburg twice
already. Her name is Mrs Rendall-Harris. She speaks with much feeling
and sympathy and is very interested in our work, therefore I told her a
lot about it and I made an appointment to meet her at 2 o'clock at the
hospital and to take her along to my section to show her the worst
things at Iréne. Then I started working, but how despairingly bad was
everything and how in arrear one gets by a single day's absence! Five
deaths in the two rows that I managed to visit since my departure. I
was overwhelmed:

wherever I came, I found illness and misery and work enough for twenty people. I arrived too late for the meal and could only get a cup of tea in the large tent, where I also found Mrs Rendall-Harris with the others. She had been round with some of the English orientated people and only saw the good side of the camp; now I took her to my section and opened her eyes to the true state of affairs. She listened to everything I had to say, while the tears rolled down her cheeks.

She crept with me into the most dirty holes, stroking dirty child heads or pressing the hands of poor browbeaten suffering women, full of sympathy, and everything she saw and heard she made notes. She could not speak directly with the women, but I translated her comforting words and gladden them with her promises of help, after which we went back to the large tent to make a list of the things that were needed the most in the camp. While we were busy Mr Scholtz came waltzing into the tent. Immediately a long conversation started and I noticed that Mrs Harris was missing moral conviction as she came hesitantly forward with what she had just seen. He took the suffering of the people in a light vein and weighed their faults heavily. I tried to put things forward in their true light and contradicted him with facts. Once he became furious and said "The people would be satisfied if there were not so much agitation in Pretoria". With that he stared at me, but I answered him with the only weapon any woman has against men of his kind: "Silent disdain." We are used to being called "agitators" and "political agents"; that is the unfortunate destiny of all who work with impassioned love for the Fatherland and we must quietly abide by it, the same as the women here abide with poverty, humiliation, insults and illness.

I regret leaving Mrs Harris in order to return to the camp, where I carry on doing my round. I found several children dying, their mothers begging me with tears to fetch the doctor as soon as possible. Naturally I promise to do it and by half past four I went to look for him but nobody knew where he was. - I had a list of ten or more serious cases. He slept for 4 hours after his meal, whereafter he drank tea at his leisure and then disappeared; nobody knew where. I walked to and fro, every moment more impatient and nervous. The night fell; I was in tears over my poor children who die through lack of a little medicine; no wonder that my thoughts against Dr Woodrooffe were dark and very bitter.

When at last I could not bear the tension someone told me that he was seen in the direction of the dispensary. I went to look for him there and met him halfway, on his way to the large tent, where the others already gathered for the evening meal time.

With difficulty I could control myself enough to ask him to go along to the camp and so we walked there in deadly silence, stumbling over stones, through the darkness looking for the numbers of the tents. We naturally could not see anything and had to ask at various places, before we could find the patients. All the tents were made tight for the night on top of it, so that we had to stand waiting quite a long while in the cold and darkness. I believe that he really was ashamed because he had gone through a lot of trouble for my poor suffering little lambs. When he saw the most serious cases he went back to the hospital while I went alone to the other patients to tell them that the doctor will not be able to come before the next day. In one tent I found a child dead, still warm, but oh so white and so still, dead without a drop of quenching fluid or something to relieve his last moments. Oh God, can a mother ever forget the long hours of hopeless waiting in vain, this stretched out death without human help or sympathy? The thought of that will not leave me. If Dr Woodrooffe is in a good humour, he does his best and then we can find the good in each other, but oh dear the days...

CHAPTER VIII

My work comes to an end.

5 July. It is half past eleven and I try to write in bed, but it is too cold. My day was by and large satisfactory, because the doctor was so friendly, after the episode of the previous evening that I could take him to a large number of patients. There were quite sorrowful death cases and the same illness as normal. The woman, who had the remarkable twins, lost her only son yesterday. I found her in a condition of complete despair with one of her girls dangerously ill with her in bed and a temperature of more than 44.6°C. I have noticed that if there once has been a death case in one family, it frequently is the beginning of a whole chain of events.

6 July. I have done an amazing amount of work today. If I think of the number of patients that I visited today, the number of temperatures that I have taken, the orders that I have written and got signed by the doctor for milk, medicine, candles, soap, barley, rice etc., the complaints that I had to listen to, the injustices that I had to rectify, the words of sympathy, hope, encouragement, advice and reprimanding that I had to dish out and the small things that I had to remember in endless variety then I can't omit to ask of myself how I managed to do it. We live here every moment of the day and it is with big regret that I prepare to go away from this place but I hope to return soon with renewed vigour. Sometimes I forget the names of my patients and the nature of their complaints and when every now and then I ask the same questions, I get stared at with amazement and blame. When the children come to my tent to ask for the one or other thing and I ask who it is for, the answer come regularly, "For my mother, sister" – and they know me so well already that they cannot grasp that I now don't know who their Mother is and what her problem is. As I will be away soon, I have cleared out everything in my tent: clothes stockings, flannel, scarfs, child things and a hundred and one small items that I gradually collected. My tent gets commandeered the whole day and it is a comfort to know that today many hearts has been pleased.

I gave a "veld-bed" to one woman that has been lying on the bare ground and a variety of mattresses that Mrs Domela Niewenhuis had sent, for people who were in great need.

7 July. There now seems to be only three serious cases in my section. This morning a small child died and the poor Mother came to ask me for some white linen for a death cloth, but I had only two feet left for her. She went through a bitter time. When I came here she had lost her only daughter and now one of her boys. She now has only her one son left but he seems to be strong and healthy. As it was Sunday we, Miss Grobler and I, went for a walk at sunset to the farmstead of Iréne and when we came back we found to our horror, the gate locked. There is an enclosure of barbed wire around the whole camp and at a certain hour the gates on the road get locked and sealed. There we were, cut off from our dwelling and we didn't know what to do, when fortunately an officer on horseback arrived who sent for a guard to allow us in. It was quite late when we reached the hospital, but I still had to go to the camp with sweet oranges and other things for my ill cases. I took a bunch of violets to one of my patients, a lovely small girl that will probably die tonight. Poor Betsy! She has been ill so long - first an episode of malaria, that undermined her strength, so that she had no resistance against the typhus fever and pneumonia that followed. It seems impossible, that a tender girl of thirteen years can go through all these terrible illnesses and I still didn't think, before this evening, that she would die and the doctor never told me that she was in danger. Now she is going backwards rapidly. I love that dear good-natured girl, as if she was my own sister. Week by week she lay there, the whole time quite happy and patient, with a smile on her lips and when I came in she never complained. She has a nature so pretty, as I have seldom seen before and her face is angelic. She was so glad for the flowers, she gripped them and pressed them against her face while she stumbled a few words of thanks. Now she is going to the Friend of friends and her poor Mother is too distraught to be of any help to her. Two months long I have been in touch with the deadly agony of robbed mothers and I have asked myself how she could go through a life that was so terrible to observe.

This evening the whole "veld" around us is alight by a big grass fire - a spectacular sight.

8 July. When I carried on my work this morning, someone told me that our dear Betsy had gone in the night. I went to visit her poor distraught Mother immediately. Poor souls, poor robbed father and poor Mother, brothers and sisters! In one corner of the tent the de-souled body laid and it was with great sorrow that I stared upon that soft face. She was so pretty, so angelic and pure and peaceful that I could not grieve. She was taken away out of this impure area to her Father's House above. I have never found something as natural as this latest long sleep of her. I could not grasp that she was dead. Her head was to one side, her lips partly open as if she was breathing and the whole expression of her face was of unending rest.

9 July. Yesterday I had no time to write anymore and even now I can barely find a free moment, because I was so busy with packing and dishing out clothes and bidding farewell. My whole section knows that I am going away and where ever I go I had to hear complaints and sighs. I cannot omit to hope that something will prevent my successor coming tomorrow morning as it makes me feel sorrowful that I must leave all my friends here in the camp. This morning there was a lovely small child of two months old that died in my section, such a small corpse, so clean, white and lovely, that I don't feel anything of the fear that usually fills me, when I see a dead body.

The child had measles for the last fourteen days and had completely recovered and when I saw it the day before yesterday there was nothing wrong; but the same night began to cough and when they fetched me yesterday midday, I gathered immediately that pneumonia had complicated it and that there was nothing that could be done. The only thing that I could do was to fetch one of the doctors as quickly as possible who gave an order for brandy, but only to make the last moments for the child easier; we knew that there were no chance of recovery.

"Harmony", Pretoria, **12 July**.

Home, home, beloved place, after a banishment of two whole months! I can barely believe that I came safely out of all the contamination and out of all that suffering and that my work for the moment has finished. My last notes were on the 9th July. I then left Iréne on the 10th and I shall never forget all the misery. Dandy felt ill himself and seemed miserable and the girls were anything but happy. When I went round with my successor, Miss Westmaas, we found five children dying and all over so much illness, that it seemed bad of me to go home and leave my section behind in such a condition, especially since Miss Westmaas had no experience and is only eighteen years old. The separation was heart rendering and it was touching, as some people almost smothered me with tears. When I got home Mama told me that Dr Kendal-Franks was going to Iréne the next day and that he wanted to see my section. Therefore I went to the Portuguese consul, Cinatti, where Dr Franks lodged and offered to give him a list of my worst tents. Everyone said immediately that it would be much better if I go with him myself; therefore Dr Franks, since it was late already and I did not have a permit, sent a message to General Maxwell to ask for a special permit for me. The answer came back immediately "Sure my honoured doctor". We arranged to meet each other at the station by eight o'clock the next morning.

How people stared at me, when they saw me walking to the hospital with a gentleman in "Khaki" and how many questions were raised! I introduced him to the matron and to Dr Neethling and handed him over to them, because he first wanted to see the hospital, the dispensary, the provisions, etc. and then he would look for me in my tent and we would visit my section together. He was busy the whole morning and came back just before meal time with Dandy, exhausted and warm after all the effort, but pleased with all the notes he had made. We immediately went to my section, where I took him to show him all my sample tents that in the last time became so infamous. As everyone else he was stricken by the greatest poverty and the heavy suffering of the people. He promises to use his influence to effect improvement. In one tent there were two children dying, the only children of Mrs Oosthuizen. On the urgent request of the crying Mother we went in and Dr Franks kneeled next to them to examine them, but there naturally was nothing that could be done. What will the effect of this visit be? Will something be done to lessen the terrible death rate? I am afraid not. There has not been any good that followed out of these fleeting superficial visits and Dr Franks has again, as all English, emphasized the uncleanliness of the people, instead of going to the root of the problem, e.g. bad and not enough food, deficient clothes, exposure to cold and all the other difficulties and ordeals of life in the camp. We took the 3.36 train back to the city, so that it took Dr Franks altogether no more than five hours to examine the whole camp of Iréne.

CHAPTER IX

Blue Books and Black Lies.

After I left the camp to rest out for a month, I received permission from General Maxwell, to visit all the camps in the Transvaal, to the end of writing reports for the "blue books."

The Governor was a tolerable and reasonable man and when in a long interview, I proved to him that Iréne was really in a poor state, and I asked his permission to see once and for all if the other camps also needed as much help, he approved and promised me as well that my reports will be sent to the English Government.

So frequently we tried in vain to let our voice be heard in the "Blue Books" This approval of my plan seems like a whole victory.

Mrs Stiemens would travel with me from camp to camp and together we would investigate and where we could, affect rescue with food and clothes, because our friends have helped us a lot with the collection of the necessary articles, and from General Maxwell I had the allocation of a goods wagon available to me.

Three weeks after my departure from Iréne all our preparations for the long and difficult journey was ready and we had the necessary permits and letters from General Maxwell to the Superintendents of the different camps, requesting them to further our task and to support us and to make our journey as comfortable as possible.

As it was our purpose to write reports for the English Government, we would travel on government expenses. Everything was ready and we would depart on 3 August to Middelburg, where according to rumours the conditions were much worse than in the other camps. General Maxwell had told me that there were 503 deaths out of 7,000 occupants in the month of July in Middelburg! The "blue books" only mention 413, but we did not believe that the reports were ever correct, and, even if there were not more than 413 deaths, it is something enormous and it is no wonder, that the people are filled with anxiety and fright.

There we must go to and we have prepared to see much sorrow and misery; but my readers, we did not reckon with the English feeling of honour. Two days before we would depart, I received the following letter from General Maxwell:

MILITARY GOVERNOR'S DEPARTMENT.

Pretoria, 31 July 1901.

Dear Miss van Warmelo,
Since you came to me for your permits this afternoon to go to Middelburg, I came to the conclusion that it will be better for you not to go.

I allowed Mrs Harris and Mrs Bosman to go and that will be sufficient. I have really good reasons to change my opinion and request you therefore to send the permit back, as I have cancelled it.

Uw dw.

J. G. MAXWELL.

With that it was out. I had to take the travel permits back to the Government Building, where I received a cool reception and the Governor absolutely refused to give me any reasons for his decision. It was not only a big disappointment, but similarly a big discouragement; because we felt our hopelessness to reach the camps now and to become familiar with the state of affairs. Since this time it is becoming virtually impossible to visit the camps. No permit gets issued any more and the poor people have to be left to their own destiny, while we were locked up powerless in the cities.

Just then the censures were so strict that we were totally isolated from the outside world and we only received English communications. As we did not want our life to be more embittered than necessary by reading the English newspapers, we knew very little of the big agitation in England, stirred up by Miss Hobhouse who visited the camps and made the awful misdeeds known to the world.

Miss Emily Hobhouse, an English aristocrat, who spent her life in the slums of London for charity, has helped us more than all the other pro-Boers in England together, not alone by working hard for the camps and collecting money on all sides on a large scale in order to send food and clothes to South Africa, but mainly by her unceasing writing and exposure of the conditions in the camps, as she have seen it herself. Her latest work," The Brunt of the War and where it fell", is a wonderful collection of facts and will be of unfathomable value for the history of this war.

The publishing of this book gave Miss Hobhouse rather a lot of difficulty and sorrow. In the first instance her book got banned by the most book dealers in England. Her name as a bad omen, was rather not mentioned; People asked themselves if the woman was actually English; the access to many of her earlier friends and acquaintances got denied; she gets made out to be a traitor of her country; in one word: no disdain was bad enough for her, to dare making the truth known and to dare to make the facts known about the concentration camps, these inhumane ethnic cleansing in an awful war.

Everything she bore with calmness, convinced that what had greater meaning for her was to be faithful to the truth rather than to receive the praise of people.

Miss Hobhouse has not been affected by the slander and the disdain, but has laboured restlessly on for the wellbeing of the nation, that she learnt to love, and she denied any patriotism in people who look for greatness in lies and injustice, but was convinced that alone by justice a nation, the English as well as the Boer-nation, is elevated. When the war was over, and not withstanding the popularised support by the English government, the misery in some parts of the suppressed Republics got worse instead of better. She did not hesitate, but went to the farmsteads again in person where people still suffered, and had through her latest reports moved many hearts to charity and in this way alleviated the need by offering material help and consolation, thus bringing light to many dark souls.

Truly, our nation is much obliged to this courageous woman, who harnessed all her strength for us and that is why her name deserves to be mentioned all over, so that many generations to come can recall her in thankful remembrance. God must pay her for all her benevolence that she showed to our nation, who can give her nothing back in return. The thankfulness of a destroyed and despised nation may not be worth much in the eyes of our triumphant enemies, but as long as we live, we will think of every deed of love, every word of sympathy for the need of our women and children. Thanks to Dr Green in particular, the only Englishman, who showed sympathy during our stay in Iréne and who did what he could to alleviate the misery; but his power was limited and his task as military doctor overbearing.

In the report of 4 June 1901 (bluebook Cd. 819, pg. 60-61) he talks of the penetrating cold and the penetrating wind, and the meagre meat rations and the suffering of the young women and children through not enough clothing and lack of bedding and sleep covering. He suggested a generous supply of medicines for the ill people and weak children, to give advice to occupant for all tents, and suggested that the help of a third doctor for the camp be called upon.

The few words of appreciation is very flattering to the six voluntary sisters, that he expressed, and the fact that he advised replacing the paid workers in the hospital and the student nurses out of the camp by more ladies out of Pretoria and in this way "relieving the qualified nurses of too much nursing ". He apparently did not view us as "a dangerous element in the camp", and also was not so prejudiced that he could not recognise that we worked out of love for the people, and that we could give more accomplished service and do our duty more punctual than hired people.

The report of Dr Green is moderate and just and compared to every other report over the camp of Iréne quite favourable.

We were amazed to find almost the same moderation in the reports of Superintendent Scholtz that shows nothing of the bitterness hostility and mocking, compared to some of the reports of Dr Woodrooffe.

If we think of the heart rendering condition in which people were in these times, it amazes us time and again how someone with a grain of humanity can be so uncharitable and without feeling as Dr Woodrooffe. He ascribes the high mortality mainly to the dirty habits of the people and even in the same report (Cd. 819, pg. 354-355) he convey to the public that 52 deaths were caused by measles, 9 by pneumonia and bronchitis, 8 by whooping cough, 3 by exhaustion and 4 by convulsions: 76 in total. Against this he gave 1 death by diarrhoea, 3 by typhus etc. How clever of him to find out, what nobody has noticed previously, that so called dirty habits cause measles, pneumonia, bronchitis and the rest of the illnesses mentioned above! One sentence in his report strikes us in particular: "their morals seem approximately as pure as their skin".

I think it would be quite interesting to investigate what Dr Woodrooffe calls "pure", and by which measurement of morality he judges the people!

Dr Woodrooffe obliged us by writing excessive orders for luxury items from the dispensary (if they were in supply), such as rice, barley, maizena etc. which get allocated to ill patients, and therefore we are thankful to him; but we would view him friendlier if he were more punctual in the fulfilment of his duties, more just in his judgement and more considerate in his conduct to the women and children.

When I came to Europe after the war, I had the opportunity to read the report of Dr Kendal Franks about the camp of Iréne, to which I looked forward to with eagerness (Cd. 819, page 162 as follows.). Dr Kendal Franks is one of the most important doctors of the British army.

His words in England get viewed as infallible and the reports that he wrote about the camp were enough to cypher the world known death rates away. After he saw all the misery of Iréne with me I hoped that at last the truth will be made known. How disappointed I was again with the prejudice. The same immorality was found and the same conceited effort to ascribe the high death rate to the ignorance, the dirty habits, the prejudice and mistrust of the people themselves. From beginning to end we started knowing the secret operations going on in the camp, but in this report there were faults and wrong records, without doubt the unavoidable result of one superficial inspection of five hours from 9 to 1 o'clock that Dr Franks viewed the hospital, the dispensary, the supplies, some of the sections and from 2 to 3 o'clock after the midday-meal the inspection of my section with me. His report about my section was not too favourable. Why? Because I exposed to him the true state of affairs, not because my section was the worse in the camp as he said. Miss Celliers' section borders onto mine, and was virtually a continuation of my section and was no better than mine. Miss Celliers did her work in silence and battled daily alone and without help against the misery, that no pen can describe. Opposed to this I make known as much as possible of what I find in my section, cases of overpopulated tents and great poverty which I reported punctually to the doctors, the Superintendent and even to General Maxwell if nobody else wanted to listen to me. Though with the same result in that I acquire the name of agitator and the occupants of my section get labelled as the "ever lowest kind". To the contrary they were of the best families and I had dozens of families in my section that I have known all my life, members of my father's parish who had been regarded very highly by him and whose hospitality he enjoyed in better times.

Dr Franks knew after one visit of 5 hours much more about the camp of Iréne than some of us that has been there for many months and therefore he could write quite a pretty report for the "Blue Books", which the whole English world could read."What an ideal life the Boers have!" Why is there not a single report in the "Blue Books" by someone of the other side? Why do our communications if they are quoted, seem to be unrecognisably distorted?

Even by Dr Neethling, one of the warmest supporters for the Boers that I know, it is said in the report that the high mortality rate could be ascribed to the ignorance of the Boer women (and not due to any negligence by him) and that this was responsible for the condition of the camp and its occupants. Dr Franks had seen approximately six or seven of the 130 to 140 tents in my section and then he dared to say that only one tent in this section was clean. It is a statement that stands below any contradiction of mine

As example of overpopulation he mentions two women and eleven children in one tent and three women and eleven children in one of the others. It is true and already bad enough, but even before Dr Franks visited the camp, I had 5 women and 14 children in one tent, three women and seventeen children in another and dozens of tents with twelve or sixteen occupants. In my diary I complain repeatedly about the overpopulation and my fruitless efforts to get more tents. Later I did receive a large number, more than I wanted even, but also hundreds of new occupants.

What seemed to strike Dr Franks in particular was that the children got put in bed with their clothes on, but in what else does he want the children to be put to bed?

"Their clothes get changed once in a week," he said, but that is also a less accurate remark because in the most cases their clothes don't get changed at all until they hang in tatters on their backs and fall off, until one or other charitable person gives them new clothes. How could the poor souls change their clothes if they had nothing more than the clothes on their body? I have frequently looked at a naked small boy, hiding away under the bedding, with the question: "what is wrong with him?" and many times the answer of the mother was: "I am busy washing his clothes", and the women regularly had to borrow a dress and blouse from a lucky neighbour, who had a clean one, while their own poverty stricken clothes underwent a much needed cleaning. The fact that ill children get laid down in their clothes, on "rugs, skins or on bedding", is already bad enough and should not be used against the mother as criticism of the care of the Boer women. Dying children don't get laid down on the ground if there is a bed to be found.

As far as the closure of the tents is concerned, to allow as little as possible fresh air in, I can only say that the people could just as well sleep under the open sky, so little protection was given by the thin tents. They do everything that they can but can not hold back the cold penetrating night air. They even build low stone walls around the tents to keep the tent sides down and every slit gets covered with sack and pieces of old clothes, though to no avail. The wild winds pull the tent pegs out of the ground, the stone walls tear the tent to pieces, and the tents swell and creak and flap with heavy weather, sometimes days and nights long.

That was the cause of bronchitis and pneumonia, not the neglect of the Boer mothers as Dr Franks had said. He ascribed the causes of death by diarrhoea and dysentery to the dirty impure way in which the Boer women fed their children, but why was there only four death cases due to diarrhoea and one due to dysentery in the month, in which Dr Franks visited Iréne?

(See the report of Dr Woodrooffe that I quoted already, (Cd. 819, page 235)). Truly, it is a feeble argument against such an unheard of mortality rate as we had in that terrible month.

Every department got thoroughly examined by Dr Franks.

The sugar that we saw daily at this time in the camp was black and sour. Dr Franks inspected the supply in the dispensary and declare it, "yellow, granulated and excellent", so that the only conclusion, to which we could arrive, is that there is a special, separate supply that is kept for inspection.

If the milk was prepared in the way as Dr Franks describe, the people would have had no reason for complaint, but there was superfluous water in the camp, and when the demand for milk exceed the supply, there was always enough water in the six iron reservoirs of the camp to dilute the supply of milk.

The meat was too bad to give to a dog, 9 of the 10 days, and even Dr Franks could find nothing better to say than that the carcasses that were left from the issuing of the previous day were very lean, but healthy. Imagine whole carcasses of healthy meat that is left from the previous day in a camp of almost 5,000 hungered out people! This riddle can be solved in two ways:- Either the people got more meat than they could use, or they could not use what they got. My own experience was, that most people didn't even go to the trouble to fetch their meat-ration, as they couldn't possibly eat it. We frequently had to spur the women on to go and fetch it, on the off chance that they may get something better than they had previously. I don't believe that they ever dished out unfit meat on purpose. The fact is very well known that Dr Franks and the Committee of Investigation in all their reports mention that at this time an adult sheep weighed 13 to 14 pound (twice the weight of a new-born child), says it all about the poor condition in which the livestock was, after long exposure to hunger, thirst and the cruel mistreatment of being driven over long distances. As one knows the average weight of an adult sheep is between 40 and 45 pounds, it is easy to grasp what the poor animals had suffered before they were brought down to 13 pound. It was frequently said to us that they had to be carried to the abattoir, because they were too weak to walk. We don't want to be unreasonable and we know all too well, that there was no good meat to be found in these times; but then the English must not say that the Boers never had it so good in the concentration camps as on their farmsteads.

As all other Englishmen, Dr Franks wrote a lot about the harmful home remedies the Boers used. That is naturally nonsense because if it was harmful then the Boers would have been destroyed long ago on their farmsteads.

I know that some of the remedies that they use work and are wonderfully good, some perhaps worthless, but not harmful. One drink of dog's blood has never killed anyone as far as I know. As well as all the other drinks, cooked from herbs, were frequently healthier than the bad coffee that the people got in their rations. By writing so much over the home remedies the English proved to the whole world that Boer mothers were not indifferent and negligent, as was so frequently stated in the "blue books", but use everything in their power to rescue their children from death. Due to me leaving the camp for health reasons, when the ladies committee have done their investigation of Iréne, I cannot say much of their reports; I can only say, due to the friends I had amongst the six voluntarily sisters, that the condition of the camp was worse than ever before, and that all efforts to bring it to the attention of the Committee, were in vain. Their attitude towards the voluntarily nurses was hostile and suspicious, no doubt due to them having been incited against us by the Superintendent. Not one of the ladies could speak Dutch, not one knew the habits of our country and nation. Thus it is quite understandable, that they did not make any connection with the people, who could have told them the truth. English and English orientated South African people were the only ones that could enlighten them in these matters and it is no wonder that their reports were one-sided and unjust. They frequently made themselves appear ridiculous by the stupid questions they asked, and the unrealistic suggestions they made. One clever lady asked Mrs Armstrong "Why don't they give the women brushes and soap to scrub the floors of their tents?" Imagine it, to scrub mother Earth!

One other found that it was for the Boers an unaccustomed luxury to have meat twice in a week as they earlier never knew what it was to eat meat. Anyone, that only has a slight knowledge of the Boer life, knows that the Boers mainly lived on meat.

When Dr Neethling tried, by influencing these ladies to effect an improvement in the condition the water supply, he received the answer that it will cost too much to bring the water in pipes from the source. It was then suggested that the ditch be cleaned by the "lazy Boers" in the camp. This ditch was approximately nine kilometres long and in some places ten to fifteen meters wide. The bottom was covered with a thick layer of mud and more than once dead sheep and cattle were found in an advanced state of decay. A broad path was going through it, along which thousands and hundreds of thousand sheep and cattle from the plundered Boer farms were driven to Pretoria. Nowhere was the ditch confined, no bridge went over it and the spoiled water in the ditch was pumped into six big iron reservoirs in the camp. Viewed superficially, the water that came out of these reservoirs, looked quite pure and in the "blue books" you find that the water got described as excellent, but we knew, that the most cases of typhus and diarrhoea, were not caused by the bad rations, but had their origins in the bad water, with which the camp was supplied. In the "blue books" everything naturally got ascribed to the dirtiness of the people themselves, and this spirit of untruth, one-sidedness and injustice reign in general in all the "blue Books" of England. It don't seem to be worth the effort to make the truth known of what happened in South Africa, but rather to absolve the English Government from any blame. Due to this we find in these clear-cut reports, of quick and superficial investigations, not the real experience of the people themselves that spent months in the camps. If it was the case the "blue books" would have looked rather different and the public opinion in England would have been much different. The English nation would have been less of an accomplice to the terrible suffering of innocents during the war and the resultant misery that still reigns such a long time after peace was signed in the Transvaal.

CHAPTER X

The South African nurses turned out of the camp.

Our position in the camp of Iréne was never safe. First Superintendent Scholtz tried to find an acceptable reason to get rid of us, and afterwards our existence was made almost impossible by Superintendent Esselen, who at long last succeeded, with the cooperation of the committee of investigation, to put us out of the camp.

On 4th October Mrs Bosman, our honoured Secretary, received the following letter:

Department concentration camps

NEW PALACE of JUSTICE, Pretoria.

To Mrs Bosman

Address Ds Bosman,

PRETORIA, 4 October 1901

Mrs,

The corps Nurses in the hospital of Iréne have been brought up to strength enough and the Matron of the camp, Mrs Esselen, has taken complete measures for the visiting of the tents to supply the needs of the occupants.

It is therefore for me enough to mention to you that it will no longer be necessary to make use of your friendliness to form a corps of young ladies for this sort of work at Iréne.

The Military Governor conveyed to me to thank you for the help you provided to improve the plight of the ill and need amongst the occupants of the camp and to the young ladies, who so generously braced themselves to offer help in the needs of their countrywomen, and to express his big thankfulness for their services, about which he is convinced, that under circumstances they endured much personal discomfort and brought about self-sacrifice.

Permits will immediately be sent to Iréne for the members of the nursing corps, who are still there to enable them to return to Pretoria.

I have the honour to be, Miss,

Uw Dw. Dr

w. g. w. K. TUCKER,

Superintendent General.

Three days later Mrs Armstrong receives the following letter :

Concentration camp, Iréne, 7 October 1901.

To Mrs Armstrong

To Miss Findlay

To Miss Westmaas

To Miss Kruger

To Miss Malherbe

To Miss Enslin

Voluntary nurses of the committee of the Nederduitse Hervormde or Gereformeerde Kerk

Ladies,

It has been conveyed to me by the Head office to mention to you; that it was decided, to do away with all nursing help in the camp of the department and that your work at Iréne, therefore is completed.

I must convey the thanks of the Superintendent-General for the work done and convey to you that your railway permits are in the possession of the gentleman Roos, who is willing to issue them as soon as he is asked for them.

I have the honour to be, ladies,

Uw. dw.

w. g. G. F. Esselen,

Superintendent.

As I have already left the camp, I was not mentioned among the nurses, who were put out of the camp in this unthankful inhuman way, just when the people in the camp suffered the utmost and there was so much need for help. It seems so unnecessary and uncharitable, but the Committee of Investigation has described us as "a dangerous element" in the camp and it was not safe for England, to have people in the concentration-camps, who are in contact with Pretoria, "where so much unrest gets spurred on".

Thereby it was out with the work of the Voluntary nurses of Iréne. There was also an end to the weekly visits of the "Clothes-Committee" and not a single permit got issued to the inhabitants of Pretoria to visit the camp. We know about the further conditions of Iréne as good as nothing.

Superintendent Esselen, to our joy also had his discharge due to the ladies of the Committee of Investigation, who after their first visit to Iréne (23, 24:25 Sept. 1901), described him as unsuitable for his task and suggested to the Military Governor, to replace him with someone who was better suited to the difficulties of such a post. No notice was taken and when the Committee unexpectedly visited Iréne again six weeks later, they found no improvement since the absence of the six South African nurses and further that the camp was in an equally bad state as on their first visit.

Then they requested General Maxwell once more to discharge him as Superintendent, which did not happen before, to great advantage of the camp occupants.

Almost a year later I have had the opportunity to visit the camp and found everything so much improved, that I feel myself obliged to mention it as well, after the terrible things I described in my note book. The acquisition of a permit that was needed happened in a peculiar way as follows :

First it got allocated to my sister Mrs Cloete, who lodged with us and wanted to see the camp, but was withdrawn immediately when the authorities discovered that she was the sister of the dangerous Miss van Warmelo. Afterwards we wrote ourselves to the Superintendent-General of the Concentration-camps and got invited to see him personally at his office, where we had a long conversation and he recorded it carefully. I told him that it was my intention to depart for Holland shortly and that it would be an advantage to the English Government not to lay any obstacles in our way. I knew Iréne in its most poor condition and I would then only be able to tell the people of my experience if I don't get the opportunity to convince myself of the alleged improvements. My sister also said that when

she went back to the Cape Colony, she would tell everyone that the
camp was so bad that nobody could get a permit to visit it.

The conclusion of the interview was that we not only got permits to go
to Iréne, but also got a friendly letter addressed to the Superintendent,
to request him to make our trip pleasant. The day, that we spent there,
I described in my diary, and what I noted down, I now give word by
word.

27 APRIL 1902 (Sunday).

Last Friday my sister and I went to the camp at Iréne and spent a lovely
day there. It rained hard at night and we were scared that we would
have to swim to the station, though when the sun came up, the clouds
drifted apart and the air became bright and fresh. The whole day a
strong wind blew, so that it remained cool and there was no dust. We
could not have had better weather. Actually everything was to our
advantage.

By a misunderstanding we arrived at the station three quarters of an
hour early, but later we were thankful for it, because we found a whole
wagon load full of women and children that were ready to be sent to
Natal.

There were five families with new-born and little children in one open
goods wagon that stood in the rain the whole night. We stood and talk
with them for a long while and they told us, that they were brought from
their farmsteads in the north of Soutpansberg, where they always lived
in peace and prosperity. Their houses were now destroyed, so that it is a
lie, as the English declare that the

destruction work stopped long ago.

They even got brought to Pretoria without food or clothing. Luckily I had some money with me and I could give them approximately £10.00.

At Iréne we had £ 50.00 to share out, money that got sent to us from Switzerland. I had the bag with me and a note pad, and believe you me, we have gladdened many hearts. We came home without a quarter penny and I could easily have given out £ 1,000.00, so big was the need, though only on clothes, because the rations that they receive now seems excellent and more than enough.

We found the camp moved to another site and much improved in every aspect. There now seemed to be 2,300 children under 16 years and they seem brown, healthy and happy. I also noticed a spirit of satisfaction and prosperity in the whole camp. I found a great many of my old friends and I was more than happy about what they told me of their present treatment. We had a quick meal in the tent of an elder of the church... good meat, roasted with potatoes, carrots, rice with raisins, beetroot salad, bread and coffee. They had a surplus of vegetables the whole summer and enough milk and syrup, good flour and enough frozen meat, so that they had nothing to complain about in that respect. The children get a bowl good broth and more sterilised milk than they can use, once per day.

The only thing about which they can still complain is the clothing that is quite poverty stricken and worn out as are the tents. The last mentioned get terribly torn by the long duration in weather and wind and in view of the approaching winter, it certainly is a matter of great concern.

After the meal an opening sermon took place in a new building that has
been placed there, an enormous space with an iron roof that rest on
timbers with a sail cloth on the sides. The sermon was led by Ds Bosman
and we were present, and seated to his right, opposite the stacked up
congregation. There must have been, I think close to 1,500 people and
it was an impressive occasion that I wouldn't have missed for anything
in the world.

After the sermon Ds Bosman gave a few words of thanks and
appreciation to the Superintendent, the gentleman Bruce, on behalf of
all the people, who seem to worship him. The gentleman Bruce replied
with much feeling and then Ds Bosman announce to the people, that
they have in their midst two daughters of the very honoured and
beloved minister, Ds van Warmelo.

When the sermon came to an end, we asked to be introduced to the
gentleman Bruce, who was at his friendliest and we rode through the
whole camp in his dog-cart, showing us the hospital with the latest
improvements and he did all he could to make our visit pleasant.

Up to this point my diary.

There is no doubt, that the improvements were striking for somebody
that has known the camp in the time of the Superintendent Scholtz and
Esselen; but my sister, that never had been in a camp could only see the
humiliation of the people, that were driven into a fenced in area like a
herd of animals, the torn tents in which they lived, their poverty stricken
worn clothes and the downtrodden condition in which the old people
find themselves.

I miss many known faces amongst the people.

Some were dead and many families of fighting soldiers were sent away to camps in Natal, but the sight that I missed the most, was that or our good happy, "Dandy" (Dr Neethling), who due to health reasons had to go to the Cape-Colony.

The letter, of which a portion follow here, he wrote on my request to tell me how it came to be placed at Iréne as doctor:

THE CAPTURE OF MY AMBULANCE.

In the month April 1901 the English came into Pietersburg and thereafter made a sweeping action in the direction of Haenertsburg and Houtbos-dorp, in the neighbourhood where I got captured. My ambulance followed the commando along a difficult, snaking, steep road, when we noticed, that the English were trying to cut us off by taking a shorter route. The commando fought with the flanks of the English and they began to shower such a rain of bullets on my wagon, notwithstanding that each vehicle carry a very eye catching Red Cross flag and we were outside the fighting line. I went off the road for the safety of my ambulance behind a small hill where we could see the fighting two miles further, but we barely stopped here for half an hour when we saw approximately ten English dismount, not more than 400 meters from us and firing salvo after salvo on us, wounding one of the mules heavily. Our lives only spared by their bad shooting.

We waved another flag and then the salvos stopped and two soldiers approached with attached bayonets, using the most scandalous language and swearing at us. When they were approximately 15 meters from us, they shouted: "Hands up!" I walked forwards and explained that there no question of "Hands up" for people of the Red Cross; but I only receive more and more abusive language and the threat to get a bayonet through my body. Thereafter the two tried to rob us of money and to take off our boots, which we refused. One of my men even gets assaulted to get hold of his purse. Only when I said that these things would be reported to the commanding officer, did the actions stop for a while. Two of our horses got taken away and when I complained against such treatment, I got the reply that they may do what they please, because they had had no orders. When the officer came to us, I told him everything and he offered his apologies, saying that sometimes the soldiers don't obey any orders anymore. If that is how the treatment is, that we receive, I would have liked to know how they treated the Burgers.

We got led to the temporarily camp for the night and the next day to the main camp to appear before the commanding officer, who began to accuse me of having contraband in the form of saddles in my wagon. That was made good by the explanation, that it belonged to the staff. Three days later, after I requested it, they said to me that I could go to my commando, but not knowing where they were to be found and that I would be in great danger due to the blacks, who all carry rifles and not only took livestock from the Boers, but also captured Boers and even women. I suggested that the commanding officer give me a permit to go to Louis-Trichardt or through the bushveld to Ermelo. It got refused on the ground that Lord Kitchener had ordered, that no ambulance may be sent through the British lines. Therefore we got sent to Pretoria in the same wagon with blacks, while we left all equipment in Pietersburg. All other negotiations to reach the Boer forces failed, but the next month I got appointed as "doctor to the concentration camp of Iréne".

Once more we thank Dr Neethling on behalf of the occupants of Iréne, as well as the rest of the voluntarily nurses, for all the important services rendered to us all.

This is the experience of one Transvaal woman that went through the war.

I have been able to describe the events of two of the most important months from the time of the concentration camps, but what is described here is also the experience of thousands of mothers of the South-African nation and these things must be kept in safeguard with all the other, good as well as bad, that brought about making the South African people into one nation.

Oh, women of South-Africa, write up everything that you have suffered under the hands of our powerful suppressors, nothing may be lost, nothing may be forgotten.

Even if your language is simple, and your words weak, write up all your experiences, make it known to your children and grandchildren and don't despair, as long as you keep the God of truth in view.

BY

Ds L. E. BRANDT.

For a small moment have I forsaken thee, but with great mercies will I gather thee. In a little wrath I hid my face from thee for a moment but with everlasting kindness will I have mercy on thee, said the LORD thy Redeemer.

Jes. 54: 7, 8

In this book of which this chapter forms the conclusion, a name is often mentioned, that has a remarkable ring to it. That is the name of Ds N. J. Van Warmelo, in life minister of Heidelberg, a man who came over from the Netherlands, who has given his heart and soul to his new Fatherland and has done everything in his power to teach the nation, whom he learned to love, to be themselves and to develop their best gifts and power.

With reading through various letters he directed to his daughter when she was at school in Cape Town, it struck me that he insisted on the study of the Dutch language. He felt that the language was a bolster that will be stronger than any other and that the Boers must maintain it as pure as possible so as to be resistant against a foreign enemy that forever threaten to overwhelm them.

In this time there were a lot of problems involved with the thorough study of the language, good schools and good teachers were scarce and the English language was well understood and even used. History warns that danger from this direction was to be expected. Because of this Ds van Warmelo was one of the most firm supporters of the national politics of President Kruger, and for years Ds van Warmelo has been his friend and advisor.

Ds. N. J. VAN WARMELO.

It was not surprising that everyone who knew President Kruger honoured and loved him. He had the gift to teach someone how to achieve their best and utmost. He had an understanding of people and events. He understood what was required to push the person or task to the highest level.

Transvaal, in the days of its first development was much obliged to Paul Kruger. Even if he quite quickly grasp the good side, his eyes was not closed to the dangers and faults of the South Africans and he knew very well that if a person does't become sacred by suffering, a nation get purified by affliction.

It is not to say that he would have foreseen this war, but this much is certain, that he would have accepted it as sent by God and would have tried to learn the lessons that God wanted to impress on His children. Only by bending us under the judgement of God can we harvest the blessed fruit.

This war has been a tremendous judgement, difficult to tolerate, with high casualties, but God's hand strikes where He Knows it is needed and we can trust that He is never mistaken. His ways has been wonderful with the nation of South Africa during the last few centuries. During good and evil He has been their aid and shield, in dangers of black nations and wild animals in the midst of enemies of various kinds. His name has never been called in vain. He has exhibited Himself as Salvager as frequently as when someone called to Him in despair.

If God now for a moment has hidden His face from us, let us not despair in His love and consolation, the proof of which has been seen so many times that we can't understand, that He, by whom there are no change or shadow of doubt of change, that He would consider to make an end to our nationhood.

If it seems as if the heaven is from copper, impenetrable to our prayers, that the unfairness and the lies on all terrains, are getting the upper hand, if we can't see the way forward out of all the difficulties that surrounds us due to selfishness and incapability and are preventing us, who have suffered so much, to recover and become prosperous, let us therefore not mistrust Him, who holds the whole world in His hand and from whom our lives are not hidden. As long as we are anxious it seems as if the pressure will never cease, because we can't see the end, but it is also like a thunderstorm. When we are subjected to the darkness and the rain, when the sun is hidden while it is standing high in the heavens, we can't know how long the storm will last, but the sun that is high up in the heaven sees how big the clouds are and how quickly the sky will be open and bright.

God doesn't punish because he enjoys to punish us, but to let us convert and live converted. With Him there is mercy and this is why it is not the last word that He has left us and hidden His face from us. He says to us with emphasis "With huge compassion, I will gather thee, and with eternal goodwill I will show compassion".

On the other side of the moment of desertion stands His eternal mercy opposed to His small fury is His huge mercy. It takes away the objections and from the grief the bitterness. This is our Father, who loves us compassionately. His eternal goodwill will be part of us. The sun keeps shining high in heaven, even if we don't see it it's rays will reach out after we have been deprived of its warmth.

Israel has experienced from the oldest times that God was their salvation.

Saving was the big work to the holy Israel for its nation. That is why God mentioned them by their name to remind them that no enemy is that mighty that He can't deliver them out of his hand, no danger so big that Jehovah can't spare his sanctioned Nation.

With God there is no change and He views us in love and goodwill, even when he judges us. What will we then do? The calamities that have stricken this dark part of the world don't seem to be part of it. Drought, sickness amongst the field fruit and various livestock illnesses still continue to wreak havoc and they are not things people are doing to us. Nature is more than something under God's immediate management. God's hand is still not lifted from us but will rest even heavier upon us, when as a result of the import of thousands of Chinese, the work that plenty of us have found after long pursuit, will be taken from us again. The questions in us multiply themselves and we so often don't know the answers and once more the question "Why?"

Still God knows and He is seeing further than us. Let us still keep faith in Him. He wants us to stick to Him and not to let us get deceived into a life without Him, forgetting what we owe to our God in the faith of our Fathers.

It is a judgement of God that came over the land and will not be taken away before He has achieved His goal. That is why we have to accept condition as it is. We have to accept that our suppressor has been lucky and leave the judgement to God. The history of Nations shows a natural development that can't be speeded up by artificial means. The interference of people causes much damage to arise from it. The results that this war have given is already countable and it will become even more. Remarkable is the number of young men, who have given themselves over to serve God in the work of Evangelic and mercenaries, characters are formed, others strengthened, the spirits became revealed. The community is born amongst us all, who serve the same goal. As a result much arguments and double purposes have been removed and fraternity has replaced it. Already under suppression it has been shown to us that God's goodwill is big and mighty. It would really be a sin to doubt the love of God, our saviour. Was it not under the heavy suppression in Egypt, that Israel was formed to one nation capable to stand alone, to stand fast on their own against all enemies, and is it not from the history of all big men of the Old Testament that we learn, the bigger work God has for someone, the more he first judged him to sanctify him and the more he gets punished, when he trespassed Gods commandments. For certain the dark clouds have not cleared from the sky and 1904 started with quite threatening thunder clouds, but quite far a shimmering of bright sun shine has already started. There is hope. For them, who are watching the big world affairs and view it in the light of their faith, it is clear that it is God who rules the world, also the big and powerful nations, the rulers and the Queen rule and it is a very important time in which we live. We are seeing everything progress so quickly, we see conditions developing, Nations rising and others going backwards, that with a bit of patience we fairly quickly get answers to our questions and then we understand why it happened the way it did. So it will become clear to us if we just trust, be patient, maybe even more quickly than we expect what Gods love has meant for us and why He has led us by this path.

Our mothers and sisters had to exercise a lot of patience and asked more than once, without getting any answers, why they had to suffer so much, why so many children had to die, why their own lives have been spared to suffer even more, while for others the angel of death came as a liberator and carried them home. Truly, all of that has not been in vain, but

Now, we the remainder are obliged in the memory of the 25,000 women and children that died in the camps, that we don't slack our beliefs and not to despair but to maintain worthily what has remained and that will come to us to enable us to harvest the fruit of these times. It is the natural development of things, it is the love of God for us that will adopt us in mercy and bring us back to niceties.

There is one condition attached and that is that the new life that we will receive from God is to be dedicated to him.

He cannot repair us to our earlier prosperity and even less to a more prosperous state of affairs if we want to use this as a weapon against God.

Prosperity and happiness, money and things that give pleasure can easily lead to a life outside God and that would be the downfall of our Nation, especially after all we have undergone.

That is why it is necessary that we know that we ourselves are the property of God and belong to him with everything.

If it is like that, we will be safe. Then we will be rich in God and labour for Him and his reign. Then there won't be complaints about the increasing irreligiousness of our young men and increasing irreligiousness of our young women. The Nation will be strong, because we rely on the support of an almighty, living God. Cape of Good Hope, South Africa.

January 1904.[46]

---

[46] This blabbering on and on were typical of sermons during this time and were meant to be confusing, so that the minister can spend even more time explaining himself.

Comments by the Translator, Peter Boshoff.

The purpose of translating this book is mainly for historical purposes, but also to demonstrate what there is to forgive or to be forgiven for both sides of the line. Although it is a highly emotionally charged book, there are many facts to be learned if you can read between the lines. The book explains why it took such a long time for the dust to settle, in South Africa. The modern day reader, quite possibly does not know what all the fuss was about. Plenty of criticism can be given to the book, but it must be remembered that it was written in a time of crisis and is meant to be a one-sided account from the Boer's perspective.

Some previous critics e.g. Piet Boer, 1905, mention that the writer was depressed and unbalanced, but who would not be after experiencing and witnessing all the hardship first hand?

It has to be taken in account that during the time these events took place, there were no antibiotics and that the doctors and nurses could do very little to ease the situation. All that they could do was to give empathy and hold the hands of the patients that were busy dying. As a modern day medical practitioner you just have to look at a 1900 Pharmacopeia to understand how limited the medicinal help was. They had an idea of hygiene and prevention, but were frustrated in their attempts by lack of care by the authorities and by looking at photo's in Emily Hobhouse's book "The Brunt of the War and Where it Fell", there is no doubt that the half ration system was responsible for starvation and malnutrition, which largely contributed to the high mortalities. Even people on "full" rations were hard put to retain relative health. Lord Kitchener was very well aware of what was going on in the camps, but he was more concerned with the strategy of denying the Boers the help they received from their families.

Nylstroom camp was closed and its inhabitants moved to Irene although they were always housed separately. In Pietersburg and Nylstroom Malaria was endemic. Many people were already debilitated when they arrived at Irene and were "tenant farmers" with limited resources. The habits and customs of these poorer families disgusted the British personnel and this was generalised and applied to the whole Boer nation.

Lord Kitchener was compelled to invite Dr Kendall Franks, well known British military doctor, to inspect Irene camp in July 1901. He was assisted by Dr Neethling who was used to convince the authorities that the report was not biased. Johanna van Warmelo spent a brief time with Dr Franks before, during and after the visit. He viewed Miss van Warmelo's section as the worst in the camp (Contrary with Miss van Warmelo's opinion that other sections were equally bad and that the criticism was biased and aimed at her, personally, because she was the only one that complained.) Dr Franks insisted that the boers were insanitary (but they were not given any soap.) Dr Franks compared the Boers to the many pre-industrialised British people. He also observed that the piling on of additional clothes and bedding as the temperature of a patient rose as well as the unwillingness to air the tents.

There was a quack in the camp, a so-called "Dr" Pretorius, a cripple, whose qualification was that he was an attendant in one of the Boer ambulances. He paraded a great red cross on his one coat sleeve and on his hat.

In the end Britain has succeeded to virtually destroy the Boer-nation by forcing the people that now (2013) remained behind, to accept ruling by the masses. Britain has at last avenged themselves for the bloody nose they got when they took on the Boers nearly a hundred years earlier, which was fuelled by greed and their desire to have the gold and diamond fields under their control at that time under the guise they are doing it for the immigrants.

It was Britain with the forced abolition of slavery in 1800's and the way in which they enforced it, that was responsible for apartheid and the rich people in the mines and industries were the force behind the apartheid regime. Britain was also responsible for apartheid in India. They were the architects of apartheid. By creating concentration camps they also became the architects by example for the 2nd World War German Concentration camps.

Britain is fast becoming an irrelevant player in world politics as can be judged by statements of Mr.Putin and the Chinese and can barely look after its own people, who are in danger of becoming swamped by immigrants from all over the world.

Black "penis power" and double standards won in the end and "Apartheid" still exists in South Africa, but now forced down by the Blacks, but as they are in the majority it doesn't matter and Britain is quieter about it, than anywhere else in the world. South Africa is now ruled by a minority of educated Blacks who care only for their own well being and there is no word of protest on the injustice, rape and pillage, still going on in South Africa by the uneducated Blacks in the once beautiful and peaceful country. The entire struggle has been all in vain in the end, with double standards ruling the day!

Peter Boshoff.

War started 14 Oct 1899
War ended 31 May 1902